"一带一路"工业文明

"THE BELT AND ROAD" INDUSTRIAL CIVILIZATION

"THE BELT AND ROAD" INDUSTRIAL CIVILIZATION
PRODUCTION CAPACITY COOPERATION

"一带一路"工业文明

产能合作

李芳芳　朱　健◎编著

电子工业出版社

Publishing House of Electronics Industry

北京·BEIJING

"一带一路"工业文明丛书编委会

作者简介

李芳芳

女，1982年9月出生，籍贯河南孟州。中央财经大学经济学博士，电子工业出版社和中国人民大学联合培养博士后，现任工业和信息化部华信研究院产业经济研究所所长、《产业经济评论》编辑部主任，兼任中国电子信息行业联合会战略研究部主任、"互联网+"研究咨询中心专家委员。研究方向为产业经济、投融资。先后主持完成国家级课题30余项，在核心期刊发表文章20多篇，在"一带一路"工业和信息化发展、制造业和互联网融合、政府投资基金、供给侧结构性改革、虚拟经济和实体经济等方面有深入研究。

朱　健

男，1985年4月出生，籍贯浙江丽水。中国人民大学管理学硕士，现在工业和信息化部财务司工作，负责行政事业资产、对外投资等。研究方向为产业经济、会计、行政管理。先后参与多项国家级课题，在核心期刊发表文章多篇。在"一带一路"工业和信息化发展、科技成果转化、财政预算、会计审计、资产管理、企业投资管理和绩效评价等方面有深入研究。

Preface
总序

　　2013年9月和10月，习近平主席先后提出了共建"丝绸之路经济带"和"21世纪海上丝绸之路"的宏伟构想，这一构想跨越时空，赋予了古老的丝绸之路以崭新的时代内涵，得到了国际社会的高度关注。"一带一路"倡议是涵盖几十亿人口、惠及60多个国家的重大决策，是统筹国内国际两个大局、顺应地区和全球合作潮流、契合沿线国家和地区发展需要的宏伟构想，是促进沿线各国加强合作、共克时艰、共谋发展的伟大倡议，具有深刻的时代背景和深远的历史意义。

　　"一带一路"倡议提出以来，引起了世界各国的广泛共鸣，共商、共建、共享的和平发展、共同发展理念不胫而走，沿线60多个国家响应参与，将"一带一路"倡议与他们各自的发展战略积极对接，为打造利益共同体、责任共同体和人类命运共同体这个终极目标共同努力。

　　"一带一路"倡议作为增加经济社会发展新动力的新起点，适应经济发展新常态、转变经济发展方式的新起点，同世界深度互动、向世界深度开放的新起点，为我国更好地、更持续地走向世界、融入世界，开辟了崭新路径。首先，"一带一路"倡议其重要的特征之一就是"合作"，而工业作为最重要的合作方向，决定着沿线各国经济现代化的速度、规模和水平，在各国的国民经济中起着主导作用。"一带一路"建设将依托沿线国家基础设施的互联互通，对贸易和生产要素进行优化配置，为各国工业能力的持续发展提供出路。其次，"了解"和"理解"是合作的前提和关键，因此，对"一带一路"沿线各国工业生产要素、工业发展、特色产业、产业政策的理解和了解，对沿线各国的工业发展、产业转型升级及国际产能合作有着重要意义。

　　为了传承"一带一路"工业文明，加强"一带一路"国家和地区间的相互了解和理解，促进"一带一路"国家和地区的交流合作；为了让中国企业系统了解"一带一路"国家和地区的工业发展和产业特色，并挖掘合作机遇，助推中国企业"走出去"，使"一带一路"伟大构想顺利实施，在工业和信息化部的支持下，电子工业出版社组织行业管理部门及专家实施编写"一带一路"工业文明丛书。

"一带一路"工业文明丛书以"一带一路"沿线国家和地区的工业发展、产业特色、资源、能源等为主要内容，从横向（专题篇）和纵向（地域篇）两条主线分别介绍"一带一路"沿线国家和地区的整体状况，直接促进世界对"一带一路"沿线国家和地区的了解。其中，丛书横向从工业发展、产能合作、资源融通、能源合作、环境共护、中国制造、工业信息安全等方面展开介绍，探讨"一带一路"沿线国家和地区的横向联系及协调发展；纵向选择古丝绸之路经过、当前与中国有深入合作、未来与中国有进一步合作意向的地区和国家为研究对象，深入介绍其经济、工业、交通、基础设施、能源、重点产业等状况，挖掘其工业、产业发展现状和机遇，为创造世界范围内跨度较大的经济合作带和具有发展潜力的经济大走廊提供参考性窗口。

"一带一路"工业文明丛书以政府"宏观"视角、产业"中观"视角和企业"微观"视角为切入点，具有重大创新性；以"一带一路"工业文明为出发点，具有深远的现实意义。丛书分领域、分地区重点阐述，抓住了工业文明的要义，希望通过对"一带一路"沿线国家和地区工业文明脉络、产业发展特点和资源禀赋情况的分析，为国内优势企业挖掘"一带一路"沿线国家和地区的合作机遇提供参考，为促进国内特色产业"走出去"提供指导，为解决内需和外需矛盾提供依据，为"中国制造2025"的顺利实施提供保障。

"一带一路"工业文明丛书立足于工业，重点介绍"一带一路"沿线国家和地区的产业需求和工业发展；同时，密切跟踪我国工业发展中的新趋势、新业态、新模式与"一带一路"的联系，并针对这些领域进行全面阐述。丛书致力于将国内资源、能源、工业发展、产能等现状和沿线国家特定需求紧密结合，立足高远，定位清晰，具有重大战略意义和现实意义。

Foreword
前言

    2014年,我国提出了推进建设"丝绸之路经济带"和"21世纪海上丝绸之路"("一带一路")的倡议,体现了我国新形势下继续推进对外合作、发展与世界共赢关系的伟大构想。"一带一路"发端于中国,贯通中亚、东南亚、南亚、西亚乃至欧洲部分区域,东牵亚太经济圈,西系欧洲经济圈,甚至北美经济带。无论是"东出海"还是"西挺进",都将使中国与周边国家形成"五通"。这一倡议有利于将政治互信、地缘毗邻、经济互补等优势转化为务实合作、持续增长优势。

    过去中国的经济向外走,主要是贸易,也就是产品的输出,通过贸易的方式将中国制造的产品向外输出。而在"一带一路"倡议背景下进行的产能合作,改变了这一现状,不是简单地将产品卖到国外,而是把我国产业整体输出到不同的国家,同时帮助这些国家建立更加完整的工业体系,提高其制造能力,其核心在于通过产能合作把产品的贸易、输出推进到产业的输出和能力的输出上来,即优势产能的合作。

    本书的内容主要包括以下四大方面。

    (1)"一带一路"产能合作研究背景与相关理论分析。对"一带一路"沿线建设推进制造业发展现状进行梳理,并对"一带一路"产能合作政策协同、"走出去"相关理论基础与概念进行界定;在此基础上,提出"一带一路"背景下推进国际产能合作相关政策协同效应的内涵及倡议框架。

    (2)梳理和分析"一带一路"背景下推进国际产能合作现状及诉求。结合当前新形势下我国制造业尤其是装备制造业的发展情况,梳理分析"一带一路"背景下钢铁、有色、建材、铁路、电力、化工、轻纺、汽车、通信、工程机械、航空航天、船舶和海洋工程等重点行业对外产能合作和装备制造"走出去"项目实施现状及特征,以及"一带一路"沿线与我国产能契合度高、合作条件和基础较好的重点国别,尤其是发展中国家关于优化重点行业产能发展的相关政策,包括财税、货币、贸易、创新等方面。在此基础上,深入分析"一带一路"建设推进过程中国际产能合作相关配套政策存在的问题及根源,摸清宏观、中观、微观各层面对政策的具体诉求情况。

    (3)探讨如何建立相关政策协同机制及运作模式。围绕工业和信息化部产业发展职责需求，针对"一带一路"的建设推进，明确推动国际产能合作过程中政府和市场的职责与关系，并探讨如何完善"一带一路"沿线重点国家和地区间国际产能合作的体制机制和平台建设，因地制宜地设计投资、贸易、园区建设、技术合作等支持模式，如 BOT、PPP 模式等，以更好地促进区域间政策协同。

（4）"一带一路"产能合作政策建议。结合区域一体化、全球化推进经验，提出增强"一带一路"背景下推动国际产能合作相关政策协同的建议措施：宏观层面要加强区域间合作的政策机制建设；中观层面要从如何拓展对外合作方式、创新商业运作模式、优化产业链分工布局等方面提出具体政策措施；微观层面则应进一步发挥企业市场主体作用，支撑和引领国内企业"走出去"，以便更好地推动"一带一路"背景下的国际产能合作。

本书立足于工业和信息化部产业发展，以"一带一路"沿线重点国家工业发展史和产业特色为主线，深度剖析工业及钢铁、化工等细分行业国际合作的产业需求和企业诉求，为企业开展国际合作提供参考。本书以翔实的案例、数据解析中国企业开展国际合作的现状和诉求，是企业落实"一带一路"的重要参考书籍。

编著者

2018 年 4 月

Contents
目录

第一章　产能合作的背景与意义

国际产能合作是指存在意愿和需要的国家或地区之间进行产能供求跨国或者跨地区配置的联合行动。产能合作可由两个渠道进行，既可以通过产品输出方式进行产能位移，也可以通过产业转移的方式进行产能位移。可见，我国提出的产能合作超越了传统的资本输出，它既是商品输出，也是资本输出。不过，流行的产能合作主要是指产业转移。近年来，随着"一带一路"倡议的提出，国际产能合作成为企业实施"走出去"的主要内容、政府工作的重点内容、社会关注的热点话题。

第一节

"一带一路"的内涵

2013 年下半年，中国国家主席习近平在对中亚四国进行国事访问期间，以及出席亚太经济合作组织领导人非正式会议期间先后提出了"丝绸之路经济带"和"21 世纪海上丝绸之路"的构想。"一带一路"倡议主张，亚欧国家之间应采用创新合作模式共同致力于建设"丝绸之路经济带"，中国应和东盟国家加强海上合作，发展海洋合作伙伴关系，使用好中国政府设立的中国—东盟海上合作基金，共建"21 世纪海上丝绸之路"。"一带一路"倡议的提出，是中国政府面对复杂多变的全球形势，主动应对各种挑战，统筹国际国内两个大局做出的重大决策，是构建中国新时期全方位对外开放新格局的重要措施，是促进区域内国家之间合作交流、发展繁荣的有力保障。

　　丝绸之路古已有之，历史上的丝绸之路起源于古代中国，是一条连接亚洲、非洲、欧洲的古代商业贸易路线，它不仅促进了东西方国家之间的贸易往来，同时也是东西方文化交流融合的重要通道。古代丝绸之路从广义上来说可以分为陆上丝绸之路和海上丝绸之路，主要是根据其运输方式的不同进行分类的。陆上丝绸之路是西汉时期的张骞及东汉时期的班超先后出使西域开辟的，起源于中国的西安、洛阳一带，途经甘肃、新疆，沿绿洲和帕米尔高原通过中亚、西亚和北非，最终抵达非洲和欧洲。因中国大量的丝绸经由此路向西运输，中国的丝绸受到当地人们的喜爱，他们把古代中国称为"丝国"，丝绸之路也因此得名。海上丝绸之路是中国与世界其他地区海上交通的重要路线，除通过横贯亚欧大陆的陆上丝绸之路与亚欧非国家加强贸易往来之外，古代中国也重视海上交通的发展。根据航行方向的不同，历代海上丝绸之路一般被分为三大航线，分别是东洋航线、南洋航线和西洋航线。东洋航线由中国沿海港出发至朝鲜、日本一带；南洋航线由中国沿海港出发至东南亚诸国；西洋航线是由中国沿海港出发至南亚、西亚和东非等地。

　　中国可以与亚欧各国利用创新的合作模式，共同建设"丝绸之路经济带"，这是中国用创新的视角在古代丝绸之路概念的基础上形成的当代经济贸易合作的升级版，以新的形式把中国同亚欧国家的互利合作不断提升到新的历史高度，使得古老的丝绸之路焕发出新的生机和活力。"丝绸之路经济带"主要有三个走向，从中国出发，一是经中亚、俄罗斯到达欧洲；二是经中亚、西亚至波斯湾、地中海；三是到东南亚、南亚、印度洋。

　　"丝绸之路经济带"是连通亚欧两大洲的经济桥梁，一头连着经济发展迅速的亚太经济圈，另一头连着发达繁荣的欧洲经济圈，它将以点带面、从线到片，逐步形成区域大合作，沿途经过的国家人口众多、市场规模较大，共建"丝绸之路经济带"将给沿线国家和地区带来巨大的发展机遇。"丝绸之路经济带"涉及的地区和国家广泛，在地理上以中亚、南亚、西亚和东南亚为指向，其中，三条线路中的两条都涉及中亚地区。

　　中国同中亚要坚持世代友好，加强沟通协调，坚持走和平发展的道路，共同致力于建设和谐地区；要坚持相互支持，维护国家主权领土完整，打击"三股势力"，为人民生活和经济发展创造良好的环境。中国和中亚国家的发展面临难得的机遇，要不断增进互信、巩固友好、加强合作，促进共同发展繁荣，为各国人民谋福祉。

"21世纪海上丝绸之路"重点方向有两条，一是从中国沿海港口过南海到印度洋，延伸至欧洲；二是从中国沿海港口过南海到南太平洋。广义上的"21世纪海上丝绸之路"应该是一个十分具有包容性的概念，除包括中国与东南亚、南亚、西亚和东非的联系以外，还包括从中国的沿海港口出发与世界其他各国建立的海上贸易通道，诸如中国与大洋洲、北美洲和拉丁美洲之间的联系，而东南亚地区自古以来就是海上丝绸之路的十字路口和必经之地，所以，也将成为"21世纪海上丝绸之路"的首要发展对象。基于历史和现实的原因，在中国和东盟建立战略伙伴关系十周年的特殊历史时期，为促进地区发展，加强国家的合作，高度肯定过去的"黄金十年"，共同迎接中国和东盟国家未来的"钻石十年"，中国提出了"21世纪海上丝绸之路"的伟大构想。它是当前我国面对世界格局和国际形势发生复杂变化，主动与东盟地区国家联手创造合作、和平、和谐的国际环境的手段，同时也有助于推进我国的全面深化改革（南雪芹，2015）。

第二节

推进国际产能合作的背景与意义

一、"一带一路"将有效化解我国产能过剩

中国外汇储备接近4万亿美元，约占世界外汇储备的1/3。基于强大的外汇储备，中国未来10年的对外投资将达到1.25万亿美元，这意味着未来10年中国对外直接投资将增长近3倍。同时中国还存在普遍的产能过剩，在500个主要产品产量中有220种居世界前列，钢、铜、煤炭等在过去高投资的增长方式下保持了较高的产量，至今产量仍居高不下。产能过剩的重要表现是产能利用率在下降。国际货币基金组织估算，我国产能整体利用率由2000年的90%下降至目前的60%左右，已明显低于80%的临界水平。目前，我国

有 42.8% 的行业存在不同程度的产能过剩。其中，煤炭开采和洗选业的产能利用率最低，为 33.4%，35 个行业中有 11 个产能利用率低于 80%。产能过剩的另一个表现是工业总利润率不高，我国工业总利润率从 2000 年的 5.3% 上升到 2010 年的 7.5% 后开始呈现下滑趋势，2012—2014 年年均只有 6.5% 左右。实际上，产能过剩具有全球性，也是伴随一国经济发展而出现的阶段性产物，是世界性难题，且多数国家产能过剩领域也具有共性。以钢铁产业为例，根据世界钢协统计，2013 年，全球范围内钢铁产能达 20 亿吨，产能利用率仅为 80% 左右。另外，值得重视的是，当前全球产能过剩已不限于传统产业，新兴产业产能过剩问题也越来越突出，如我国高新技术产业增长率从 2000 年的 26.3% 下降到 2013 年的 11.8%（刘建江等，2015）。当投资的边际报酬持续下降，投资增速开始下滑时，过剩产能将影响到中国经济的增长。淘汰落后产能，转变经济增长方式，是产业转型与升级的必由之路。在此背景下，化解过剩产能已成为各国政府必须面对的重要课题，学术界也高度重视对产能过剩问题的研究。

"一带一路"发端于中国，贯通中亚、东南亚、南亚、西亚乃至欧洲部分区域，东牵亚太经济圈，西系欧洲经济圈，甚至北美经济带。无论是"东出海"还是"西挺进"，都将使中国与周边国家形成"五通"。这一倡议有利于将政治互信、地缘毗邻、经济互补等优势转化为务实合作、持续增长优势。从中国连云港出发，到荷兰阿姆斯特丹闭合成为一个圆环。沿线区域主要是新兴经济体和发展中国家，这些地区总人口约 44 亿，经济总量约 21 万亿美元，分别约占全球的 63% 和 29%，是目前全球贸易和跨境投资增长最快的地区之一（邵宇，2015）。根据亚洲开发银行最新数据估算，这些沿线新兴经济体和发展中国家 2020 年以前每年的基础设施投资需求将达 7300 亿美元，并且每年呈增长态势。除卡塔尔、印度、蒙古、越南之外，"一带一路"沿线其他国家固定资本形成占 GDP 比重仍然不足 30%，未来这些国家的固定资本形成都蕴含巨大的再推进过程。而东盟国家和中亚地区除新加坡外，工业化程度均不高，基础设施相对落后，对管线、铁路、港口、机场、电信、核电等基础设备和能源设备需求量巨大（王皓妍，2015）。

在此背景下，"一带一路"倡议的意图之一就是通过资本输出，消化国内产能和外汇过剩，推动中国国际产能合作。当前中国资源获取过分依靠马六甲海峡，"一带一路"则增加了资源的获取渠道。该倡议对中国而言，不仅能对冲美国主导的 TPP（跨太平洋伙伴关系协议）、TTIP（跨大西洋贸易伙伴谈判），还有机会在"一带一路"经贸中抢占全球贸易新规则制定权（吴勇毅，2015）。中国经济已保持三十多年的高速增长，制造业发展成熟，资本输出迫近，由此，"一带一路"应运而生。目前，"一带一路"建设是中国推动国际产能合作，消化过剩产能的重要战略。

二、"一带一路"有助于加速我国改革开放的进程

经过三十多年的改革开放历程，中国已经形成基本的开放格局。中国的改革开放是从东部沿海城市开始的，但在面积广阔、人口众多的中西部地区开放水平相对较低，东部城市经过几十年的快速发展，造成中国东西部地区发展差距较大。党的十八大提出"全面提高开放型经济水平"的发展要求，以及中国提出的"一带一路"构想，从改革开放的角度来看，也是全面深化中国改革开放的需要，尤其是"丝绸之路经济带"覆盖着中国广阔的西部地区，通过区域合作，有助于当地经济发展。"一带一路"的建设，可以从陆上和海上多方位全面提升中国的开放水平和开放层次，加快开放进程。中国自改革开放以来，已经与许多国家建立了良好的经贸合作关系，包括从双边国家到多边国家之间的合作，再到成立自由贸易区，都是中国加强对外交往、深化改革开放的方式。尤其是近些年来，中国经济发展迅猛，更是在 2010 年中国经济总量超过日本，成为世界第二大经济实体。中国经济的飞速发展使得周边国家获利，但是周边国家在搭乘中国经济顺风车的同时也对中国产生了防范心理，担心中国会有称霸的意图。超级大国美国也对中国的快速崛起心怀不安，提出"重返亚太"的战略，主张"亚太再平衡"，并不断介入南海问题，尤其是一些国家在美国的支持下不断就南海问题向中国政府施压，中国与东南亚有关国家的海上争端迅速激化并且走向复杂化。此外，美国主导的跨太平洋伙伴关系协议（TPP）设立高标准排挤中国加入，不但阻碍东亚区域一体化进程，并且联合其他国家一起制衡中国。

美国为围堵亚洲大陆，在亚洲东岸部署岛链战略，对亚洲大陆各国产生威慑作用，中国的发展受到美国岛链战略的挤压，必须寻求应对之策，为了破解中国发展的周边困局，寻求新的发展空间，中国政府开始寻求与中亚、西亚、南亚地区的发展中国家合作，加强与西部地区国家的交流，实现中华民族伟大复兴的中国梦。

三、"一带一路"倡议是加强区域合作的需要

2013 年 10 月中共中央召开了中国周边外交座谈会，强调与周边国家的合作与交流，更加重视周边国家对于中国发展的促进作用。中国为加强与周边国家的合作和发展采取了诸多措施，包括：2013 年 5 月中国提出与巴基斯坦建设中巴经济走廊；与印度共同倡议建设中印缅孟经济走廊；2013 年 9 月中国提出与中亚国家建设"丝绸之路经济带"；2013 年 10 月中国提出与东盟国家携手共建"21 世纪海上丝绸之路"的构想。除此之外，中国还在不断推进与其他一些国家之间自由贸易区的建设。2013 年中国与冰岛及瑞士分别签署了自由贸易协定，其中冰岛是作为首个欧洲国家与中国签署自由贸易协定的，具有重要意义。21 世纪是一个相互协作、互利共赢的时代，中国可以借助经济快速发展的影响力，推进区域经济深层次、全方位的合作，进而深化中国的改革开放。截至目前，中国在建自贸区 20 个，涉及 32 个国家和地区；其中，已签署自由贸易协定的自贸区 12 个，涉及 20 个国家和地区；正在谈判的自由贸易协定 8 个，涉及 23 个国家。

由此可见，"一带一路"构想凸显了中国新一届领导人的外交思想，是中国外交新思路的产物，也是中国外交新布局的组成部分。

四、"一带一路"产能合作需要政策协同

"一带一路"沿线各国资源禀赋各异，经济互补型较强，每个国家政治制度、经济状况、文化制度、法律制度、外交政策、发展需求等情况都不一样，须推动沿线国家、地区间实现经济政策协调，积极构建多层次政府间宏观政策沟通交流机制，有针对性地制定推进区域合作的规划和措施，为加强战略合作及大型项目实施提供政策支持；与此同时，还须完善国内各项政策措施，统筹国内各种资源，强化政策支持，与"一带一路"沿线国家一道，不断充实完善合作内容和方式，共同制定时间表、路线图，积极对接"一带一路"沿线国家发展和区域合作规划。

从国际产能合作层面来看，近年来我国制造业持续快速发展，产业规模、技术水平和国际竞争力大幅提升，在世界上具有重要地位，国际产能合作已初见成效。当前，全球产业结构加速调整，基础设施建设方兴未艾，"一带一路"沿线国家和地区（尤其是发展中国家）大力推进工业化、城镇化进程，为推进

国际产能合作提供了良好的机遇和广阔的空间。"一带一路"沿线国家钾矿资源储量丰富，仅中亚盆地已查明储量7.35亿吨，邻国老挝（探明储量10.32亿吨）和泰国（远景储量400亿吨）地质基础工作良好、矿区构造简单、建设成本低、地理位置优越，实施"一带一路"将有利于更好地满足国内市场需求，缓解国内环境压力，促进区域内资源和要素的合作，进而为我国重点行业对外产能合作、制造业"走出去"营造良好的环境，倒逼我国产业转型升级，打造"中国制造"新优势，实现我国经济提质增效，使得我国从过去被动的全球化参与者成为主动的国家间合作模式的创造者、主导者，带来我国对全球经济秩序与自身经济发展战略的重建（杨佳，2016）。

本章小结

产能合作和基础设施互联互通是"一带一路"建设的两大领域，二者相互促进、相互依托。中国开展国际产能合作，向国际市场输出优势产能、先进产能、绿色产能，这既符合世界经济发展的规律和趋势，也有利于有关国家分享中国发展机遇带来的新契机。产能合作的基本路径主要依靠就地取材，可以促进沿线国家的工业化进程，最终实现合作工业化和共同现代化。从外部来看，当前全球产业结构加速调整，基础设施建设方兴未艾，发展中国家大力推进工业化、城镇化进程，推进国际产能和装备制造合作是各方所需。"一带一路"倡议将带动全球市场大联动，为沿线及更多的国家带来看得见的增长机遇。

第二章 产能合作理论分析

从产业转移角度来看，"一带一路"沿线的产能合作并不完全是一个新事物。自英国工业革命以来，发达国家曾多次向外转移产业，而制造业则在各大洲持续不断转移。就东亚和西太平洋而言，20世纪60年代部分制造业先从美国转移到日本，又从日本转移到新加坡、韩国，以及中国的香港和台湾地区，再转移到中国大陆地区。如今，中国倡导的"一带一路"也在推动着产业从中国转移到"一带一路"沿线国家，这一路径与传统的经济学理论有所不同。

第一节

产能合作的概念与内涵

过去中国的经济向外走，主要是贸易，也就是产品的输出，通过贸易的方式将中国制造的产品向外输出。

产能合作，绝不是指落后产能和淘汰产能走出去。不是简单地把产品卖到国外，而是把我国产业整体输出到不同的国家，同时帮助这些国家建立更加完整的工业体系，提高其制造能力，其核心在于通过这种合作把产品的贸易、产品的输出推进到产业的输出和能力的输出上来，即优势产能的合作（杜壮，2015）。

首先，推进国际产能合作不是中国独创的，而是国际产业发展的基本规律。历史上，英国通过工业革命实现工业化后，人类历史第一波产业转移从英国转向欧洲大陆。20世纪70—80年代日本实现工业化后，也发生过日本国内产能过剩、向东南亚转移产能的历史过程。中国改革开放三十多年，正是通过对外开放打开国门并承接了国际产能对中国的转移，才有今日的经济发展成果。而且，按照目前的经济政策，中国仍需要和欢迎符合中国产业发展要求的国际投资。

其次，发展中国家需要和欢迎国际产能合作。当前经济全球化深入发展，推动产能合作可以让更多国家，特别是发展中国家、新兴经济体参与到全球跨国产业体系，有利于这些国家发挥各自的优势，将各自生产要素投入全球化过程，带动经济增长，实现互利共赢、共同发展。

再次，中国不仅与发展中国家开展产能合作，同时也与发达国家开展产能合作。例如，中国的海尔集团和联想集团在美欧有投资，吉利集团并购沃尔沃等。发达国家同样需要产能合作。可以发现，发达国家在中国招商引资的推动机构非常多，这说明其对来自中国的产能合作是欢迎的。

最后，中国推进国际产能合作，不是向国际市场输出落后产能，而是输出有国际需求的、有竞争优势的产能。例如，李克强总理推广的高铁、电力等。中国不向其他国家输出落后产能，污染、破坏当地环境，明确约束企业行为，要求其重视生态保护，守法经营，履行企业社会责任。中国不支持不负责任的商业行为，对于个别企业的这种行为，中国支持对方国家依法予以制裁。中国不是为了剥夺其他国家的发展机会，恰恰相反，会推动属地化经营和发展，在当地深入开展产业合作，向当地提供资金、技术、人员培训，提升当地的发展能力。

另外，中国提出建设"一带一路"，开展国际产能合作，就是要进一步扩大中国的开放，重塑有利于发挥各国比较优势、更加均衡和普惠的全球产业链，打造互利共赢、包容共进的世界发展和利益共同体。

目前，世界各国处在不同的发展阶段，通过国际产能合作，不仅可以有效对接各方供给需求，而且可以用供给来带动需求扩大。发展中国家工业化、城镇化正在加快发展，对实用的技术装备和基础设施的建设需求强劲，不少中等收入国家和发达国家的装备与基础设施也需要更新改造，但由于受资金的制约，有些需求被抑制。从各自的比较优势来看，发达国家有关键技术，装备先进，但成套装备和产品因价格较高，销路受限；发展中国家自然资源丰富，劳动力成本低，但产业产品多数在低端；中国拥有中端装备产能，性价比高，综合配套和工程建设能力强，外汇储备充裕，但产业需要转型升级。如果开展三方的合作，把各自的优势结合起来，可以用较低的价格提供较高质量的装备和产品，降低建设的成本，满足不同国家的需要，也有利于各国破解产业发展难题，提高产业层次，推动全球产业链高中低端深度融合。从微观上说，就有更多的企业进行合资合作，这样不仅可以开拓国际市场，也可以拓展中国市场，这就像凹凸镜聚光，把各方需求与供给聚集起来，把各方利益交汇，从而凝聚全球经济稳定增长的新动力。

Chapter 02

开展国际产能合作是一举多得、三方共赢之道，通过从发达国家购买先进技术和高端装备，再将其与国内中端装备组合起来，以性价比好的优势适应发展中国家的需求，并且提供合理的融资支持。同时，国内外企业可从中抓住机遇，积极寻找合作机会，创新合作模式。通过各方共同努力，使得国际产能合作成为世界经济发展史上浓墨重彩的新篇章（虞冬青等，2015）。

第二节

产能合作与产业转移的经济学比较

一、产能合作与传统产业转移的异同

从产业转移角度来看，"一带一路"上的产能合作并不完全是一个新事物。自英国工业革命以来，发达国家曾多次向外转移产业，而制造业则在各大洲持续不断转移。就东亚和西太平洋而言，20 世纪 60 年代部分制造业先从美国转移到日本，又从日本转移到新加坡、韩国，以及中国的香港和台湾地区，再转移到中国大陆地区。如今，中国倡导的"一带一路"也在推动着产业从中国转移到"一带一路"沿线国家。那么，与传统的产业转移相比，此次提出的产能合作主要有如下特殊之处。

一是基于"一带一路"的主要内容和合作领域。

首先，从内容上来看，"一带一路"的主要内容是"五通"，创新之处主要在于将"五通"作为一个整体，突出其相互关联，不仅是在经济层面上的互利合作，也有某种实现整体利益最大化和分配基本满意的意图。例如，将政策沟通放在首要位置，明确了政治互信和政府间沟通交流机制对落实后续各项合作的保障地位。

其次，从具体合作领域来看，"一带一路"产能合作的主要对象是基础设施和贸易产业。从工业化发展历程来看，基础设施既是工业化发展水平的体现，也是贸易投资能否持续升级的保障；但"一带一路"要真正产生互利共赢的效果，最终还取决于产业合作能否顺利推进。对几乎所有发展中国家而言，即使有了基础设施，但如果没有工业化的话，劳动力也无法从农村迁往城市，也就无法走出贫困。《推动共建丝绸之路经济带和21世纪海上丝绸之路的愿景与行动》中承诺，要通过"一带一路"让沿线各国人民"相逢相知、互信互敬，共享和谐、安宁、富裕的生活"。应该说，这是一个崇高的理想，实现起来也有很大的难度。

二是基于国内外新常态背景。当前我国对"一带一路"进行产业转移发生时，国内和国际上都处于新常态。

2007年全球爆发金融危机以来，国际经济的"大稳定"旧常态基本结束，迈入以经济增长低水平波动、金融资产去杠杆化、保护主义加剧、主要国家政策周期不同步和全球治理处于真空状态为特征的新常态。

简而言之，就是发达经济体总体上呈现出低增长、高失业和低回报投资等症状。而中国经济在迈过"刘易斯拐点"之后，也进入了中高速增长、结构优化调整和创新驱动的新阶段。国内和国际两个大局同时发生转型，特别是国际转型，对中国在"一带一路"的产业转移将产生复杂的效应。

国内和国际都迈入新常态，这不仅是"一带一路"提出的背景，也将是落实和推进"一带一路"的内外环境。中国经济发展长期依赖出口，在世界经济增长低迷、外贸新常态的态势下，必须思考新的发展空间。尤为重要的是，中国经济已经迈入新常态，尽管增长率迈入中高速，但"聚集的动能是过去两位数的增长都达不到的"，有能力主动构思新型对外关系，确保中国跨越"中等收入陷阱"和"修昔底德陷阱"。换句话说，发展新型的对外经济合作关系及管控合作中的冲突，是中国在"一带一路"进行产业转移和帮助沿线国家进行能力建设的两个抓手。

如何选择国别和重点行业展开产能合作，则要根据新的形势做出新的分析和研判，不能照抄照搬，特别是需要结合发达国家以往的产业转移经验和教训，对"一带一路"的产能合作进行系统的理论研究。

二、"一带一路"国家产能合作的经济学分析

从目前"一带一路"涉及的沿线国家来看，中国是少数几个产业门类齐全的国家。按照经济发展的一般规律，各国都将在不等的时间内从农业国家、制造业国家向服务业为主的国家形态演进。特别是对发展中国家而言，发展制造业几乎是从低收入迈向高收入过程中不可跨越的阶段。"一带一路"沿线的绝大多数国家，经济发展程度比较低，也必然通过工业的发展来实现脱贫。为此，正处于工业化中后期阶段的中国，可以为工业发展程度更低的发展中国家提供即时、新鲜的发展经验，特别是可以转移一部分优质产能给周边国家。中国作为一个发展中大国，也有经济能力、组织能力和雄厚的人力为发展中国家解决一部分这种需求。当前，中国的人均收入已经处于高中等收入国家水平，在周边国家中只有少数国家高于中国，而绝大多数国家的人均收入水平低于中国。因此，中国已经具备向周边转移一部分产业的经济基础。

从高收入国家向低收入国家转移产业，大体上有三种理论性的总结，对中国在"一带一路"的产能合作具有直接的相关性。

第一种，哈佛经济学家雷蒙·弗农（Raymond Vernon）1966 年总结的产品周期理论。这一理论以美国——最发达、创新能力最强的国家为案例总结对外投资模式，认为一个产品总体上呈现出从国内竞争、出口、当地生产乃至再进口的产品演进趋势。工业发展程度较低的国家，一般先通过贸易或者许可证等制度安排获得新产品。随着发达国家内部竞争加剧，产品的生产趋于成熟和标准化，发达国家的跨国公司开始向发展中国家直接投资。这些投资具有溢出效应，发展中国家的公司、工人、技术人员通过与跨国公司产生联系，逐渐培养其发展本国工业产品的生产能力。产品周期论的核心假设是技术领先和创新性，其分析对象包括跨国公司的全球经营和向外产业转移。20 世纪 70 年代后期，随着欧洲、日本等国人均收入与美国相差无几（法德两国人均收入与美国齐平、日本人均收入为美国的 70%），产品周期论在解释发达国家间投资

时效力下降，但仍然可以用于描述发展差距比较大的国家之间的直接投资。

第二种，英国跨国公司专家约翰·邓宁（John Dunning）1981年总结出来的投资发展路径理论。邓宁认为，一国的对外直接投资净额与该国人均收入呈正相关关系，经历五个阶段、呈现为S形曲线。第一阶段，国家处于前工业化阶段，既不吸收外商投资，也不向外输出直接投资；第二阶段，吸收大量外资，并有少量的对外直接投资；第三阶段，将会发生一个转折，吸收的外商投资少于对外投资流量，后者的增速更快；第四阶段，对外直接投资的存量将超过流出的外资存量，国内企业有足够竞争力参与到国际竞争；第五阶段，一国的净投资额趋于零，意味着对外投资和吸收外资处于一个比较平衡的状态。在邓宁看来，所有寻求发展的国家在外资流动方面都将经历上述五个阶段，往人均收入较低的国家直接投资时，最好是在该国人均GDP不高的第二阶段。

第三种，日本经济学家赤松要（Kaname Akamatsu）、小泽辉智（Terutomo Ozawa）等以日本与东亚国家（地区）的产业转移为范本发展而来的"雁行模式"。该模式的早期版本将日本当作领头雁（后来认为美国是领头雁），产业的国别（地区）转移从日本到新加坡、韩国，以及中国的香港和台湾地区，然后到东盟老五国（马来西亚等），再到中国大陆地区和东盟剩余的几个国家（如越南、柬埔寨等）。产业自身的跨国转移是从低到高，先是纺织服装，其次是钢铁，再次是电视机、录像机，然后是高清电视机，技术含量越高越往后。这种学说尽管以产业转移为主要分析对象，但分析单元都是国家（地区），强调将国内缺乏竞争力的产业转移到国外，而欠发达国家（地区）则可以通过发挥比较优势，承接较高等级的产业转移来实现工业化。

这三种理论都描述了产业的跨国转移，认为经济发展与对外直接投资的演变都是一个连续进程。一般而言，从低级向高级演变，资本输出国与资本输入国之间存在显著的发展差距，主要表现为人均GDP差距，同时也在产业层次上有明显的体现。这为我们筛选投资"一带一路"沿线国家和产业提供了指引。

中国在人均GDP不太高的时候（目前还低于世界平均水平），按流量计算已经成为全球第二大对外直接投资国（仅次于美国）。中国的对外直接投资目的地既有发展中国家，又有发达国家。从这个意义上说，基于日本经验的"雁行模式"只是产业转移的一个侧翼，即从高收入的母国向低收入的东道国转移产业。而在另一个侧翼，则是投向更高收入的经济体，但进入的行业也是在东道国具有比较优势的行业，如传媒、IT 和先进制造业等。最近，林毅夫、蔡昉等学者基于中国的发展经验，提出向发展中国家转移产业的"飞龙"模式，突出中国的巨大规模和就业创造效应。这也表明，尽管中国在"一带一路"推进产业的转移存在两个方向，但主要是第一个侧翼，即向那些比中国发展水平略低的国家转移一部分产业。从中国对外直接投资目的来看，发展中国家仍然占据首要地位。2013 年，中国流向发展中地区的直接投资达 917.3 亿美元，占当年流量的 85.1%，且增幅远高于对发达经济体的投资。

　　基于"一带一路"进行产能合作，需要理论和政策同步进行，特别是提供一些可供操作的参考意见。上述三种类型的理论都基于发达国家的经验，理论服务的主要对象也是发达国家。另外，发展中国家决策者学习有关发展中国家工业化，以及发达国家向外转移产业的学说时，需要进行本土化，而且这往往会出现"水土不服"问题。有学者认为，对于发展程度较低的发展中国家，迫切需要的不只是关于如何发展的理论，还有更为重要的相关政策设计细节，以及实施上的先后顺序。基于这一现实差距，林毅夫在《繁荣的求索：发展中经济如何崛起》一书中提供了"两轨六步法"的筛选框架（Growth Identification and Facilitation Framework，GIFF）帮助东道国基于比较优势进行技术和产业的升级。就本研究而言，该六步法中的前三步，对于理解中国在"一带一路"沿线进行产能合作的经济理性具有重要的参考价值。

　　第一步，选择正确的模仿对象。发展程度较低的东道国为了产业升级，必须找到一个合适的目标对象国。林毅夫认为，人均收入水平高出本国水平100%（以购买力平价计算），或者 20 年前人均收入与本国相同，且始终保持经济增长的国家，可作为目标学习国家。选择好这些国家之后，只是完成了半步，剩下的半步是对模仿对象的成熟贸易产品和服务进行分析，因为对模仿对象来说，这些成熟产品和服务最终将转移到国外，本国需要为此做好承接产业转移的准备。当我们把中国作为发展中国家的目标对象，进而选择中国产业向外转移的国家和产业时，只需要反向而行，计算"一带一路"沿线国家的人均 GDP 差距。

　　第二步，消除本国的相关约束。简而言之，进一步缩小第一步中筛选出来的产业清单，并帮助先行进入这些产业的企业排除进一步发展的障碍。这个过程中还需要注意怎么来计算本国的比较优势产业，通常的方法是用国际贸易中的显性比较优势指数,也可以用资本和劳动力的比率来把握比较优势的基准,还可以用劳动力的工资率增加速度来定位。这个步骤适用于在给定某一个产业的情况下,有针对性地对选定的国家对接可转移的产业。

第三步,引诱与吸引全球投资者。这一步主要是针对国内企业还没有进入的行业,政策制定者应该致力于从被其效仿的国家吸引外资。因此,从这个角度看的话,中国在"一带一路"的投资项目选择,主要是解决产能过剩与东道国需求之间的差额问题,即可投资一些符合东道国比较优势,但目前东道国企业还没有开发的产业。

东亚的产业转移经验是林毅夫的"两轨六步法"框架的现实基础。按照安格斯·麦迪森的数据,以购买力平价(1990年国际元)计算,中国大陆地区2008年的人均收入为6725美元,相当于日本1966年、中国台湾地区1983年、韩国1987年的水平。从论述东亚产业转移的经典文献来看,日本也是从20世纪60年代初开始向外产业转移的,特别是劳动密集型产业开始大规模向外转移,通常路径是转移给新加坡、韩国以及中国的香港和台湾地区,尤其是韩国和中国台湾地区,这两个经济体借助于转移过来的纺织、水泥和平板玻璃等产业,逐渐形成了出口导向型经济发展模式。而后,日本、韩国,以及中国台湾地区都在20世纪80年代陆续往中国大陆地区转移产业。

三、"一带一路"产能合作的目标国和产业理论分析

从发达国家向外进行产业转移的历史来看,在很长时间内受到更多关注的是产业跨国转移所引发的政治后果,包括国际政治和国内政治两方面的内容。20世纪70年代末,在西方经济发展出现滞涨、某种程度上迈入"新常态"后,詹姆斯·库尔思(James Kurth)基于熊彼特的"创造性毁灭"机制,以及哈佛经济学家弗农概括的产品周期理论,对自英国工业革命以来,产业向外转移对不同东道国政治经济体系的影响进行了分析,提出了"产品周期的政治结果"命题。尤其针对纺织业、钢铁和汽车等产业的跨国转移的案例分析,对当今中国在"一带一路"的产能合作依然具有很强的借鉴意义,因为中国所处的发展阶段仍然需要应对这产业转移过程中的政治安全风险挑战。

库尔思认为,在拿破仑战争结束后至19世纪50年代,英国50%~70%的纺织品都需要向海外销售,这是英国执行自由贸易政策的根基所在。随着欧

洲市场成熟，英国大力推动向拉丁美洲出售纺织品，形成了所谓的"自由贸易帝国主义"。19世纪后期，工业化的主导产业是钢铁，其相关行业还包括铁路和造船，由于钢铁产业的资本密集属性，它需要比纺织业动员更为强大的资本，对于后发工业化国家而言，国家介入产业发展就显得很重要，而这极大地影响了后发工业国家的政治体制。当英国将钢铁产业转移到欧洲时，欧洲大陆的铁路建设进入饱和状态，大量的北美谷物运输至欧洲，导致欧洲的谷物价格暴跌，对1873—1896年的大萧条产生了负面影响。此外，英国等国家解决钢铁产业过剩的一个方法是发展海军，由此推动19世纪后期海军军备竞赛，并延续至20世纪上半叶的大规模军备采购。20世纪美国进一步崛起的主导产业是汽车工业，汽车工业兴盛后，发展军工就不再是解决钢铁产能过剩的首选，20世纪70年代欧洲国家的汽车工业达到美国20世纪30年代的水平，但其他地区仍然落后。汽车消费增加后，对收入分配产生了很大的影响，比如巴西；汽车消费同时对尼克松和福特时期美苏关系的缓和也有积极影响。展望未来，库尔思认为，随着多个产业的演进，产业转移的政治后果通常并非由单个产业主导，而取决于多个产业之间的自由和保护主义政策的博弈。为了继续推进开放的国际经济，特别是捍卫自由民主体制，需要不断地进行产业创新，进行熊彼特式的"创造性毁灭"。

中国的"一带一路"倡议是一项合作的事业，遵循"共商、共建、共享"原则，意图规避历史上发达国家对发展中国家和地区产业转移过程中出现的两大问题，即国内的产业空洞化和东道国的经济殖民地化，特别是后者。

在"一带一路"倡议出台时，西方媒体便开始以"中国版马歇尔计划"的视角来理解中国的意图。历史上的马歇尔计划，其主要目的是恢复欧洲经济，避免重蹈"二战"覆辙，进而推动欧洲联合对抗苏联扩张。但正如罗斯托一再强调的，"马歇尔计划"的援助模式及政治经济关联性，无法推广到其他区域。德国原领导人施密特也强调说，"马歇尔计划之所以成功，源于西欧拥有长期的企业家遗产、商业精神、高质量的大众教育、技术诀窍及工程能力。如果这些条件不具备，马歇尔计划难以成功。"从这个意义上说，"马歇尔计划"独一无二，中国也不可能复制"马歇尔计划"。

在新的历史时期，中国势必要进行真正的创新，推动与"一带一路"沿线国家的共同发展。熊彼特的分析对象是资本主义体系中的发达工业化国家，对中国与"一带一路"沿线国家而言，则是人均收入还不那么高的发展中群体，包括中国自己在很长时间内也还不能进入发达国家行列。中国向海外转移产业，不是简单地转移过剩产能，而是要基于经济发展的动态演进推陈出新。一方面帮助发展中国家实现一定能力的自主发展；另一方面也反推国内的自主创新，将价格较低的生产要素转移到国外，通过提高国内生产要素价格迫使创新。因此，基于这种背景的产能合作既不是自由贸易区理论中的贸易创造和贸易转移的简单重叠，也不是西方包括日本在内的经验的直接移植，而是根据中国和周边国家的国情总结出的产能合作模式。

国际经验表明，在低收入阶段，劳动密集型产业是创造就业的关键，也是推动这类经济体进入经济起飞阶段的重要角色。对于"一带一路"沿线国家而言，可以利用这些产业作为其实现工业化的跳板，实现与中国产能合作的互利共赢。而中国也应该积极利用规模优势、地缘优势，以及与沿线国家良好的政治关系，积极进行产能合作。尤其需要注意的是，产业的跨国转移带有很强的地缘政治色彩，目前以美国为首的一些国家，在西太平洋和东亚边沿地带构筑防范中国经济力量推进的战略规划，比较突出的是"泛太平洋经济伙伴关系（TPP）"。同时，在欧洲则规划"跨大西洋贸易和投资伙伴关系协定（TTIP）"，两项自贸区谈判都以设立贸易投资规则的高等级为核心目标，其对国有企业、政府采购、竞争政策、汇率机制、劳动力和环境标准等进行了严格的规定。但是，这样一种 21 世纪的贸易投资规则并不适用仍处于发展初级阶段的绝大多数亚欧大陆国家。美国等开出的发展方案不现实，也不可持续。目前来看，欧美社会已经难以为绝大多人的温饱问题和脱贫提供思想、技术路线乃至足够的耐心。在此背景下，以亚洲基础设施投资银行（AIIB）等为标志的新型投融资机构正步入国际舞台，将为发展中国家之间的产能合作带来新动力。

因此，围绕"一带一路"进行产能合作不是一个短期行为，而是一项长期的战略性安排。中国不仅将借此完成国内产业的全面优化、实现人均收入的中等发达国家化，也将向周边国家转移一定量的产业，培育周边的市场，形成共同发展的新地缘经济态势，以巩固和提升中国发展的和平性（钟飞腾，2015）。

第三节

政策协同的概念与内涵

荷兰学者梅吉尔斯认为，"政策协同"是指政策制定过程中对"跨界问题（Cross-Cutting Issues）"的管理，这些问题超越现有政策领域的边界，也超越单个职能部门的职责范围，因而，需要多元主体间的协同。

一、维度

OECD 提出政策整合的三个维度：横向整合、纵向整合和时间维度整合。

（1）"横向整合"旨在确保单个政策之间相互支持，尽量避免政策目标相互冲突或政策内容不一致。

（2）"纵向整合"旨在确保政策产出（包括对公民提供服务）能够与决策者的原始意图相一致。换言之，"纵向整合"着眼于政策执行或政策规定向期望结果的转化过程，关注重点是相关主体之间的沟通和激励机制的完善。

（3）"时间维度整合"旨在确保当今政策在可预见的未来具有持续效力。这主要包括两点，一是突出公共政策的前瞻性，二是为根据环境变化进行政策调整做出合理的制度安排。

由于"纵向整合"关注公共政策向期望结果的转化过程，因而显然属于政策执行和项目管理层面的政府协同。从公共政策制定角度来看，政策整合可以归结为"横向整合"和"时间维度的整合"两个方面。

二、层次

除上述不同"维度"之外，政策制定中的跨界协同还表现为不同的深度或层次。OECD 区分了政策协同的两个层次：政策协调（Coordination）和政策整合（Integration），并认为政策整合高于政策协调。

OECD 层次划分的主要依据是"互动水平"和"政策产出"。

从互动水平来看，政策整合比政策协调要求多元主体间更多的互动。

从政策产出角度来看，政策协调的产出依然是部门各自的政策，协调目的只是提高部门政策之间的内在一致性；而政策整合的产出则是跨越部门职责的"一体化"或统一政策。

梅吉尔斯等把政策制定中的跨界协同划分为三个层次：最低层次是"政策合作（Policy Cooperation）"，中间层次是"政策协调（Policy Coordination）"，最高层次是"政策整合"。政策合作与政策协调之间的主要区别在于所追求的目标：组织间政策合作的目的是更好地实现"各自的目标"，而组织间的政策协调旨在确立"共同的目标"或期望的结果，共同目标可能与单个组织的目标偏好有所不同。由于追求目标、互动程度、产出等的不同，不同层次的政策协同在正规性、组织依存度、资源需求、对组织自主权的威胁等方面相应有所不同。

决策中跨界协同的三个层次如图 2-1 所示。

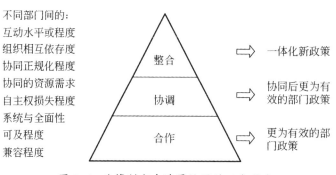

图 2-1　政策制定中跨界协同的三个层次

这里要说明两点：第一，如果把政策协同视为一个持续过程，政策合作、政策协调、政策整合可以视为这一过程的不同阶段或者不同的产出；第二，政策协同虽有深度或层次之分，但不存在价值优劣之别，一切取决于环境需求和任务特性，适合需求的协同层次是最佳的层次。

三、协同机制

如果把决策中的协同作为努力目标，实现这一目标显然需要多种手段或措施。OECD 把这些手段和措施分为两大类："结构性协同机制（Structural

Mechanisms）"和"程序性协同机制（Procedural Mechanisms）"。

结构性协同机制侧重政策协同的组织载体，即为实现政策协同而设计的结构性安排，如中心政策小组、部际联席会议、专项任务小组、跨部门政策小组等。

程序性协同机制侧重于实现政策协调的程序性安排和技术手段，如面临"跨界问题"时的议程设定和决策程序、制度化信息交流和沟通程序、促进政策协同的财政工具和控制工具的选择等。

综上所述，政策制定中的协同是一个内容庞杂的研究领域：不仅涉及多元行动主体，而且体现在空间、时间等多种维度；政策协同不仅有共性需求和判定标准，而且还表现为不同的深度或层次；政策协同涉及结构性和程序性多种机制，因而需要机制的理性选择，从而实现手段和目标之间的有机匹配。

根据发达国家的实践，政策协同可以划分为三个层面：宏观层面、中观层面和微观层面。下面从"宏观""中观"和"微观"三个层面介绍发达国家的政策协同实践。

（1）"宏观层面"关注的焦点不是具体政策之间的内在一致性，而是政府的总体战略，政策协同的目标是确保具体政策与国家宏观战略一致，协同的产品之一是制定具体领域政策的依据或者指南，或者说"元政策"。

（2）"中观层面"政策协同关注的焦点有两个，一是跨界特性突出的政策领域（如食品安全、反恐等），二是跨越现有政策领域的政策议题（如防治青少年犯罪、社会排斥）。与此相应，协同的产出或者是相关政策领域的决策体制和机制，也或者是相关议题上的具体政策方案。

（3）"微观层面"关注的焦点是同一部门内不同业务单位之间的政策协同，这种"组织内"协同的目标是确保具体政策之间的内在一致性，其产出包括业务单位间制度化的协商机制、信息交流和共享机制等（周志忍，蒋敏娟，2010）。

协同的层面及特性如表 2-1 所示。

表 2-1 政策协同的三个层面

协同的层面	关注的焦点	协同的目标或产出
宏观层面	政府战略	具体领域政策与国家宏观战略的一致性； 具体领域政策制定的依据或指南
中观层面	跨部门政策	跨界特性突出的政策领域的决策体制； 跨领域政策议题上的相关政策
微观层面	部门政策	具体政策之间的内在一致性； 实现内在一致性的工作程序和机制

本 章
小 结

在发达国家推进"再工业化"及发展中国家加快工业化的情况下，中国既要努力实现自身工业的转型升级，又要考虑工业化的国际合作。历史上发达国家工业化的受益面相对有限，前几次工业革命是区域性的，仅仅实现了十多亿人口的现代化和工业化。"一带一路"倡议推进的工业化进程，可以让亚欧大陆及非洲广袤地区 40 多亿人口在区域合作进程中同步推进工业化。

第三章

"一带一路"资源禀赋与发展需求

"一带一路"沿线 60 多个国家中，既有富裕发达的国家，也有贫穷落后的国家。世界经济论坛发布的《2015—2016 年全球竞争力报告》对各国的竞争力进行了评估结果表明：排名位于全球前 70 名（平均水平以上）的"一带一路"沿线国家有 35 个，新加坡等 10 个国家位于"一带一路"沿线国家综合竞争力前 10 名；位于全球后 70 名的"一带一路"沿线国家中，阿尔巴尼亚等 10 个国家的排名在"一带一路"沿线国家中位于后 10 名。总体来看，"一带一路"沿线国家综合竞争力在全球排名分布较靠后，整体竞争力有待提升，有着强烈的发展需求。

第一节

"一带一路"重点国家和地区资源禀赋和需求

在"一带一路"倡议背景下，以我国为主导的沿线 65 个国家都在加快国际产能合作布局安排，力图抓住本轮国际产能合作和产业转移的机遇。"一带一路"沿线国家发展水平不一，但在能源矿产产业、通信电网产业、交通物流产业等诸多领域存在合作的空间。同时，世界主要经济体纷纷进入工业 4.0 时代，对以基础制造业为代表的产业发展提出了新的、更高的要求。因此，基于"一带一路"背景下的国际产能合作更要着重关注各国基础制造业的产业发展需求，以找到沿线国家产能合作的切入点。

一、能源矿产产业

随着全球能源结构的不断变化升级，一次能源中的煤炭、石油消费量呈现逐年减少的趋势，而较为清洁的天然气等替代性能源在国际能源市场中的地位不断提升。另外，由于世界各国的能源矿产资源禀赋不同，沿线主要国家在能源矿产领域的产业发展潜力也有所不同。对于能源矿产等储量丰富的国家或地区，其产业发展、开采储备技术等一般状况较好，有较好的发展前景。而对于储量匮乏的地区，加强沿线国家之间互联互通、资源能源优势互补就变得更加重要。"一带一路"沿线能源矿产资源丰富的国家较多，比较有代表性的如俄罗斯、哈萨克斯坦、科威特、阿联酋、阿富汗等。

（一）俄罗斯

俄罗斯的天然气储量居世界第 1 位，可采量为 28 亿立方米，占世界天然气总储量的 32% 和可开采量的 30%；石油储量占全球总储量的 1/2，可采量居世界第 2 位，占世界总开采量的 10%；煤炭储量为 5.3 万亿吨，居世界第 3 位，占世界总储量的 30%。这些石油和天然气资源主要分布在俄罗斯西西伯利亚、东西伯利业和萨哈林等地区。2014 年，俄罗斯石油原油产品出口贸易额为 1500 亿美元，天然气出口贸易额为 52 亿美元，两项能源产品出口贸易额占 2014 年俄罗斯出口贸易额的 30% 左右。可见，俄罗斯对能源类产品的出口贸易依赖度较高，未来相当长的时间内都将处于出口导向状态。

另外，俄罗斯矿产资源也十分丰富。已探明的矿产资源主要包括铁、黄金、金刚石、磷灰岩、钾盐、锡、钴，在世界矿产资源储量中的比重均超过20%，其中磷灰岩的储量占全球已探明资源总量的 64.5%，铁矿探明储量居世界第 1 位。俄罗斯的氧化铝、铝土矿和铝主要由美国公司控制的俄罗斯铝业（RUSAL）生产，这是世界领先的氧化铝和铝的生产商。俄罗斯铝业运营有15 个炼铝厂，分别位于 4 个国家：俄罗斯（12 个）、尼日利亚（1 个）、瑞典（1 个）、乌克兰（1 个）。在全球范围内，俄罗斯铝业运营 11 个氧化铝精炼厂、8 个铝土矿、4 个厂家生产铝箔、3 个厂家生产铝粉。截至 2012 年，俄罗斯铝产业生产 4.17 吨铝、7.48 吨氧化铝和 12.37 吨铝土矿。俄罗斯目前拥有 139 座铜矿，约占世界铜储量的 10%。俄罗斯的铜产量在 2010 年排名世界第 7 位。俄罗斯的铜矿资源主要分布于西伯利亚地区（70%）和乌拉尔地区（20%）。俄罗斯的大部分铜矿位于人口稀少和基础设施落后的偏远的北部和东部地区。苏联时期曾经对这些偏远地区进行过勘探，但之后伴随着企业的大规模破产，该地区的勘探业务锐减。俄罗斯的铜矿由各种类型和规模的铜矿构成。铜矿的类型有基性/超基性侵入岩型、VMS 型、SEDEX 型、层控沉积型、斑岩型和矽卡岩型。俄罗斯著名的大型铜矿有乌多坎（Udokan）铜矿、塔尔纳赫（Talnakh）铜矿、Bystrinsk 铜矿、波多利斯克（Podolsk）铜矿、Yubileinoe 铜矿和 Volkovskoe 铜矿。俄罗斯目前拥有铜资源储量 9585.55 万吨（品位 Cu 0.2% ～ 9.915%，平均 2.03%），其中，铜储量 2645.78 万吨（品位 Cu 0.58% ～ 3.4%，平均 2.09%）。俄罗斯 100 万吨铜金属量的铜矿超过 15 处，50 万～ 100 万吨的铜矿有 25 处以上。其中，最大的铜矿是乌多坎（Udokanskoe）铜矿（铜储量 3550.8 万吨），其次是波多利斯克（Baimskaya）铜矿（铜储量 2700 万吨）（许谦，2015）。

俄罗斯煤炭资源分布不均：绝大多数资源都位于俄罗斯东部，而大多数的需求主要集中在俄罗斯的欧洲部分。大部分资源是在寒冷地区被发现的，这些地区基础设施不发达，使得煤矿更昂贵。俄罗斯最大的煤田在科麦罗沃州，它包含俄罗斯大约 25% 的煤炭资源和大约 60% 的炼焦煤资源。煤炭行业在俄罗斯主要是民营和股份制企业（通常是整合到大量持有）主导的产业。俄罗斯大约 80% 的煤炭开采自 12 个主要公司，这些公司可能是煤矿企业或冶金控股公司，其中包括焦煤矿业部门。2014 年俄罗斯煤炭出口额达到 116 亿美元。

（二）哈萨克斯坦

哈萨克斯坦固体矿产资源非常丰富，境内有 90 多种矿藏、1200 多种矿物原料，已探明的黑色、有色、稀有和贵重金属矿产地超过 500 处。不少矿藏储量占全球储量的比例很高，例如，钨超过 50%，铀 25%，铬矿 23%，铅 19%，锌 13%，铜和铁各 10%，许多品种按储量排名在全世界名列前茅。哈萨克斯坦是世界上主要的石油出口国，陆上原油探明储量为 48 亿～ 59 亿吨，天然气探明储量为 3.5 万亿立方米；其中里海地区石油探明储量 80 亿吨。据专家估算，该地区石油总储量可达 900 亿～ 2000 亿桶，天然气储量约为 458.8 万亿立方米，分别占世界石油和天然气总量的 17.2% 和 7.5%，因而里海被称为"第二个中东"。2014 年，哈萨克斯坦石油类能源出口贸易额为 536 亿美元，占当年 GDP 的 24% 左右（高潮，2015）。

自 2009 年起，哈萨克斯坦成为世界上最大的产铀国，已探明铀储量为 150 万吨左右，总储量占全球储量的 19%，居世界第 2 位。哈萨克斯坦的铀矿主要集中在南部楚河—萨雷苏河铀矿区、锡尔河铀矿区（超过哈萨克斯坦铀总储量的 70%）和北部铀矿区（占哈萨克斯坦铀总储量的 17% 左右），已探明铀矿超过 55 个。2012 年铀开采量达到 2.09 万吨，约占全球总产量的 37%。2014 年出口天然铀及其化合物贸易额达到 20 亿美元。

哈萨克斯坦全国煤资源储量为 1767 亿吨，排在中国、美国、俄罗斯、澳大利亚、印度、南非和乌克兰之后，居全球第 8 位，占世界总储量的 4%。全国已探明和开采的煤田为 100 个，其中大部分煤田分布在哈萨克斯坦中部（卡拉干达、埃基巴斯图兹和舒巴尔科里煤田）、北部（图尔盖煤田）和东哈州。2014 年煤炭资源出口总额为 5.58 亿美元（宋国明，2013）。

哈萨克斯坦其他金属矿产资源丰富，黄金已探明储量约为 1900 吨，居世界第 8 位，占全球黄金储量的 3% ～ 4%；已探明铜矿储量为 3450 万吨，占世界储量的 5.5%，位列智利、印度尼西亚和美国之后，排名第 4 位，其中已勘探出的 93 座铜矿一半以上处于开采阶段；已探明铅储量为 1170 万吨，占世界总储量的 10.1%；探明锌储量为 2570 万吨，占世界总储量的 9.5%；锰矿资源总储量超过 6 亿吨，排世界第 4 位；铬矿储量居世界第 2 位，仅次于南非，已探明储量的铬矿有 20 个，总量超过 4 亿吨，总储量占世界储量的 1/3；钨矿储量为 200 万吨，居世界第 1 位，占全球储量的 50%。

（三）产业发展需求

对于俄罗斯、哈萨克斯坦，以及中亚、西亚国家来说，其丰富的能源矿产储量为其国内相关产业发展提供了得天独厚的优势。但是从产业结构优化升级的角度来看，这些国家和地区普遍存在产业结构单一、经济发展拉动力不足等问题，容易受到全球经济波动影响。因此，"一带一路"沿线的能源矿产型国家对产业结构优化升级的需求较强。这类国家的产能合作过程中，一方面对能源矿产方面的输出合作需求较强；另一方面对引进工业及基础制造业投资的需求较强。在能源矿产输出方面，这类国家需要更大的基础设施建设投资，如石油及天然气管道铺设、矿产资源开采深加工等。在引进工业及基础制造业投资方面，这类国家对道路交通、电信通信等涉及当地居民最基本生活需求的产业投资需求更为强劲。

以俄罗斯为例，俄罗斯产业结构畸形，能源矿产采掘业一家独大，机电产品等制造业严重萎缩，政府财政收入的一半来自石油天然气收入。虽然俄罗斯政府提出创新经济等发展理念，鼓励应用技术的研发，大力改善投资环境，但是俄罗斯经济结构并没有出现明显的改善，甚至有继续恶化的趋势。2014年1~5月，俄罗斯能源出口占出口总额的72.4%，有色金属出口占出口总额的7.5%，机电产品仅占出口总额的4.4%，比2013年同期下降了13.3%。相对应，机电产品所占的进口份额在2014年1~5月为48.3%，远远高于其他商品的进口额。

另外，俄罗斯幅员辽阔，地理环境复杂多变，公路交通较落后，铁路、航空和水运有一定的基础，但多为苏联时期所建，较为陈旧。俄罗斯政府正大力投资，改善基础设施建设，但除莫斯科、圣彼得堡等大型城市外，基础设施陈旧的现状并没有得到根本改变。2011年以来，俄罗斯政府对交通领域投入了大量资金，以加快本国基础设施的现代化步伐，但是随着2014年开始频繁上演的卢布贬值，以及近年来国际安全形势的恶化，俄罗斯政府在基础设施改造升级方面的财政压力将会进一步加大。因此，对于"一带一路"沿线国家，尤其是以我国为代表的结构性产能过剩国家来说，向俄罗斯基础设施建设行业进行国际产能合作是未来的主要方向。

对于中亚、西亚地区能源矿产丰富的国家来说，其未来产业发展需求基本上与俄罗斯类似。但是，与俄罗斯情况不同的是，中亚和西亚地区的国家经济发展水平还比较低，工业结构还不够健全。它们不仅需要大量的基础设施建设，还亟须健全工业发展体系，发展制造业和服务业。因此，这类国家在国际产能合作过程中不仅需要配套的管网基础设施建设，还需要涵盖能源矿产产业上、中、下游不同阶段的全方位技术与贸易合作，也需要制造业、服务业产能结构性过剩的国家对其进行产业转移，以健全本国的产业发展体系，减少本国进口依赖度、降低经济风险。

目前，我国已经与俄罗斯签署了《关于沿中俄东线管道自俄罗斯向中国供应天然气的合作备忘录》《中俄东线供气项目购销合同》；与吉尔吉斯斯坦签署成立中吉天然气管道建设运营合作协议的调解委员会《谅解备忘录》；与土库曼斯坦签署了《中华人民共和国交通运输部和土库曼斯坦经济发展部关于交通运输领域合作基本原则谅解备忘录》；与巴基斯坦签署了460亿美元的投资计划，建设连接我国新疆喀什和巴基斯坦瓜达尔港的中巴经济走廊。中石油与哈萨克斯坦国家石油天然气公司签署了《中哈管道出口原油统一管输费计算方法及各阶段所有者管输费收入分配方法协议及在哈萨克斯坦建设大口径钢管厂项目框架协议》，与俄罗斯管道运输公司签订了《关于斯科沃罗季诺——中俄边境原油管道建设与运营协议》。据统计，2014 年我国对外承包工程新签合同额达 1917 亿美元，其中，"一带一路"沿线国家的规模超过 1000 亿美元，占 56% 左右（王本力等，2015）。

但是，我们也注意到，能源矿产行业的合作需求毕竟不同于其他普通类型商品之间的国际贸易，涉及国家间的安全与战略问题。因此，能源矿产资源丰富的国家在出口相关产品、吸引境外投资中的条件更加严格。

二、通信信息产业

随着"互联网 +"、全球互联互通等概念的提出，世界各国对信息产业的关注度越来越高。未来信息产业的主要关注点将集中在信息服务和数据处理两个领域，对各国的信息安全、产业发展能力提出了更高的要求。在"一带一路"沿线国家中，印度在通信信息领域发展较为迅速，素有"亚洲硅谷""软件之都"的班加罗尔就是印度的主要城市之一。

（一）印度

据印度电信监管委员会统计，印度目前拥有 3 亿互联网用户，规模居世界第 2 位，但和其约 12.5 亿的人口相比，互联网普及率仅为 25% 左右。另外，目前印度互联网用户增速为 33%，移动互联网用户增速为 55%。印度互联网领域待开发空间巨大。据复星集团投资经理商迟介绍，印度互联网产业以移动端为先。截至 2014 年年底，印度手机用户总数接近 9 亿户，到 2016 年该数字将达到 9.2 亿。另据市场预测，到 2017 年印度的智能手机用户将占人口总数的 38%，达 3.57 亿户。

印度的人口红利及巨大潜力已吸引了不少国际资本投资当地互联网产业，如软银、阿里巴巴、腾讯、高瓴资本、KKR 及淡马锡等。根据竺帆咨询引用的数据显示，2015 年上半年印度互联网产业共吸引了 35 亿美元的投资，其中，59% 为国际资本，23.8% 为混合资本，印度本地资本占 17.2%。

除人口红利外，印度的 IT 人才也是吸引众多资本的另一大要素。据 Linkedin 数据显示，印度的班加罗尔、普奈、海德拉巴及金奈是全球前四大 IT 人才流入地。

印度软件及服务公司联盟（NASSCOM）预测，随着全球经济形势好转，银行及其他领域企业将提高在 IT 需求方面的支出，印度 IT 服务外包业出口额预计将增长至 990 亿美元，增长率有望达 13% ～ 15%。随着软件服务业的发展，近年来，形成了班加罗尔、金奈、海德拉巴、孟买、普纳和德里等一批著名的软件服务业基地城市。

与软件行业表现不同的是，印度的电子信息硬件产品近年来表现出明显的国内需求不足。在印度电子和半导体协会（IESA）组织的 2015 年 Deftronics 会议上，印度电信管理局（Trai）主席 R. S. Sharma 表示，未来几年印度电子信息领域的投资额将会达到 4000 亿美元。可见，印度电子信息领域的投资尚未实现其潜力。据德勤印度咨询公司的报告，印度电子硬件产品的需求量激增，预计到 2020 年达到 4000 亿美元；国内生产量将会达到 1040 亿美元，也就是说，生产量和需求之间的差距将会达到 2960 亿美元。一些分析师警告称，如果印度不采取相应措施来削减这种差距，到 2020 年该国电子产品的进口量将会超过该国石油的进口量。

投资印度互联网产业所要面临的风险如下：一是经济增速放缓或抑制互联网进程；二是本土互联网企业直面硅谷竞争，压力巨大；三是人均消费能力有限，对价格敏感；四是基础设施薄弱，阻碍线下发展；五是电信环境较差，互联网普及率增速不及预期；六是印度没有全国统一的税务体系，税收体系复杂。在印度两个邦之间做生意的复杂程度超过欧盟两个国家之间的交易。

目前印度基础设施建设已得到了政府的高度重视。印度中央政府计划在公路、铁路等基础设施领域增加 7000 亿卢比投资，并将新设国家投资和基础设施基金（NIIF），每年由中央政府注资 2000 亿卢比。该基金还将通过举债筹集资金，并投资于基础设施金融公司。另外，印度政府将允许为铁路、公路和水利部门相关项目发行免税基建债券；还将修订基建的公私合作模式（PPP），以降低私企的风险，并鼓励公共港口吸引民间资本。印度政府计划于 2016 年 4 月 1 日实施统一税制 GST（商品服务税），有望缓解企业税收压力，降低成本，提高盈利，吸引更多外资（姚瑶，2015）。

印度的产业发展受到自身的限制——国内供电不稳定。截至 2013 年 9 月底，印度全国总装机容量 22.9 万兆瓦时，按发电方式划分，火电、水电、核电、新能源发电分别占总装机容量的 68%、18%、2%、12%，火力发电以煤炭为主要燃料，煤电占总装机容量的 59%；按所有制结构划分，中央政府、邦政府、私营部门的装机容量比例分别为 39%、29%、32%。目前，家庭通电率由 2001 年的 56% 增至 67%，但农村家庭中仍有 45% 用不上电。城市供电不稳定、电厂燃料供应不足、上网电价低、电网输送损耗大等是目前印度存在的主要问题。针对这些问题，向印度这样供电不足的国家输出电力能源投资、合作建设大型电厂、将国内的新能源发电技术向印度市场进行推广，一方面可以解决印度的电力供应问题，另一方面能够拉动输出国的海外投资、拓展海外市场。

同时，由印度软件行业和电子信息硬件产品行业近年来的表现可以看出，印度的电子信息行业呈现较为复杂的状况。一方面是软件产品需要拓展国际市场，进行出口；另一方面是硬件产品国内投资不足，需要大量进口。因此，未来印度电子信息产业的发展方向要从两个方面入手，一方面是积极拓展国际市场、扩大软件产品对外出口；另一方面要寻求国际合作和投资，弥补国内硬件行业的投资不足，缩小硬件领域的国际贸易差额。

根据印度政府的旗舰项目——"印度制造（Make in India）"计划，印度政府也在尝试让私人制造商加入国防电子行业来推动国内制造业的发展。

（二）拉脱维亚

信息通信技术（ICT）产业是拉脱维亚重要且极具发展潜力的产业之一。近年来，拉脱维亚信息通信技术行业高速发展，年产值平均增长率达 15%，其中，尤以 ICT 服务、软件开发和电信业发展最快。由于拉脱维亚地理位置靠近北欧，受瑞典等电信业发达国家的影响较大，新技术应用广泛，通信市场相对比较成熟。

20 世纪 60 年代，拉脱维亚已开始发展信息通信技术，当时就成立了数学和计算机科学研究所及电子和计算机科学研究所两个机构，后者更是为苏联探月计划提供了直接服务。恢复独立后，拉脱维亚于 1992 年在联合国教科文组织的帮助下，建立了第一个因特网连接。此后，拉脱维亚因特网和计算机行业发展迅速，特别是近 10 年来，拉脱维亚信息通信技术行业高速发展，年产值平均增长率达 15%，其中，尤以 ICT 服务、软件开发和电信服务发展最快。2008 年国际金融危机发生后，拉脱维亚 ICT 行业受到重创，2009 年该行业产值同比下降 31%，2010 年以来，随着经济复苏，拉脱维亚 ICT 行业再次焕发活力，以超过 10% 的年均增速迅速恢复，现已基本恢复至危机前水平。

2003 年 1 月 1 日，拉脱维亚政府决定开放本国电信业，打破了拉脱维亚国有电信公司（Lattelecom）长期以来的垄断地位，新的参与者开始进入拉脱维亚电信市场提供服务，无线网络、全球卫星定位系统和 3G 服务在拉脱维亚迅速发展；互联网服务范围从简单的拨号或无线连接到光纤宽带租赁线路连接。近年来，拉脱维亚积极申请欧盟基金，铺设了大容量宽带光纤网络连接至爱沙尼亚、立陶宛和瑞典等国家。2013 年 4 月，Lattelecom 宣布在拉脱维亚境内启动 2000 个 WiFi 免费无线网络热点信号，用户可登录这些 WiFi 免费上网。目前，拉脱维亚大部分公共场所都可以搜索到免费的无线网络。根据云端服务供应商美国阿卡迈信息技术有限公司（Akamai）发布的 2013 年第 1 季度《全球互联网状态报告》，拉脱维亚互联网平均速度（9.8Mbps）排名全球第六，峰值速度（44.2Mbps）排名全球第四。

2011 年 11 月，欧盟委员会在拉脱维亚批准了一项价值约 7150 万拉特（约 1.017 亿欧元）的融资计划，以建设超高速宽带网络（也称为下一代接入网络，NGA），该计划旨在使拉脱维亚各地消费者和企业上网速度提高到 30 ～ 100Mbps。该计划将进一步缩小拉脱维亚农村和城市地区之间的数字鸿沟。该项目是拉脱维亚 2007—2013 年"基础设施和服务"业务方案的一部分。2012 年年底，拉脱维亚标准宽带覆盖率为 82.9%，下一代宽带 NGA 接入率为 78.5%（《甘肃日报》，2013）。

1. 移动市场情况

拉脱维亚主要有三个移动运营商——LMT、Tele2 和 Bite，其用户市场份额依次为 43%、44% 与 11%，移动渗透率达 109%。上述网络运营商的 GSM 网络在拉脱维亚的覆盖率达 99%，并提供范围广泛的数据传输服务——高速 3G 和全球移动卫星定位系统数据传输等。3G 是拉脱维亚手机运营商和在线媒体增长最快的一个服务，2011 年有超过 50 万用户（占拉脱维亚 1/4 的人口）。拉脱维亚目前使用的 2G 移动通信网络大部分部署于 1997 年，3G 网络大部分部署于 2006 年。2010 年 5 月华为独家中标拉脱维亚子网无线网络改造项目，涉及 2G、3G 及 4G 的网络搬迁改造。

2. 波罗的海高速光缆网项目

2012 年 9 月，连接德国、波兰、立陶宛、拉脱维亚和俄罗斯的"波罗的海高速光缆网（Baltic Highway）"正式开通，该网采用 96 芯光缆，地下铺设 3800 千米，拉脱维亚国有电信公司铺设了立陶宛至拉脱维亚全境，共 1008 千米。该线路取代了原俄罗斯—芬兰—瑞典—德国的海底光缆通信线路。高速光缆的开通将数据通信速度由 95Gbps 提高至 129Gbps，家庭、办公及手机上网速度至少提高 1/3，未来甚至可能达到 Tbps。这也将为拉脱维亚电信业带来重要的发展机遇：由于欧洲大约有 60% 的企业网络数据使用远程服务终端，俄罗斯也仅有两家服务器托管机构，因此，该项目的建成将使拉脱维亚的服务器托管服务相比东南亚等国家的服务器托管服务更具竞争优势，同时也将促进拉脱维亚东部欠发达地区（如雷泽克内）的 ICT 行业和娱乐业发展（驻拉脱维亚经商参处，2013）。

（三）产业发展需求

对于以印度、拉脱维亚为代表的通信信息产业发展迅速的国家来说，高速、高效、高科技含量的通信信息产业为本国与世界的互联互通创造了便利的条件。但是，"一带一路"沿线上这类国家，如印度、拉脱维亚，普遍存在国土面积较小、国内市场产能大于消费的困境。因此，这类国家在未来产业发展上需要大的海外出口市场，中亚、东南亚等信息技术产业发展较为落后的国家则成为最好的市场推广方向。

与印度的发展产业需求路径不同，拉脱维亚地处东欧平原西部，西邻波罗的海，北邻爱沙尼亚，东接俄罗斯，南接立陶宛，东南与白罗斯接壤，其电信产业从技术到市场都在相当大的程度上依赖于欧洲。由于欧洲电子信息产业发展迅速、信息技术前沿，拉脱维亚的电子信息产业建设发展水平在国际上也处于较为领先的水平。拉脱维亚国内市场狭小、欧洲市场竞争激励为拉脱维亚的电子信息产业发展造成了阻碍，因此，未来拉脱维亚的电信产业发展主要集中于市场空间拓展和探索国际产能、技术合作。

以拉脱维亚电信公司（Lattelecom）为例，该公司作为拉脱维亚第一大固网运营商，2014 年营业利润达到 3010 万欧元，较 2013 年增长 7%。公司高层表示，未来将继续对基础设施和免费无线网络连接（WiFi）进行投资，拉脱维亚目前已有 4300 个 WiFi 接入点，首都里加成为欧洲 WiFi 之都，拉脱维亚使用 100Mbps 以上网速的人群比例在欧洲最高。2011 年，我国华为公司就与该公司签署合作协议，致力于下一代网络的开发和建设。

三、服务业

服务业成为主要 GDP 来源，是一国进入工业化中后期的重要标志，包括交通运输业、旅游业、金融房地产业等方面。地处热带、亚热带的东南亚国家和地中海沿岸国家，自然资源、旅游资源比较丰富；同时，由于临海或环海的交通地理位置，航运业较为发达。这些国家以交通运输和旅游为主体的服务业迅速发展，对世界各地区和国家互联互通有积极的意义。

在"一带一路"沿线 65 个国家中，许多国家都处于交通运输线枢纽位置。这些国家利用本国得天独厚的地理位置，大力发展交通运输产业，在全球互联互通、贸易往来中发挥着重要的作用。比较有代表性的交通运输业发达的国家是新加坡。新加坡是世界重要的转口港及联系亚、欧、非、大洋洲的航空中心。2013 年新加坡运输仓储业产值 243.2 亿新元，占 GDP 的 6.6%；全年航空客运量 5277.5 万人次，航空货运量 185 万吨；海运货运量 5.61 亿吨，集装箱吞吐量 3258 万标箱，海运客运量 657.7 万人次（杨超，黄耀东，2015）。新加坡航空公司等 100 多家航空公司在新加坡提供航运服务；新加坡本地海运企业主要有海皇集团（NOL Group）、万邦航运（IMC Group）、太平船务（PIL）等。

（一）埃及

在旅游业方面，主要代表国家是地中海沿岸的埃及。埃及旅游业产值对 GDP 的贡献率约为 11%，旅游、侨汇和苏伊士运河是主要外汇收入来源。游客主要来自俄罗斯、英国、意大利、德国和西班牙等欧洲国家。目前，埃及约有 1960 家旅游公司，旅游业从业人员约 50 万人，埃及每 10 个就业人口中就有一个人从事与旅游业相关的工作。2011 年，苏伊士运河通过船只约 1.8 万艘，创汇 52 亿美元。埃及重视运河改造，2017 年运河宽度由 345 米加宽到 400 米，深度由 22 米增加到 25 米，可通过吃水深度 24 米、载重达 35 万吨的油轮。另外，在东南亚地区，印度、泰国服务业占 GDP 比重也较高。

（二）印度

印度服务业占国民经济的比重较高，金融和保险业发达，管理较严，但连锁经营和现代物流配送方式还不普遍。2012—2013 财年，印度服务业产值增长 7.0%，其中商贸流通业、酒店餐饮业、铁路运输、其他运输、仓储、通信、银行保险业、房地产业、公共服务业九大分项产值占服务业总产值的比例分别为 25.1%、2.3%、1.6%、9.7%、0.1%、6.9%、15.9%、16.6%、21.7%，分别增长 4.8%、0.5%、0.3%、6.6%、8.6%、6.5%、11.8%、10.0%、5.3%。

（三）泰国

旅游市场是泰国创收的重要经济来源之一，据统计分析，2014 年出口及旅游业成为泰国保持 GDP 增幅达 2%～3% 的主要因素。2014 年第 1 季度，按地区分析：来自东亚的游客最多，达 334.67 万人次，占游客总数的 50.72%，同比降低 12.56%，旅游收入 1082.05 亿泰铢，同比下滑 16.28%；次之为欧洲游客，游客达 225.52 万人次，占游客总数的 34.18%，同比升高 6.64%，旅游收入达 1463.38 亿铢，同比提高 7.90%；排名第三的是美洲游客，游客达 33.49 万人次，占游客总数的 5.08%，同比微增 0.09%，收入为 226.03 亿铢，略升 1.03%。按国别分析，中国游客达 96.78 万人次，占游客总数的 14.67%，同比减少 17.77%；俄罗斯游客为 70.15 万人次，占总数的 10.63%，逆势增长 18.67%；马来西亚游客为 57.64 万人次，占总数的 8.74%，减幅达 15.76%；值得注意的是，老挝游客以 33.12 万人次跻身第四大客源国，占游客总数的 5.02%，较 2013 年第 2 季度大涨 39.21%；日本和韩国游客分别为 31.92 万人次和 31.90 万人次，同比跌幅分别是 22.55% 和 9.24%。

（四）产业发展需求

服务业发展较快的国家和地区，旅游和自然资源丰富，同时也意味着工业体系普遍发展缓慢、基础制造业水平较差，尤其以东南亚国家为典型代表。这些国家基础设施建设较差、道路交通铺设改造较少，导致对外旅游吸引力远低于其旅游资源消费潜力。因此，这类国家和地区未来国际产能合作的主要方向仍然集中在基础设施建设领域，尤其是与旅游业相关的服务配套设施、与交通运输业相关的港口铁路建设升级等。

2013 年 7 月，印度联邦政府推出针对 12 个领域外国直接投资条件的改革措施，大幅放宽对外资进入电信、保险、石油、天然气和国防等重点行业的限制。鼓励金融中介服务、农产品养殖、电子产品、计算机软硬件、特别经济区开发、贸易、批发等多领域产业引进外资。

而对于泰国来说，未来服务业发展面临的主要挑战集中在如何提升服务业基础设施建设、增强服务体验和稳定国内政治经济环境、吸引更多境外游客两个方面。中国、印度、俄罗斯等新兴国家经济正以飞跃式发展，这些国家赴泰国游客人数的突飞猛进,而泰国道路交通等配套服务设施建设水平却比较低，难以对不断扩大的市场迅速反应并应对。未来，泰国旅游业发展需求之一就是吸引和增加配套设施建设，以稳定游客来源、扩大服务业收入。

四、制造业

制造业是吸收劳动力规模较大的产业之一，尤其是在人工智能和机械化水平较低的行业内吸收劳动力的作用显著。同时，制造业是一国工业部门的基础产业，制造业的稳健发展是处于工业化进程中国家的极大挑战。以中亚为代表的经济发展阶段较为落后的"一带一路"沿线国家，其制造业的发展将有力健全本国的工业体系，推动本国工业化水平提升；以我国和新加坡为代表的工业化后期国家，制造业的发展是工业4.0时代对夯实国家经济基础、优化产业结构的更高要求。因此，制造业的发展对"一带一路"沿线各国都有着重要的意义。

（一）新加坡

新加坡进入21世纪后实现了制造业向价值链高端的发展，形成了以电子、化工、生物医学和工程等领域为核心的强势产业。目前新加坡产业结构相对简单，工业尤其是制造业为经济发展做出巨大贡献，虽然2007年后出现了小幅比例下降，但整体结构变化不大。与发达国家经济结构变化不同的是，新加坡工业部门占GDP比重一直保持较高的水平且变化不大。这主要源于新加坡达到高收入阶段之后，仍倚重工业部门作为经济增长的主要动力部门，如2000年新加坡曾提出一个10年计划，即将制造业和服务业发展成为经济增长的双引擎，此后的政策一直服务于这两个部门的发展。新加坡的工业主要包括制造业和建筑业，2014年产值为900亿新元，占国内生产总值的25%。制造业产品主要包括电子、化学与化工、生物医药、精密机械、交通设备、石油产品、炼油等产品。在化学工业方面，新加坡是世界第三大炼油中心和石油贸易枢纽，也是亚洲石油定价中心。电子工业是新加坡传统产业之一，主要产品为半导体、计算机外围设备、数据存储设备、电信及消费电子产品等。

电子工业是新加坡传统产业之一，2013年总产值为808.6亿新元，占制造业总产值的27.8%；增加值174.7亿新元，占制造业增加值的为30.3%；就业人数7.64万人，占制造业就业人数的18.4%。2013年化学工业总产值为971.1亿新元，占制造业总产值的33.4%；增加值为39.8亿新元，占制造业增加值的6.9%；就业人数2.49万人，占制造业就业人数的6%；其主要产品包括石油、石化产品及特殊化学品。埃克森美孚、壳牌、住友化学公司及中国的中石油、中石化等世界著名石化企业纷纷聚集裕廊工业区（杨超，黄耀东，2015）。

（二）匈牙利

汽车工业是匈牙利重要的支柱行业之一，目前，共有汽车及零部件供应商 700 多家，直接就业人数为 11.5 万人，间接就业人数达 20 万人以上，工业产值占匈牙利国民生产总值的 10%，占工业总产值的 19.4%；出口额占匈牙利出口总额的 18%。目前在匈牙利投资开展整车生产的厂商主要有奔驰、奥迪、铃木等，产能分别达 15 万辆、12.5 万辆和 30 万辆。发动机生产厂商主要有奥迪、GM、欧宝等，产能分别为 190 万台、100 万台和 40 万台。2014 年乘用车产量达到 40 万辆，发动机达 2300 万台。2013 年匈牙利汽车工业产值达 165 亿欧元，占工业总产值的 19.4%，成为匈牙利经济主要增长动力。汽车工业是匈牙利最大的外向型产业。2013 年，匈牙利汽车工业出口额为 195 亿欧元，占匈牙利出口总额的 18%，其中 75% 输往欧盟。

受欧洲债务危机影响，匈牙利外商直接投资大幅降低，但汽车工业外商投资金额却逆势大幅增长，2012 年当年，汽车工业吸收外资 25 亿欧元，增长 49%；截至 2012 年年底累计吸收外资 41 亿欧元。奥迪、奔驰均扩大了对匈牙利的投资，2008 年，奔驰在凯奇凯梅特市投资 8 亿欧元设立整车工厂，并于 2012 年正式投产；2013 年，奥迪投资 12.4 亿欧元，在匈牙利设立新组装厂。匈牙利有汽车零部件供应商 700 余家，间接服务商达数千家，形成了体系完备、配套齐全的汽车工业产业链。世界最大的 20 家零部件供应商中，有 15 家落户匈牙利，其中主要有 Bosch、Takata、Hankook Tire 等大型零部件供应商，分别在匈牙利投资 4.2 亿欧元、0.7 亿欧元、3 亿欧元，主要从事汽车汽油系统、底盘系统、电子系统、安全系统、汽车轮胎等配套产业的生产。

（三）产业发展需求

以新加坡为代表的制造业发展较快的国家和地区，一般而言产业体系相对完整、产业结构比较合理。在国际产能合作方面通常会选择已有优势产业，通过产能输出、技术合作、吸引外资等手段发展本国经济。

新加坡对外资准入政策宽松，除国防相关行业及个别特殊行业外，对外资的运作基本没有限制。此外，新加坡政府还制定了特许国际贸易计划、区域总部奖励、跨国营业总部奖励、金融与资金管理中心奖励等多项计划以鼓励外资进入。同时，经济发展局还推出了一些优惠政策和发展计划来推动企业拓展业务，如创新发展计划、企业研究奖励计划、新技能资助计划等。根据新加坡政府公布的 2010 年长期战略发展计划，电子、石油化工、生命科学、工程、物流等 9 个行业被列为奖励投资领域（商务部发布的《对外投资国别产业指引》，2011）。

虽然匈牙利的汽车行业发展状况良好，但是其高度依赖于欧洲市场出口的贸易结构也为行业发展带来了隐患。近期，欧洲国家实施的边境控制措施将给匈牙利汽车制造商带来不利影响，边境口岸实行管控后将给这些汽车制造厂商带来物流等方面的问题。因此，未来匈牙利的汽车产业需要在市场重心转移、产业国际合作模式转变升级方面加以重视。一方面，将出口市场向"一带一路"沿线发展潜力较大的新兴市场转移；另一方面，加强与新兴市场国家的技术、品牌等方面合作，转变和升级产业发展模式，减小出口目的国对其汽车产业发展安全的威胁。

第二节

目标国家筛选

从理论上分析，在"一带一路"沿线有哪些国家和产业可以进行产能合作呢？以国际货币基金组织（IMF）基于购买力平价（PPP）计算的人均GDP，1995 年和 2000 年中国只有 1812 元和 2846 元，2015 年和 2020 年分别达到 13801 元和 20003 元。按照 20 年标准（100% 差距）及经济持续增长选择对象国，可以重点选择 2015 年人均 GDP 为 2000～7000 元的国家。如表 3-1 所示，有 18 个国家初步满足标准。但是，进一步考虑经济持续增长，以及 2020 年达到 2846 元水平的要求，那么，可以排除东帝汶和阿富汗；萨摩亚和汤加的经济增速比较缓慢，也可以排除。这样，剩下 14 个国家满足向外产业转移所需要的 20 年发展差距需求，分别是菲律宾、印度、越南、乌兹别克斯坦、老挝、缅甸、摩尔多瓦、巴基斯坦、孟加拉国、吉尔吉斯斯坦、柬埔寨、巴布亚新几内亚、塔吉克斯坦和尼泊尔。

表 3-1　与中国发展差距在 20 年左右的国家的人均 GDP

年份 国家	2015 年 人均 GDP（元）	2020 年 人均 GDP（元）	2015—2020 年均经 济增速（%）
中国	13801	20003	6.3
菲律宾	7348	9830	6.2
印度	6265	9327	7.6
越南	5963	8341	6.0
乌兹别克斯坦	5938	8436	6.5
萨摩亚	5330	5911	1.3
东帝汶	5308	3308	7.1
老挝	5298	7636	7.5
缅甸	5100	7959	8.1
汤加	5044	5974	2.1
摩尔多瓦	4937	6551	2.9
巴基斯坦	4886	6217	4.8
孟加拉国	3581	5225	6.8
吉尔吉斯斯坦	3413	4524	4.3
柬埔寨	3476	5048	7.3
巴布亚新几内亚	2818	3248	6.1
塔吉克斯坦	2736	3434	4.5
尼泊尔	2488	3237	4.7
阿富汗	1976	2553	5.2

资料来源：IMF，World Economic Outlook database，April 2015.

　　林毅夫提出的 20 年发展差距基于东亚的高速增长（年均 10% 左右），而全球其他地区很少有持续 20 多年的高速经济增长（冷战结束以来的卡塔尔和土库曼斯坦是例外），那么还可以适当扩大中国产业转移的对象国范围。另外，未来几年中国经济增速仍属于全球前列，与"一带一路"沿线国家的发展差距还可能进一步拉大。因此，可以考虑把 2015 年人均 GDP 为 7000 ～ 14000 元的国家列入第二选择菜单——考虑经济增长率，伊朗和斐济可以基本排除，剩下还有马尔代夫、泰国、蒙古、约旦、阿尔巴尼亚、埃及、印度尼西亚、斯里兰卡、不丹 9 国。这些国家是否会承接中国的制造业转移呢？为此还需要做进一步的经济分析。

　　国际经验表明，工业发展的趋势一般是从轻工业向重化工业再向高加工度工业升级，也即从劳动密集型工业向资本密集型工业再向技术密集型工业转变。按照联合国工业发展组织的标准，全球制造业中资源品占比从 2002 年的 31.5% 下降为 2011 年的 26.8%，而中高技术制造业占比从 2002 年的 43.2% 上升至 2011 年的 47.8%。在这 47.8% 的中高技术制造品中，发达经济体其实达到了 53%，而正在工业化的经济体只有 40%。

按中高技术产品占制造业出口的比重来看，2011 年工业化经济体为 63%，发展中经济体只有 50%，而世界平均水平为 59%（2011 年，发达经济体与发展中经济体在全球制造业出口中的占比分别为 70% 和 30%）。产业内部的结构变动也随着人均 GDP 而变迁，一般而言，当人均 GDP 达到 17000 美元（购买力平价）时，低技术产业不再占据最大份额；在低收入阶段，中等技术产业占制造业增加值的 20% 左右，此后逐渐上升，在人均 GDP 达到 16000 美元时达到顶峰 28% 左右，然后逐渐下滑，在人均 GDP 最高阶段时至 23% 左右；高技术产业的份额则从人均 GDP 为 1000 美元时的 5% 持续增加到人均 GDP 为 4 万美元时的 54%。

"一带一路"沿线绝大多数国家仍属于吸收外商直接投资的阶段，经济发展也处于初级工业化阶段，需要国际社会的资本、技术和管理能力。从这个意义上讲，承接中国产业转移的供给和需求因素同时具备。但与此同时，也要看到有些国家的制造业能力偏弱，在相当长一段时期内难以发展出有出口能力的制造业。上述 23 个国家，从各国的制造业能力相关指标来看，除泰国外的所有国家都弱于中国，有的甚至差距很大。因此，在选择产能合作国时，还应以各国制造业能力和市场规模作为重要的评判标准。

选定了国家之后需要对产业进行筛选，就劳动密集型、低技术产业而言，工资和就业可能是最为重要的考虑因素之一。按照联合国工业发展组织提供的人均收入和制造业各产业就业趋势演变来看，在低收入阶段，食品与饮料、纺织业、服装三大产业吸收了最多的就业；在一国进入中上或高收入阶段后，纺织和服装两个产业的就业水平将会显著降低，特别是服装业。

在人均 GDP 突破 1 万美元之后，非金属矿物产业、基本金属产业和金属制品产业的就业占比依次快速进入下降阶段。这些产业包括钢铁、砖材、水泥、锅炉、金属架、手工工具和塑料，尽管解决的就业不如劳动密集型产业多，但劳动生产率较高，容易获取资本，可以为东道国带来投资机遇。就中等技术制造业的就业占比而言，2010 年中国为 23.9%，随着人均收入上升，还将进一步提高比重，但 2015 年中国人均收入已接近 14000 美元，就业占比基本进入下降阶段。

目前，中等技术产业就业占比低于中国的国家有约旦、越南、印度尼西亚、菲律宾、孟加拉国、斯里兰卡等，某种程度上还包括印度和埃及，理论上讲这些国家都是比较合适的产能合作国家（钟飞腾，2015）。

本 章 小 结

以基础设施的建设为例，对于发达国家而言，其基础设施存在不断更新升级的改扩建投资需求；对于贫穷落后的国家而言，基础设施是制约其经济发展的短板，更需要引进国外资本加快建设。"一带一路"沿线国家基础设施落后于中国的国家有 51 个，城市化率低于中国的有斯里兰卡、尼泊尔、柬埔寨、阿富汗等 27 个国家。特别是，也门、缅甸、叙利亚、伊拉克、阿富汗等国家经过了战争的破坏，基础设施重建的需求更大。"一带一路"沿线国家未来每年的基础设施投资需求为 1.8 万亿～ 4 万亿美元，是一个巨大的市场。

第四章

"一带一路"产能合作政策诉求分析

"一带一路"沿线国家的社会制度和法律各异,中国企业参与其基础设施投资,可能面临的法律制度问题包括环境保护、劳工、知识产权、投资管理、税务等多个方面。例如,在对待外资投资管理上,有的国家反垄断审核非常严格,如日本;有的国家设置了领域和合资比例限制,如西亚的一些国家。再例如,在项目的管理上,有的国家参照英国模式,有的国家则以特许经营权管理为主。投资者要提前做好目标国的各类投资制度的尽职调查,规避投资的制度风险;同时,也需要政府在合作政策方面进行改善。

第一节

发达国家产能合作政策实施经验

为了保证海外投资的安全,西方发达国家大多已经建立起比较完善的海外投资保护制度,帮助本国企业在海外投资的过程中规避各种政策和经营性风险、政治动乱,甚至战争等非商业性风险,为本国企业的海外投资保驾护航。这类保护制度通常是以国家的综合国力为后盾,以国家财政作为理赔的手段,并以国家名义向东道国行使代位求偿权的一种官方保险制度,一般由国家特设机构或政府指定机构负责实施,具有明显的"国家保险"或"政府保险"的性质。

一、完善的海外投资保护制度

美国是世界上最早建立海外投资保证制度的国家，起始于 1948 年实施的"马歇尔计划"。奖励、促进和保护美国海外投资的安全与利益是美国政府始终如一的基本政策。1961 年美国设立国际开发署接管投资保证业务。为适应国际投资市场的变化，美国于 1971 年成立海外私人投资公司，它是联邦行政部门中的一个独立机构，专门为美国企业的海外投资提供担保。

1956 年，日本成为世界上第二个建立海外投资保险制度的国家。1957 年，日本追加了海外投资利润保险。1972 年 2 月，日本建立了旨在开发进口海外矿物资源的投资保险制度。此外，日本政府积极签订投资保护协定，改善对外投资环境。日本企业对外投资需要保险时，可以申请使用这一制度，对海外投资的本金和利益进行保险。日本通产省下属的进出口及投资保险部为日本企业提供 95% 的境外投资政治风险赔付及 40% 的商业风险赔付。

1959 年，德国颁布《海外投资担保准则》，建立了德国海外投资政治风险及非商业风险的担保制度，并指定赫尔梅斯信用保险公司和德国信托股份公司作为德国政府授权的法定保险人。西方发达国家的投资保证制度大多是针对本国企业在发展中国家的投资而设立的。主要承担以下三种风险：一是外汇险，即由于东道国施行外汇管制或其他限制政策，导致跨国投资者无法将本金、利润及其他合法收益汇兑、转账或汇回国内而造成的风险；二是财产征用险，即东道国针对外资项目施行国有化、政府征用或没收而导致投资者丧失项目基本权利的风险；三是战争及政治动乱险，即投资者因东道国战争、内乱、革命、暴乱或具有政治动机的恐怖行为而蒙受损失的风险。

二、优惠的税收政策

优惠的税收政策是西方发达国家鼓励本国企业海外投资的普遍做法。

（一）美国的税收优惠政策

早在 20 世纪初期，美国政府就开始利用优惠的税收政策鼓励和支持本国的垄断资本走向海外，实施资本对外扩张。主要体现在以下几个方面。

第一，税收减免和税收抵免。美国 1918 年开始实行国外纳税减免政策，分国计算抵免限额。20 世纪 60 年代初至 70 年代中期，美国实行分国限额与综合限额选择制。目前，美国实行在区分不同所得类别基础上的不分国别综合限额抵免政策，即纳税人获得的境外所得按照类别进行归类，每一类按照不同的税率计算抵免限额，直接抵免外国所得税税款。美国国内母公司拥有海外子公司10%以上的股票表决权时即可享受税收减免优惠。

第二，延期纳税与受控外国公司（以下简称CFC）法规。为了支持美国跨国公司与东道国当地公司或欧洲国家的公司展开竞争，美国从1954年起对美国企业开展海外经营的国外所得实行延期纳税制度，即美国公司的海外子公司所获利润在汇回本国以前缓期征税，而且并不要求利润限期汇回。这实际上是政府给予在国外进行投资的美国公司的一种无息贷款，海外子公司可以利用利润进行再投资，进而扩大再生产。但是，这一制度会诱使越来越多的美国跨国公司利用避税地设立基地公司，并将利润保留在避税地以逃避美国税收。为此，美国国会在1962年提出了特定意义的CFC概念，并通过了CFC法规，取消了对海外基地公司通过转移利润方式获得的经营所得使用延迟课税的规定，既减少了对外投资公司的税负，也兼顾了国家的税收利益。

第三，实行亏损纳税冲减制度。当海外企业在某个年度出现正常的经营亏损时，便可将该亏损抵消前3年的利润，同时把冲销掉的那部分利润对应于前一年度所缴纳的税收退还给企业；海外企业也可以选择向后5年结转，抵消以后5年的收入，以弥补企业在海外投资所遭受的损失。

第四，关税优惠。美国海关税则规定：凡是飞机部件、内燃机部件、办公设备、无线电装备及零部件、照相器材等，如果使用美国产品运往国外加工制造或装配的，再重新进口时可享受减免关税的待遇，只按照这些产品在国外增加的价值征收进口税。通过税收优惠，美国海外公司的纳税率大大低于国内，提高了美国海外公司的竞争力。

（二）法国的税收优惠政策

使用免税法来消除国际双重征税是法国对外投资税收政策的特点。1965年，法国政府规定，任何一家法国公司在外国公司持有10%以上的资本，即视为母公司，其持股的外国公司为其子公司，国外子公司分配给母公司的股息不计入母公司应纳税的所得范围。这既体现了对东道国税收主权的尊重，也有利于实现企业间的平等竞争及境外投资企业的生存和发展。为了防止法国公司为了避税而到海外投资，法国采取财务合并制度，对境外子公司在海外的所得税低于法国所得税 1/3 的情况，必须将其子公司的财务纳入法国母公司之中，除非母公司能证明其投资是以东道国当地市场销售为主，而不是出于避税目的，而海外子公司则按综合利润纳税。法国还制定了风险准备金制度，规定进行海外投资的企业每年（一般不超过 5 年）可在应税收入中免税提取准备金，原则上不能超过企业在此期间对外投资的总额，期满后将准备金按比例计入每年的利润中纳税。

（三）日本的税收优惠政策

相比美国和其他发达国家，日本鼓励对外直接投资税收政策的一大特色是设立海外投资亏损准备金制度。这一制度使企业和政府共同承担企业海外经营风险，在一定程度上刺激了日本企业对外直接投资的动力。这一制度包括：①1960 年，制定了对外直接投资准备金制度；②1970 年，制定了石油开发投资亏损准备金制度；③1971 年，将资源对象扩大到石油以外，制定了资源开发对外直接投资亏损准备金制度；④1974 年，制定了特定海外工程合同的对外直接投资亏损准备金制度，旨在为获得稳定的海外资源而进行投资的企业提供支持；⑤1973 年，日本将海外投资亏损准备金制度和资源投资亏损准备金制度合并，制定了海外投资等亏损准备金制度；⑥1980 年，制定了大规模经济合作和合资事业对外直接投资亏损准备金制度。准备金制度的核心内容如下：满足一定条件的对外直接投资，将投资的一定比例计入准备金，享受免税待遇；如果投资受损，则可从准备金得到补偿；如果未受损失，该部分金额积存五年后，从第六年起，将准备金分成五份，逐年合并到应税所得中进行纳税。这一制度缓和了亏损对企业持续经营的冲击，有利于企业摆脱困境。

三、加大融资支持力度

通过政策性金融机构对本国企业进行海外直接投资提供金融支持，降低融资成本，提高企业竞争力是西方发达国家的通常做法。

（一）美国政策性金融机构的支持

美国进出口银行是美国政府为企业提供融资服务的主要政府机构之一，其主要职责是通过提供一般商业渠道所不能获得的信贷支持促进美国商品及服务在海外的销售。在美国进出口银行的对外贷款业务中，有两种贷款是专门支持美国跨国公司向外直接投资的：第一种是开发资源贷款，主要用于某个国家的资源开发类项目，特别是战略物资资源；第二种是对外私人直接投资贷款，主要是对本国的跨国公司给予贷款,帮助它们扩展海外业务,提高在国外的竞争力。美国进出口银行对本国企业提供融资服务不以营利为目标,其资金大部分来自财政部,因此,能够尽最大可能为美国企业的对外直接投资提供融资支持。除美国进出口银行为企业直接提供贷款之外,美国海外私人投资公司是另一个比较活跃的机构。该公司除以投资保险为主业外,还对私人投资提供资助,尤其是鼓励美国中小企业在发展中国家进行海外直接投资,以开发正在成长中的市场潜力。该公司自 1969 年成立以来,一直在鼓励美国私人向发展中国家及新兴市场国家投资方面起主导作用,其提供融资和担保的项目遍布全世界 140 多个国家和地区,范围涉及自然资源、能源、建筑、交通、农业、电信、销售、银行和服务等各个行业。

美国海外私人投资公司是一家自负盈亏的政府机构,它通过提供一般商业上所得不到的金融服务(长期政治风险担保和追索权有限项目融资等)来帮助美国私人企业扩大在发展中国家和新兴市场国家投资。它提供的贷款,期限较长,利息较低,有时甚至是无息的,这为美国的私人投资者充分利用国家资本进行对外直接投资并获取高额利润提供了机会。

近年来,美国海外私人投资公司提供服务的范围不断扩大,除提供政治风险担保之外,还提供一些专项风险担保,如租赁担保、石油天然气项目担保、自然资源项目担保等;除提供追索权优先项目融资外,还承担对外投资私人公司的部分市场开拓费用和投资试验费用、向参加海外投资的私人公司提供情报咨询和可行性分析报告等服务。值得一提的是,作为一个自负盈亏的机构,它每年都有盈利,不仅没有花美国纳税人一分钱,还为美国政府积累了高达 26 亿美元的资产。

(二)日本政策性金融机构的支持

日本进出口银行自 1957 年起为日本企业的对外直接投资项目或海外经营项目提供贷款。其职能包括:为日本企业在国外企业中参股投资提供贷款;为日本企业对外国政府或企业提供贷款而给予贷款支持,并为企业在日本境外进行风险经营提供长期资金;为日本企业向欲参股日本持股企业的外国政府或企业提供贷款准备金;为日本企业参股设立在日本境内的海外投资企业提供贷款;为日本企业在海外经营项目所需资金提供贷款等。1957—1967 年,日本进出口银行为 143 个项目提供了贷款支持,约占日本制造业和非矿产、能源资源开采业对外直接投资的 1/5;而 1992 财政年度和 1993 财政年度,该银行为企业海外投资提供的贷款约占其融资总额的 40%。

值得一提的是，日本进出口银行设立了海外投资研究所，是专为日本对外直接投资企业提供情报和促进投资活动而设立的信息机构。该研究所不仅为对外直接投资企业提供从项目考察、设计到施工全过程的信息咨询和操作服务，而且还提供项目投产后所需的市场信息和产品销售渠道信息等。

日本国际协力银行也为日本企业扩大对外直接投资发挥了积极作用。作为一家政策性金融机构，其目标是在不与商业性金融机构展开竞争的前提和不以营利为目标的原则下，通过发放借贷和其他金融活动，致力于促进日本企业的进出口和对外直接投资活动。日本政府为银行提供了充足的资本金和稳固的业务融资渠道，低成本的资金来源既规避了有关补贴的国际规则，又有利于防范风险，便于为本国企业提供优惠利率贷款，从而增强日本企业在海外的竞争力。

从其产生发展过程来看，在每一个历史阶段的业务演变都充分体现并配合了日本经济和政治发展的需要，将出口信贷和 ODA 开发援助、支持进口和海外投资充分结合。通过与其他国家的发展银行合作，为民营企业的资本投资提供中长期资金支持。国内私人投资项目在走出国境时，其项目往往具有高风险，利润前景不佳，难以从私人金融机构获得支持，JBIC 提供股权和贷款两种形式对这种行为予以支持。在接洽海外政府项目贷款时，主动为国内企业寻求业务。

四、设立信息与技术支持体系

企业海外投资是一个长期复杂的过程，需要建立发达的信息收集系统，仅靠海外投资的企业是很难办到的。为此，西方发达国家的政府主管部门或政府开办的涉外专业银行都为进行海外投资的本国企业提供信息和技术支持，并形成了各自的信息与技术支持体系。日本实行的研修、调研补助和信息服务制度最具有代表性。

1959 年，为了培养海外投资的跨国性人才，日本政府设立了海外技术人员进修协会，为民间技术人员到海外进修和调研提供经费补助。补助的范围包括出国期间的交通、食宿和材料费用等，补助比例一般为 75%。为了减轻海外投资企业的负担，日本政府建立了对外投资调研补助制度，补助比例同样为 75%，要求调研团体需要由 3 名以上人员组成，由业界团体提出申请，并向资助部门提出调研报告,期限一般为 1 ~ 2 个月。除研修和调研补助制度外,日本还设立专门的信息服务机构,为企业对外直接投资活动提供信息咨询服务,主要有以下四个机构:通产省所属的亚洲经济研究所、日本商工会议所、日本贸易振兴会及日本进出口银行海外投资研究所。

亚洲经济研究所成立于 1960 年,经费大部分由日本政府提供,为日本企业对外直接投资提供咨询服务。1998 年 7 月,亚洲经济研究所与日本贸易振兴会合并,成为日本贸易振兴会的附属研究机构,主要负责对亚洲发展中国家投资环境的调查和研究。

日本商工会议所是日本历史最久的全国性综合经济团体,在"第二次世界大战"后的日本经济发展中,特别是在对中小企业的经营指导方面发挥了重要作用。在新加坡和墨西哥等国家成立了 5 个驻外办事处,对从事海外经营活动的日本中小企业,就资金、伙伴等有关经营上的问题提出建议并进行个别磋商;经常召开由驻外中小企业和当地有实力的人及有识者参加的各种恳谈会,增进友谊,拓宽人脉,使日本中小企业尽快融入当地市场;另外,还收集和提供经济、技术和市场等各种信息服务。

日本贸易振兴会于 1958 年由日本政府设立,1998 年与亚经济研究所合并,2003 年更名为日本贸易振兴机构。在 56 个国家设立了 74 个办事处,其中在中国北京、上海、香港等地设立了 7 个办事处。主要任务是支援日本的对外贸易和对外直接投资,促进日本与世界各国的产业合作及技术交流。

日本进出口银行成立于 1950 年,除主要从事融资和担保服务之外,还承担着重要的情报咨询职能。日本进出口银行设有海外投资研究所,与亚洲经济研究所相同,是根据特别法设立的专门为境外投资企业提供信息支持的机构,为境外投资企业提供从项目考察、设计到施工整个过程的信息咨询服务,以及项目投产后所需的产品市场信息和销售网络(赵杰,2014)。

Chapter 04

第二节

中国现有产能合作政策梳理

表 4-1 所示为中国现有产能合作政策内容梳理。

表 4-1 中国现有产能合作政策内容梳理

部门与机构	时 间	类 别	文 件	主要或重点内容	目 的
发改委	2015 年	外汇金融	《发改委关于扩大中长期国际商业贷款管理改革试点的通知》	审批企业借用国际商业贷款应把握的原则,试点省市可以提交申请规模、重点领域、重点企业、重大项目的国际商业贷款需求及试点工作方案	根据党中央、国务院加快政府职能转变的要求,自 2015 年 1 月 1 日起,发改委已先行在上海市试点中长期国际商业贷款规模切块管理。为进一步简化行政审批,促进国际商业贷款支持"引进来"和"走出去",推进外债管理改革进程,决定将中长期国际商业贷款管理改革试点范围扩大至天津市、福建省(厦门市)、广东省(深圳市)
	2014 年	投资管理	《境外投资项目核准和备案管理办法》	明确了适用办法的境外投资项目,核准和备案机关及权限、程序及条件、文件效力及相关法律责任	为促进和规范境外投资,加快境外投资管理职能转变,根据《中华人民共和国行政许可法》《国务院关于投资体制改革的决定》和《国务院对确需保留的行政审批项目设定行政许可的决定》,特制定本办法

续表

部门与机构	时 间	类 别	文 件	主要或重点内容	目 的
发改委	2012 年	外汇金融	《关于境内非金融机构赴香港特别行政区发行人民币债券有关事项的通知》	对非金融机构在中国香港融资的条件、申请资料、时间期限等问题做出管理规定	为进一步推动中国香港债券市场发展，规范境内非金融机构赴香港特别行政区发行人民币债券行为，有效防范外债风险
	2012 年	投资合作	《"十二五"利用外资和境外投资规划》	明确了"十二五"利用外资和境外投资的主要目标、重点任务及主要政策措施	"十二五"期间我国利用外资和境外投资工作的重要指南
国办（国务院办公厅）	2013 年	外汇金融	《关于金融支持经济结构调整和转型升级的指导意见》	确定了金融支持和责任部门对包含"走出去"等结构调整任务的指导意见	更好地发挥金融政策、财政政策和产业政策的协同作用，优化社会融资结构，持续加强对重点领域和薄弱环节的金融支持，切实防范化解金融风险
	2012 年	劳务合作	《对外劳务合作管理条例》	确定了对外劳务合作管理的原则、人员界定、合同内容、政府责任等部分	规范对外劳务合作，保障劳务人员的合法权益，促进对外劳务合作健康发展
	2008 年	工程承包	《对外承包工程管理条例》	确定了对外承包工程的原则、企业资格、业务活动和法律责任等内容	为了规范对外承包工程，促进对外承包工程健康发展
商务部	2014 年	投资合作	《境外投资管理办法》	涉及境外投资的核准、变更和终止境外投资行为规范、管理和服务及罚则	为了促进和规范境外投资，提高境外投资便利化水平，根据《国务院关于投资体制改革的决定》《国务院对确需保留的行政审批项目设定行政许可的决定》及相关法律规定，制定本办法

续表

部门与机构	时间	类别	文件	主要或重点内容	目的
商务部	2012年	其他	《中国境外企业文化建设若干意见》	对境外企业文化建设的原则、内容和保障措施做出规定	为鼓励和支持我国企业更好地适应实施"走出去"战略面临的新形势，内凝核心价值、外塑良好形象，在实施互利共赢开放战略和建设和谐世界中发挥更大的作用，实现我国企业在境外的健康可持续发展
	2011年	投资合作	《关于涉及多国利益境外投资有关事项的通知》	界定了境内企业在争议地区经营的管理范围	为了指导企业更好地开展境外投资
	2011年	外汇金融	《关于做好人民币境外直接投资管理工作的通知》	暂无确定内容	为做好人民币境外直接投资管理工作
	2010年	工程承包	《对外承包工程业务统计制度》《对外劳务合作业务统计制度》	结合近两年对外承包工程和劳务合作业务发展情况，对《对外承包工程业务统计制度》《对外劳务合作业务统计制度》进行了修订	为保证政策对新环境的适应性
	2010年	投资合作	《对外投资合作境外安全风险预警和信息通报制度》	涉及境外安全风险种类、境外安全风险预警、境外安全风险信息通报、境外安全风险预警和信息通报形式、工作要求及保密责任	完善境外安全风险控制体系，指导企业加强境外安全风险防范，保障"走出去"战略的顺利实施
对外贸易经济合作部（现商务部）	2000年	工程承包	《中国对外承包工程和劳务合作行业规范（试行）》	对外贸企业经营要求、内容、标准等做出规定	为了规范对外承包工程和劳务合作行业的经营行为，加强行业自律，维护经营秩序
	1999年	工程承包	《关于加强我国驻外使（领）馆经商参处（室）对对外承包工程和劳务合作业务管理的规定》	强化驻外经商机构对内资企业在国外承包工程的备案、审批、管理等	为了发展对外承包工程和劳务合作业务，加强一线管理、协调，维护良好的经营秩序，保障我国企业及外派劳务人员的合法权益

续表

部门与机构	时间	类别	文件	主要或重点内容	目的
国资委	2013 年	品牌建设	《关于加强中央企业品牌建设的指导意见》	品牌国际化是实施"走出去"战略的重要手段，提出了中央企业加强品牌建设的指导思想、基本原则、主要目标、主要内容及主要措施	提高中央企业品牌建设水平，推动中央企业转型升级，实现做强做优中央企业、培育具有国际竞争力的世界一流企业的目标
	2012 年	投资监管	《中央企业境外投资监督管理暂行办法》	通过定义境外投资的概念，明确《境外投资监管办法》适用的范围；明确了国资委、中央企业对境外投资监管的职责；提出了境外投资活动应当遵守的原则；要求中央企业建立健全境外投资管理制度；规定了中央企业境外投资计划报送制度；明确了主业境外投资项目备案和非主业境外投资项目审核的程序和内容；对提高境外投资决策质量和加强境外投资风险防范提出了要求	为进一步建立健全境外国有资产监管制度，切实加强中央企业境外投资监管，确保境外国有资产保值增值，更好地适应新形势的需要
	2011 年	资产监管	《中央企业境外国有产权管理暂行办法》	明确了国资委、中央企业对境外国有资产的监督管理职责；提出了中央企业境外投资及后续管理过程中各个关键环节的管理要求；明确了境外企业生产经营活动中各项基础管理工作的原则性要求；规定了境外企业重要经营管理事项的报告程序、内容和时限；从企业内部管理和外部监督两个层面提出了境外国有资产监管工作内容和要求	为进一步建立健全境外国有资产监管制度规范，切实加强中央企业境外国有资产和产权监管，维护境外国有资产权益，更好地适应新形势的需要，国务院国资委依据《中华人民共和国企业国有资产法》和《企业国有资产监督管理暂行条例》等法律、行政法规，在认真总结中央企业境外国有资产监管经验的基础上，制定了《境外资产监管办法》和《境外产权管理办法》
	2011 年	产权监管	《中央企业境外国有产权管理暂行办法》	规范了境外国有产权登记和评估项目管理，对境外企业产权转让等国有产权变动事项的审核权限、基本程序、转让价格、转让方式、对价支付等做出了具体规定，明确了红筹上市公司国有股权管理的基本原则，规范了个人代持境外国有产权、设立离岸公司等事项	

续表

部门与机构	时 间	类 别	文 件	主要或重点内容	目 的
工业和信息化部、中国进出口银行	2015 年	融资支持	《关于加大重大技术装备融资支持力度的若干意见》	将创新金融产品和融资服务模式，为企业提供多元化和个性化的融资服务，支持产品出口及企业"走出去"；支持重点包括产品出口及企业"走出去"，重大技术装备直接出口项目以及通过工程承包等方式间接带动重大技术装备出口的项目；重大技术装备制造企业在境外建设生产制造基地、研发中心、产品销售中心、服务中心，以及收购境外企业的项目	为贯彻落实党中央、国务院关于做强做大装备制造业的战略部署，加快推进装备制造业发展方式转变和结构优化升级，推动重大技术装备自主创新和产业化，工业和信息化部与中国进出口银行联合加大重大技术装备融资支持力度
发改委、商务部、外交部、科技部、工业和信息化部、财政部、人民银行、海关总署	2012 年	投资合作	《关于加快培育国际合作和竞争新优势指导意见的通知》	确定了培育国际合作和竞争新优势的目标任务和保障措施	全球经济结构面临深度调整，围绕市场、资源、人才、技术、标准等方面的竞争日趋激烈，我国发展面临的外部环境更加复杂，迫切需要加快培育国际合作和竞争新优势
发改委、外交部、工业和信息化部、财政部、商务部、人民银行、海关总署、工商总局、质检总局、银监会、证监会、保监会、外汇局	2012 年	投资合作	《关于鼓励和引导民营企业积极开展境外投资的实施意见的通知》	确定了对民营企业境外投资的宏观管理、政策扶持、服务保障和强化安全的要求	为贯彻落实《国务院关于鼓励和引导民间投资健康发展的若干意见》(国发〔2010〕13 号)，充分发挥民营企业在境外投资中的重要作用，鼓励和引导民营企业积极开展境外投资

续表

部门与机构	时间	类别	文件	主要或重点内容	目的
发改委、商务部、外交部、财政部、海关总署、国家税务总局、外汇局	2006年	投资合作	《境外投资产业指导政策、境外投资产业指导目录》	提出了鼓励境外投资资产目录及禁止境外投资产业目录，国家鼓励和支持有比较优势的各类企业对外投资。国家鼓励通过境外投资，充分利用国际、国内两个市场，优化资源配置，提高企业参与国际竞争与合作的层次和水平，深化同各国的交流与合作，促进共同发展。对鼓励类境外投资项目，国家在宏观调控、多双边经贸政策、外交、财政、税收外汇、海关、资源信息、信贷、保险，以及双多边合作和外事工作等方面，给予相应政策支持；对禁止类境外投资项目，国家不予核准并将采取措施予以制止；对允许类境外投资项目，国家原则上不给予第八条中所列前五项优惠政策支持	为加快实施"走出去"战略，推动境外投资有效、有序、协调、健康发展，指导境外投资方向，根据我国国民经济和社会发展规划，按照投资体制改革和产业政策的要求，特制定境外投资产业指导政策
发改委、中国出口信用保险公司	2005年	保险	《关于建立境外投资重点项目风险保障机制有关问题的通知》	承担涉外企业风险保障项目的信用保险公司的责任和保险范围做出规定	为贯彻党的十六大关于加快实施"走出去"战略的精神，落实中央有关"加大对境外投资的金融支持"的指示，鼓励和支持有比较优势的各种所有制企业开展对外投资，规避投资涉及的相关风险
商务部、国家统计局、国家外汇管理局	2012年	投资合作	《关于印发对外直接投资统计制度、对外劳务合作业务统计制度》的通知	补充和修订了对外直接投资统计制度的有关内容	对《对外直接投资统计制度》进行修订和补充
商务部、外交部、国资委、全国工商联	2011年	劳务合作	《境外中资企业（机构）员工管理指引》	通过员工培训、尊重习惯、建立沟通机制等方面强化员工管理	为指导中国企业进一步规范境外中资企业（机构）的员工管理工作

续表

部门与机构	时 间	类 别	文 件	主要或重点内容	目 的
商务部、环境保护部	2013 年	投资合作	《对外投资合作环境保护指南》	要求企业要通过在生产过程中后阶段实施环保安全措施	为指导我国企业在对外投资合作中进一步规范环境保护行为，引导企业积极履行环境保护社会责任，推动对外投资合作可持续发展
商务部、国家开发银行	2013 年	投资合作	《关于支持境外经济贸易合作区建设发展有关问题的通知》	在信息共享和项目磋商等机制强化合作的基础上，国开行加大对有关企业的融资服务	为进一步贯彻落实国务院关于推进境外经济贸易合作区（以下简称合作区）建设的有关精神和《国务院办公厅关于金融支持经济结构调整和转型升级的指导意见》（国办发〔2013〕67号），创新合作区的发展模式，支持国内企业"走出去"，更好地发挥金融对经济结构调整和转型升级的支持作用
商务部、发改委	2011 年	投资合作	《对外投资国别产业指引（2011版）》	确定了对外投资国别产业指导目录	为贯彻落实党中央、国务院要求，完善对外投资服务体系，进一步加强对企业的服务和引导，按照国家"十二五"规划纲要确立的"走出去"战略目标和任务
商务部、外交部	2009 年	劳务合作	《防范和处置境外劳务事件的规定》	确定了处理境外劳务事件的原则、管理责任和程序等内容	为妥善处理境外劳务事件，维护外派劳务人员和外派企业的合法权益
商务部、外交部、国资委	2008 年	投资管理	《关于进一步规范我国企业对外投资合作的通知》	牢固树立"互利共赢、共同发展"的经营理念；落实责任制；切实发挥中央企业的表率作用；加大对违法违规的惩处力度	进一步规范企业对外投资合作，有效遏制各类损害国家和企业利益的事件发生

续表

部门与机构	时间	类别	文件	主要或重点内容	目的
商务部、信息产业部	2005年	投资合作	《关于推进我国信息产业"走出去"的若干意见》	提出思路、目标和有关政策措施	为加速推进我国信息产业"走出去",尽快形成信息产业跨国公司,努力提升信息产业总体发展水平和国际竞争力
国家税务总局	2010年	财税	《关于进一步做好"走出去"企业税收服务与管理工作的意见》	通过税收政策、宣传、管理和议定等方式做好企业的税收和管理工作	为更好地贯彻落实党中央国务院做出的加快实施"走出去"战略的重大决策,进一步做好我国企业境外投资经营税收服务与管理工作
	2015年	财税	《出口退（免）税企业分类管理办法》	明确了出口企业的管理类别及标准、分类管理措施、评定工作要求等	为进一步规范出口退（免）税管理,优化出口退税服务,支持我国外贸发展,国家税务总局制定了《出口退（免）税企业分类管理办法》
	2014年	财税	《启运港退（免）税管理办法》	明确了出口企业适用启运港退（免）税政策须满足的条件、退（免）税备案内容、运输企业和运输工具确定、退（免）税申报、退（免）税审核及其他	根据《财政部海关总署国家税务总局关于扩大启运港退税政策试点范围的通知》,调整原有的《启运港退（免）税管理办法》

Chapter 04

续表

部门与机构	时 间	类 别	文 件	主要或重点内容	目 的
国家税务总局	2014 年	财税	《营业税改征增值税跨境应税服务增值税免税管理办法（试行）》	明确了跨境服务免征增值税的范围，包括工程、矿产资源在境外的工程勘察勘探服务、电信业服务、电路设计及测试服务、信息系统服务等，并对免征要求进行了附加的解释说明，解读了如何做才符合免征条件	铁路运输、邮政业和电信业已经纳入营业税改征增值税试点。为了规范和完善跨境应税服务的税收管理，国家税务总局对《营业税改征增值税跨境应税服务增值税免税管理办法（试行）》进行了修订
	2013 年	财税	《调整出口退（免）税申报办法的公告》	明确了企业进行正式退（免）税申报的前置条件、无法通过预申报审核的处理方法、免抵退税不得免征和抵扣税额的计税依据、无法通过预申报审核的处理办法等	为减少出口企业或其他单位出口退（免）税申报的差错率和疑点，进一步提高申报和审批效率，加快出口退税进度
	2010 年	财税	《企业境外所得税收抵免操作指南》	确定了企业境外所得税减免的操作方法	确定了企业境外所得税减免的操作方法
国家外汇管理局	2013 年	外汇金融	《关于境外上市外汇管理有关问题的通知》	对境内公司境外上市的外汇管理的有关内容	为规范和完善境外上市外汇管理
	2012 年	外汇金融	《关于鼓励和引导民间投资健康发展有关外汇管理问题的通知》	简化境外直接投资资金汇回管理、简化境外放款外汇管理、适当放宽个人对外担保管理（为支持企业"走出去"，境内企业为境外投资企业境外融资提供对外担保时，允许境内个人作为共同担保人，以保证、抵押、质押及担保法规允许的其他方式，为同一笔债务提供担保）	为进一步贯彻落实《国务院关于鼓励和引导民间投资健康发展的若干意见》（国发〔2010〕13号），鼓励和引导民间资本境外投资健康发展，就完善境外投资促进和保障体系所涉外汇管理有关问题进行了说明

续表

部门与机构	时 间	类 别	文 件	主要或重点内容	目 的
国家外汇管理局	2012 年	外汇金融	《关于进一步改进和调整直接投资外汇管理政策的通知》	取消直接投资项下外汇账户开立及入账核准、取消外国投资者境内合法所得再投资核准、简化外商投资性公司境内再投资外汇管理、取消直接投资项下购汇及对外支付核准、取消直接投资项下境内外汇划转核准、进一步放宽境外放款管理、提高银行办理直接投资项下外汇业务的合规意识	为深化外汇管理体制改革,简化行政审批程序,促进投资贸易便利化,国家外汇管理局决定改进直接投资外汇管理方式,取消和调整部分直接投资外汇管理行政许可项目
	2010 年	外汇金融	《关于境内银行境外直接投资外汇管理有关问题的通知》	对境内银行开展直接投资的外汇管理的规定	为规范境内银行境外直接投资所涉外汇业务
	2010 年	外汇金融	《关于境内机构对外担保管理问题的通知》	对境内机构开展对外担保业务的外汇管理办法的规定	为深化境内机构提供对外担保管理改革,支持境内机构参与国际经济金融合作
	2009 年	外汇金融	《境内机构境外直接投资外汇管理规定》	确定了境内机构境外直接投资汇出、汇入和结算的管理办法	为贯彻落实"走出去"发展战略,促进境内机构境外直接投资的健康发展,对跨境资本流动实行均衡管理,维护我国国际收支基本平衡
财政部	2012 年	财税	《资助向国外申请专利专项资金管理办法》	对资助向国外申请专利专项资金管理的原则、范围、使用和监管做出规定	为支持国内申请人积极向国外申请专利,保护自主创新成果,中央财政从 2009 年起设立资助向国外申请专利专项资金,并制定了《资助向国外申请专利专项资金管理暂行办法》(财建〔2009〕567 号)。根据三年来的执行情况,为更好地发挥财政资金效益,加强财政资金管理,对《资助向国外申请专利专项资金管理暂行办法》做了修改

续表

部门与机构	时 间	类 别	文 件	主要或重点内容	目 的
保监会	2014 年	投资管理	《中国保监会关于加强和改进保险资金运用比例监管的通知》	境外投资余额，合计不高于本公司上季末总资产的15%；投资境内的具有国内信用评级机构评定的AA级（含）以下长期信用评级的债券，账面余额合计占本公司上季末总资产的比例高于10%，或投资权益类资产的账面余额合计占本公司上季末总资产的比例高于20%，或投资不动产类资产的账面余额合计占本公司上季末总资产的比例高于20%，或投资其他金融资产的账面余额合计占本公司上季末总资产的比例高于15%，或境外投资的账面余额合计占本公司上季末总资产的比例高于10%	进一步推进保险资金运用体制的市场化改革，加强和改进保险资金运用比例的监管
	2014 年	投资管理	《中国保险监督管理委员会关于修改〈保险资金运用管理暂行办法〉的决定》	修改：保险集团（控股）公司、保险公司从事保险资金运用应当符合中国保监会相关比例要求，具体规定由中国保监会另行制定。中国保监会可以根据情况调整保险资金运用的投资比例	规范保险资金运用行为，防范保险资金运用风险，维护保险当事人合法权益，促进保险业持续、健康发展
	2007 年	投资管理	《保险资金境外投资管理暂行办法》	中国保监会负责制定保险资金境外投资管理政策，并依法对保险资金境外投资活动进行监督管理。国家外汇局依法对与保险资金境外投资有关的付汇额度、汇兑等外汇事项实施管理。委托人从事保险资金境外投资，应当向中国保监会提出申请，中国保监会自受理申请之日起20日以内，做出批准或者不予批准的决定	加强保险资金境外投资管理，防范风险，保障被保险人及保险资金境外投资当事人合法权益
银监会	2013 年	投资管理	《中国银监会关于中国（上海）自由贸易试验区银行业监管有关问题的通知》	支持区内银行业金融机构发展跨境融资业务，包括但不限于大宗商品贸易融资、全供应链贸易融资、离岸船舶融资、现代服务业金融支持、外保内贷、商业票据等。支持区内银行业金融机构推进跨境投资金融服务，包括但不限于跨境并购贷款和项目贷款、内保外贷、跨境资产管理和财富管理业务、房地产信托投资基金等	鼓励上海自贸区探索开展跨境投融资服务

续表

部门与机构	时 间	类 别	文 件	主要或重点内容	目 的
银监会	2010年	投资管理	《中国银监会关于印发〈银行业金融机构国别风险管理指引〉的通知》	银行业金融机构应当确保国际授信与国内授信适用同等原则;银行业金融机构应当对国别风险实行限额管理,在综合考虑跨境业务发展战略、国别风险评级和自身风险偏好等因素的基础上,按国别合理设定覆盖表内外项目的国别风险限额;有重大国别风险暴露的银行业金融机构应当考虑在总限额下按业务类型、交易对手类型、国别风险类型和期限等设定分类限额	加强银行业金融机构国别风险管理
	2008年	外汇	《中国银监会办公厅关于银行业金融机构开办外汇保证金交易有关问题的通知》	在本通知发布前已开办外汇保证金交易业务的银行业金融机构,不得再向新增客户提供此项业务,不得再向已从事此业务客户提供新交易(客户结清仓位交易除外)。建议对已在银行进行此业务的客户适时、及早结清交易仓位	规范银行业金融机构从事外汇保证金交易业务,有效防范风险
	2008年	投资管理	《中国银监会关于印发〈银行并表监管指引(试行)〉的通知》	跨境经营的银行集团,应当逐步建立国家或地区风险评估体系,按借款国家或地区分列和分析债权,根据银行自身的规模和业务特点、借款国家或地区的经济实力和稳定性、银行的风险分布和业务多样化等条件,规定不同国家或地区的风险限额,并保持国家或地区风险限额管理职能的独立性。银行业监督管理机构应当关注银行集团在并表基础上的国家或地区风险限额管理的合理性	规范和加强对银行及其附属机构的监管,防范金融风险
中国人民银行	2011年	外汇金融	《境外直接投资人民币结算试点管理办法》	人民银行和外汇管理局对境内机构的境外直接投资的人民币结算试点的管理措施	为配合跨境贸易人民币结算试点,便利银行业金融机构和境内机构开展境外直接投资人民币结算业务
	2011年	投资管理	《中国人民银行关于明确跨境人民币业务相关问题的通知》	银行可按照有关规定,通过境内代理银行、港澳人民币业务清算行或境外机构在境内开立的人民币银行结算账户办理跨境贸易、其他经常项目、境外直接投资、境外贷款业务和经中国人民银行同意的其他跨境投融资人民币结算业务	为进一步便利银行业金融机构和企业开展业务,统一规范业务操作流程,有效推动跨境人民币结算试点工作的深入开展

续表

部门与机构	时 间	类 别	文 件	主要或重点内容	目 的
中国进出口银行	2000 年	信贷支持	《中国进出口银行关于印发〈中国进出口银行对外承包工程项目贷款管理暂行办法〉的通知》	第五条　申请对外承包工程项目贷款应具备以下条件： （一）对外承包工程项目符合国家外经贸政策；（二）企业已经签订了对外承包工程合同；（三）项目带动国产设备和材料的出口额占项目合同额的比例不少于 15%；（四）企业有同类项目的施工业绩或有完成对外承包工程项目的实力，财务状况、资信及经济效益良好，还贷能力强；（五）企业应拥有一定比例的自筹资金；（六）提供经中国进出口银行认可的还款保证；（七）根据风险情况，投保相应的出口信用保险；（八）项目所在国别的政治、经济局势相对稳定	贯彻产业政策、外贸政策和金融政策，加强对国内企业对外承包工程项目的政策性金融支持
	1995 年	信贷支持	《中国进出口银行出口买方信贷实施细则》	凡拟使用中国进出口银行出口买方信贷的出口项目，出口企业在对外投标及签订贸易合同前，应尽早与中国进出口银行联系，并提供出口项目概况、项目可行性及经济效益分析、进出口商资信及借款人名称等有关资料。 （四）中国进出口银行向出口企业出具初步贷款承诺函或意向书时，应明确以下条件： （1）使用出口买方信贷，出口商需投保出口信用险，受益人为中国进出口银行，取得保险意向是申请出口买方信贷的前提条件； （2）出口买方信贷最高贷款额为：船舶出口不超过合同总金额的 80%，成套设备和其他机电产品出口不超过合同总金额的 85%； （3）出口买方信贷必须由中国进出口银行认可的银行或进口商作为借款人	更好地支持我国成套设备、船舶及其他机电产品的出口，根据《中国进出口银行出口买方信贷试行办法》，制定本实施细则

续表

部门与机构	时 间	类 别	文 件	主要或重点内容	目 的
商务部办公厅、中国进出口银行办公室	2014 年	其他	《关于做好 2014 年度中国进出口银行重点支持的服务贸易项目申报工作的通知》	申报项目范围包括文化贸易、服务外包、高技术服务、医疗健康、创意设计、跨境物流、远洋运输七大服务贸易重点领域。申报项目原则上应为市场前景好、审批手续全、资产质量好、担保资源较充足的重要项目，且具有一定规模及良好的经济效益和社会效益。（一）出口类项目。重点支持服务贸易发展重点领域中的出口类项目	2014 年中国进出口银行重点支持的服务贸易项目的遴选工作
发改委、中国进出口银行	2004 年	信贷支持	《关于对国家鼓励的境外投资重点项目给予信贷支持政策的通知（修改）》	修改：三、拟申请使用境外投资专项贷款的项目，须按《国务院关于投资体制改革的决定》和《境外投资项目核准暂行管理办法》的规定获得核准，并由中国进出口银行遵循独立审贷的原则对项目的贷款条件进行审查。 四、申请使用境外投资专项贷款的程序如下： （一）在中华人民共和国境内注册的企业法人（以下称"境内投资主体"）按规定向发改委或省级发展改革部门上报项目申请报告，并抄送中国进出口银行总行及相应的营业性分支机构。同时，境内投资主体向中国进出口银行提出贷款申请； （二）中国进出口银行就项目使用境外投资专项贷款问题出具意见函，作为发改委或省级发展改革部门审核项目申请报告的参考依据； （三）发改委或省级发展改革部门对项目进行审核，并将审核意见抄送中国进出口银行。项目获得核准后，由中国进出口银行对项目的贷款条件进行最终确定。 对国别风险较大的项目，要求境内投资主体充分利用现有的境外投资保险机制，办理有关投保手续，积极规避境外投资风险	对发改外资〔2003〕226 号文件有关内容进行适当调整

Chapter 04

续表

部门与机构	时 间	类 别	文 件	主要或重点内容	目 的
发改委、中国进出口银行	2003年	信贷支持	《关于对国家鼓励的境外投资重点项目给予信贷支持有关问题的通知》	发改委和中国进出口银行共同建立境外投资信贷支持机制。根据国家境外投资发展规划，中国进出口银行在每年的出口信贷计划中，专门安排一定规模的信贷资金（以下称"境外投资专项贷款"）用于支持国家鼓励的境外投资重点项目。境外投资专项贷款享受中国进出口银行出口信贷优惠利率。 二、境外投资专项贷款主要用于支持下列境外投资重点项目： （一）能弥补国内资源相对不足的境外资源开发类项目； （二）能带动国内技术、产品、设备等出口和劳务输出的境外生产型项目和基础设施项目； （三）能利用国际先进技术、管理经验和专业人才的境外研发中心项目； （四）能提高企业国际竞争力、加快开拓国际市场的境外企业收购和兼并项目	为贯彻党的十六大关于加快实施"走出去"战略的精神，落实中央有关"加大对境外投资的金融支持"的指示，鼓励和支持有比较优势的各种所有制企业对外投资
财政部、国家税务总局	2014年	财税	《关于非货币性资产投资企业所得税政策问题的通知》	对企业以非货币性资产对外投资的税收缴纳标准、方式、税务处理等进行了规定	为贯彻落实《国务院关于进一步优化企业兼并重组市场环境的意见》（国发〔2014〕14号），根据《中华人民共和国企业所得税法》及其实施条例有关规定，就非货币性资产投资涉及的企业所得税政策问题进行明确
	2013年	财税	《关于中国（上海）自由贸易试验区内企业以非货币性资产对外投资等资产重组行为有关企业所得税政策问题的通知》	对企业以非货币性资产对外投资的计税方法、股权转让、备案登记手续等做了相应规定	根据《国务院关于印发中国（上海）自由贸易试验区总体方案的通知》（国发〔2013〕38号）有关规定，中国（上海）自由贸易试验区非货币性资产投资资产评估增值企业所得税政策通知

续表

部门与机构	时间	类别	文件	主要或重点内容	目的
财政部、海关总署、国家税务总局	2012年	外汇金融	《关于货物贸易外汇管理制度改革的公告》	改革货物贸易外汇管理方式、对企业实施动态分类管理、调整出口报关流程、简化出口退税凭证、出口收汇逾期未核销业务处理、加强部门联合监管等	为大力推进贸易便利化,进一步改进货物贸易外汇服务和管理,自2012年8月1日起在全国实施货物贸易外汇管理制度改革,并相应调整出口报关流程,优化升级出口收汇与出口退税信息共享机制
国家开发银行、中国出口信用保险公司	2006年	保险	《关于进一步加大对境外重点项目金融保险支持力度有关问题的通知》	国开行和信用保险公司的服务范围、支持领域和企业申请程序	为鼓励和支持我国企业开展对外投资,满足我国企业融资和海外投资风险保障的需要
财政部、国家税务总局	2011年	财税	关于高新技术企业境外所得适用税率及税收抵免问题的通知	对经过认定的高新技术企业的具体界定所得税减免的比例做出规定	就高新技术企业境外所得适用税率及税收抵免有关问题补充
	2009年	财税	《财政部国家税务总局关于中非发展基金有限公司有关企业所得税政策问题的通知》	一、对中非发展基金有限公司取得的下列对非洲投资项目的投资收益,免征企业所得税: (1)中非发展基金有限公司通过股权、准股权(包括可转换债券等)、债权(包括股东借款、委托贷款等)等形式直接投资于非洲取得的股息、红利、利息、股权转让收入等投资收益; (2)中非发展基金有限公司在境内或境外设立合资公司(或专项基金),由该合资公司(或专项基金)直接投资于非洲取得的股息、红利、利息、股权转让收入等投资收益,中非发展基金	备注:政策执行期限为2008年1月1日起至2012年12月31日止

Chapter 04

续表

部门与机构	时 间	类 别	文 件	主要或重点内容	目 的
财政部、国家税务总局	2009 年	财税	《财政部国家税务总局关于中非发展基金有限公司有关企业所得税政策问题的通知》	有限公司按其在合资公司（或专项基金）中的持股比例应享有的部分 二、对中非发展基金有限公司以暂未用于投资的闲置资金购买债券取得的利息收入和债券买卖差价收入及闲置资金银行存款利息收入，免征企业所得税	备注：政策执行期限为 2008 年 1 月 1 日起至 2012 年 12 月 31 日止
	2009 年	财税	《关于企业境外所得税收抵免有关问题的通知》	就企业取得境外所得计征企业所得税核算和减免部分做出规定	就企业取得境外所得计征企业所得税时抵免境外已纳或负担所得税额的有关问题通知
财政部、商务部	2010 年	财税	《中小企业国际市场开拓资金管理办法》	确定了支持中小企业国际市场资金管理的原则、扶持范围、内容和措施等	为加强对中小企业国际市场开拓资金的管理，支持中小企业开拓国际市场
	2012 年	财税	《关于做好 2012 年对外劳务合作服务平台支持资金管理工作的通知》	确定了支持资金的使用内容、条件、标准和程序等	为落实国务院关于促进对外劳务合作规范发展的精神，强化政府公共服务，引导劳务人员通过正规渠道出境务工，保护劳务人员合法权益
	2014 年	专项资金	《外经贸发展专项资金管理办法》	明确了资金使用方向及分配方式：①引导有序开展境外投资、对外承包工程、对外劳务合作、境外经济贸易合作区建设等对外投资合作业务，承接国际服务外包、技术出口等处于探索阶段的使用方向，采取项目法和因素法（地方改善有关公共服务）相结合方式分配资金，其他使用方向采取因素法分配资金；②鼓励扩大先进设备和技术、关键零部件、国内紧缺的资源性产品进口，境外经济贸易合作区建设等处于探索阶段的使用方向，采取项目法分配资金；中央企业和单位开展的境外投资、对外承包工程、对外劳务合作业务，采取项目法分配资金；其他使用方向采取因素法分配资金	为了加强和规范外经贸发展专项资金管理，完善外经贸促进政策，构建开放型经济新体制，培育国际经济合作竞争新优势

第三节

重点行业国际产能合作现状与需求

一、装备制造

（一）钢铁

1. 产业发展规律与趋势

虽然我国粗钢产量占据全球总产量一半的份额，钢材产品却主要集中在同质化竞争严重的建筑钢材等中低端品种领域。高强中厚宽钢带、特厚板、汽车用热镀锌板等高技术、高质量的钢材品种，与日本、德国等钢铁强国的差距还十分明显。钢铁产业要想在"一带一路"倡议带来的巨大市场中获得更多的机会或份额，无论产品提供还是产能转移，都需要首先进行"刮骨疗毒"式的自我革命与主动升级，既不能寄希望于把现有产能简单转移出去，更不能把低端产品随便销售了事。

中国应结合国内钢铁行业结构调整，以成套设备出口、投资、收购、承包工程等方式，在资源条件好、配套能力强、市场潜力大的重点国家建设炼铁、炼钢、钢材等钢铁生产基地，带动钢铁装备对外输出。

我国正在积极推进的"一带一路"倡议涉及的沿线 64 个国家，钢铁净进口国占 70% 以上。随着"一带一路"倡议的实施，亚洲地区年钢材需求将达到 4.5 亿吨，而整个中东地区 2013 年钢材产量不过 2680 万吨。此外，"一带一路"周边国家和地区基础设施建设的热潮也为钢铁行业带来新的机遇。

在"一带一路"的最西端——欧洲，钢铁产业已经沦为夕阳工业，但在非洲、中东、中亚、南亚、东南亚地区还亟待发展。

印度总理莫迪提出了印度粗钢产量在 2015 年超过美国（2014 年粗钢产量为 8830 万吨）的目标，有学者预测印度未来的粗钢年产量可达到 4 亿吨。

卡塔尔（2014 年的粗钢产量为 300 万吨，全球排名第 37 位）、沙特阿拉伯（2014 年的粗钢产量为 240 万吨，全球排名第 40 位）等国家的自然资源禀赋虽然不太适合发展钢铁产业，但看到本国及周边市场的巨大需求缺口和市场潜力，这些国家都在努力扩大钢铁生产。随着伊朗遭遇的国际制裁逐步被解除，许多非洲国家的民族和解与经济重建进程也在加快，对中东和非洲的钢铁产业进行布局，将为这些国家赢得巨大的发展机会和广阔的市场空间。

与欧洲、日本等发达地区和国家钢铁产业经历过的此消彼长的发展规律一样，全球钢铁产业向消费集中地转移的趋势将掀起新一轮浪潮。我国近1亿吨钢材出口将面临消费地钢铁产业崛起的巨大挑战，而不断遭遇的反倾销也已经为我国钢铁粗放式扩张敲响了警钟。

2. 合作重点国别

一是亚洲国家。主要有印度、土耳其、乌克兰、印度尼西亚、阿联酋，以上国家2014年粗钢产量均位于全球前40名以内。

根据亚洲开发银行研究所《亚洲基础设施互联互通》的预测，2010—2020年，亚洲地区需要超过8万亿美元的基础设施投资，才能维持目前的经济发展水平。如果按照2014年中国基础设施投资86667亿元（折合1.42万亿美元）所对应的7.38亿吨粗钢表观消费量，简单折算，8万亿美元的基础设施投资将带动亚洲国家近42亿吨粗钢表观消费。

2014年全球粗钢产量排名前40的国家或地区中，中国以8.227亿吨的产量遥遥领先，占全球粗钢产量16.62亿吨的一半。印度以8320万吨排名第4位，西亚的土耳其以3400万吨排名第8位，中亚的乌克兰以2720万吨排名第10位，中东的伊朗以1630万吨排名第14位，东南亚大国印度尼西亚以280万吨排名第38位，阿联酋240万吨，全球排名第40位。

从中国往西，无论是"海上丝绸之路"所需要的配套船舶建造及港口建设，还是由"陆上丝绸之路"所带动的铁路计划、机场项目及公路延伸，乃至由此辐射的诸多电力设施扩容、房地产开发等项目，都需要规模庞大的高水平钢铁产业的强力支撑。

二是南非、埃及。2014年，以上两个国家粗钢总产量合计仅1370万吨，远不能满足整个非洲大陆的巨大需求，严重制约了基础设施、电力、房地产、加工制造等行业的快速发展。

由于历史原因，非洲钢铁产业发展进程缓慢。非洲60个国家和地区2013年的粗钢表观消费总量仅有3380万吨，仅占全球粗钢消费总量的2.2%，与人口占全球 17% 的大比例极不协调。非洲人均粗钢消费量仅 33.4 千克，仅为全球平均水平的 14%。

三是希腊等中东欧国家。"一带一路"沿线的希腊等中东欧国家也将为中国钢铁行业带来新的发展机遇。例如，比雷埃夫斯港扩建、中欧陆海快线等诸多基础设施，以及房地产等大量用钢领域，甚至钢材加工、机械制造等工业领域，都需要大量的优质钢材。在中东欧 16 个国家中，只有波兰（年产钢 860 万吨）、捷克（年产钢 540 万吨）、斯洛文尼亚（年产钢 470 万吨）、罗马尼亚（年产钢 320 万吨）等国家的钢铁能够基本实现自给自足，西欧国家钢铁产业则受到高成本、控能耗等因素的强力制约，这给中国钢铁产业带来良好的市场机遇（李强，2015）。

3. 案例分析

2014 年 11 月，哈萨克斯坦企业 FERRUM 公司到中国中冶交流访问，提出希望中国中冶帮助寻找一家有实力的中国钢铁企业在哈萨克斯坦合资建设钢厂，哈萨克斯坦愿意提供一些优惠政策，引入运营经验丰富的中国钢铁企业。

随后，中国中冶就该项目与马鞍山钢铁集团有限公司（以下简称马钢）进行沟通。马钢了解该项目的情况后，表示非常感兴趣。马钢下属企业合肥钢厂有 140 万吨优质富余产能正在寻求合作，而且马钢愿意以设备投资、管理运营的方式介入项目，这与哈方期待的合作要求非常契合。

经过多次沟通，中国中冶、马钢和 FERRUM 公司决定成立合资公司，中国中冶以 EPC（工程总承包）方式承建该项目。在中国多个部委的支持下，合作三方于 2015 年 3 月 27 日正式签署了合作备忘录，该项国际产能合作项目"修成正果"。

该项目输出马钢优质的富余产能，将带动中国冶金及配套设备出口，同时，为哈萨克斯坦钢铁工业提供成熟、可靠的技术和装备，大大提升了哈萨克斯坦的钢铁工业技术水平，实现了多方互利共赢（张从丽，2015）。

（二）汽车行业

1. 产业发展规律与趋势

我国的汽车产业发展增速进入换档期，结构调整进入阵痛期，客观上也存在产能的结构性过剩问题。我国尽管已经成为汽车生产大国，却是出口小国；是制造大国，却是品牌小国。而这些正需要"一带一路"这样一个平台和机制，吸引相关国家对我国汽车产业的关注,继而成为中国汽车产品出口的目标国家,化解正在不断凸显的国内产能过剩问题。"一带一路"沿线的 64 个国家大多是新兴经济体和发展中国家,正符合当前中国汽车产品的主体消费市场定位,有广阔的市场和较大的潜力可供挖掘,这将会扩大乘用车的出口。

中国应通过境外设厂等方式,加快自主品牌汽车走向国际市场。积极开拓发展中国家汽车市场,推动国产大型客车、载重汽车、小型客车、轻型客车出口。在市场潜力大、产业配套强的国家设立汽车生产厂和组装厂,建立当地分销网络和维修维护中心,带动自主品牌汽车整车及零部件出口,提升品牌影响力。鼓励汽车企业在欧美发达国家设立汽车技术和工程研发中心,同国外技术实力强的企业开展合作,提高自主品牌汽车的研发和制造技术水平。

目前,汽车行业的对外投资和"出海"仍然处于初级阶段。与全国企业"走出去"中的份额相比,是微不足道的。

2015 年,我国对西亚、东南亚的汽车出口增长速度均大幅度提高,对南亚的出口更是达到了 145% 的高增长。

与整车相比,汽车零部件的生产和销售更具活力。我国整车出口主要面向发展中国家,而汽车零部件则更多面向发达国家。零部件进出口总量中,出口占比从 2005 年的 62% 上升到 2015 年的 66%;整车的进出口总量中,出口占比从 2005 年的 23% 下降到 2015 年的 18%。

根据欧美日等汽车强国的出口经验,一个国家的车企拓展海外市场一般要经历四个阶段——简单的汽车贸易阶段、在当地尝试本土化生产阶段、大规模生产阶段、围绕当地需求进行研发阶段。目前,我国汽车进军海外市场正处于第二阶段,也暴露出一系列短板。

短板一:售后服务体系不健全,影响品牌美誉度,不利于企业进一步拓展市场。一项统计数据显示,我国汽车出口企业数量大、规模小,800 多家出口企业中有 500 家的年出口数量不足 50 辆,这种小作坊式的企业很难保证售后服务及配套服务。

短板二:核心技术不强的短板明显,困扰车企在海外市场提高盈利空间。从这些年的海外拓展模式来看,我国车企主要采取低价战略,用低成本车型占领海外新兴市场。这一策略在初期十分见效,一旦跨国车企进入这些新兴市场后，我国车企的技术短板就会变得明显，低价竞争优势将不复存在。

"一带一路"倡议为我国车企走出去带来了机遇，同时也带来挑战。靠成本优势带动出口量的增长已经成为过去。只有加强自身竞争力，才能在海外市场获得认可，取得长远发展。

国务院最新出台的《关于推进国际产能和装备制造合作的指导意见》中明确提出，通过境外设厂等方式，加快自主品牌汽车走向国际市场。积极开拓发展中国家汽车市场，推动国产大型客车、载重汽车、小型客车、轻型客车出口。在市场潜力大、产业配套强的国家设立汽车生产厂和组装厂，建立当地分销网络和维修维护中心，带动自主品牌汽车整车及零部件出口，提升品牌影响力。鼓励汽车企业在欧美发达国家设立汽车技术和工程研发中心，同国外技术实力强的企业开展合作，提高自主品牌汽车的研发和制造技术水平。

2. 合作重点国别

汽车行业合作重点国别主要有巴西、俄罗斯。

国内车企奇瑞、江淮、吉利等纷纷进军巴西市场。据统计，目前在巴西市场上销售的中国汽车品牌有 12 个，巴西已经成为中国汽车最大的出口地。但是，从 2015 年年初开始，巴西这个中国汽车最大的出口市场却表现不景气。受宏观经济疲软等因素影响，巴西国内社会购买力下降，汽车消费受到冲击，我国汽车出口市场出现下滑。

在另一个中国汽车的主要出口市场俄罗斯，情况也类似。由于政治、经济形势不稳定，俄罗斯汽车市场已经连续多个月出现下滑，中国汽车出口受到冲击，江淮、吉利、力帆等品牌在俄罗斯市场的销量都出现下滑。

据中国汽车工业协会公布的统计数据，2015 年 1 ~ 4 月中国汽车出口 24.5 万辆，同比下滑 14.6%。其中，乘用车出口 13.67 万辆，同比下滑 20.7%；商用车出口 10.83 万辆，同比下滑 5.5%。从 2015 年前 4 个月的具体数据来看，汽车出口持续下滑。特别是 2015 年 4 月，出口量只有 6.16 万辆，同比下滑 21.5%，创下 2015 年以来的月度最大降幅。

2012 年，中国汽车出口销量创下新高，首次超过 100 万辆。但此后，这一辉煌成绩一直没有被突破。2013 年出口 97 万辆，2014 年出口 90 万辆，2015 年汽车出口仅为 86 万辆，同比下降 5%。

一些行业专家认为，2015 年以来我国汽车出口呈现下滑趋势与多个因素有关，其中俄罗斯、巴西等主要出口国经济不景气、社会购买力下降是原因之一。此外，人民币升值，而韩国、日本等我国汽车出口主要竞争国的货币在贬值，这导致我国汽车海外市场竞争力受到冲击，丧失了部分潜在消费者。

尽管如此，但在西亚、东南亚、东亚等地，我国汽车出口都有亮点。以越南为例，2015 年前 4 个月，越南从中国进口汽车 8800 多辆，同比增长 289%，我国超越韩国、日本，成为越南汽车进口第一大国。

许多车企负责人介绍，"一带一路"倡议的实施给我国车企带来新的机遇。由于"一带一路"沿线 64 个国家和地区大多是新兴经济体，汽车消费还处于初级阶段，与我国汽车产品的市场定位比较吻合，有利于我国车企在当地开拓市场。

全球知名咨询和监测机构尼尔森公司 2013 年曾发布《中国自主品牌形象和消费需求洞察报告》。报告指出，在中国汽车市场整体增长放缓的背景下，俄罗斯、巴西、印度等新兴市场将成为中国自主品牌车企的 "新蓝海"。

3. 合作案例

沿"一带一路"布局成为客车企业海外市场的发展定位。我国客车企业此前已对欧洲、亚洲、非洲地区进行了海外市场开拓。2012 年，宇通客车样车驶进以色列，成为继荣威、长城后第三个打入以色列的中国汽车品牌；大金龙连续多年参加欧洲车展并深入当地市场。

从 2005 年第一批客车出口古巴至今，宇通在古巴的市场保有量已接近 4500 辆，占据古巴进口客车量的 90% 以上，成为古巴客车市场名副其实的核心品牌。中国汽车工业协会统计分析，2014 年，中国客车共出口 8.39 万辆，同比增长 28.05%，增幅高于 2013 年同期 18.55 个百分点，出口量占当年销量比重的 14.69%，比 2013 年高出 2.76 个百分点，出口国家从 2013 年的 144 个增长至 155 个，至此，我国已经成为全球最大的客车生产国。

我国客车企业正努力加大技术和服务创新，包括 ABS、ASR、ECP、CAN、全承载等一系列先进技术正广泛被推广并逐渐成为标配，新能源、车联网及工业 4.0 的制造理念也受到客车领军企业的重视。从规模优势来看，以"一通三龙"（宇通、苏州金龙、大金龙和厦门金旅）为代表的中国客车业市场集中度和企业规模正进一步提升。在通路、通航的基础上通商，"一带一路"

下的中国客车业正走向全球拓展的新常态（王瑞，2015）。

（三）其他

2014 年 12 月，上海电气出资 4 亿欧元收购全球五大重型燃机供应商之一的意大利安萨尔多能源公司 40% 股权，实现全面技术转移，使上海电气成为中国第一家拥有燃气轮机技术的企业。

2014 年 4 月，中国造纸装备有限公司与国际知名的纸机制造商意大利 PMT 公司签署了股权、技术和商务合作协议，双方将共享技术和商标权。并购后通过"三步走"完成技术引进消化吸收：第一步，技术转让，包括资料、技术文件；第二步，对我方人员培训和联合设计；第三步，生产时派人指导、调试。

二、原材料

（一）化工化肥

1. 产业发展规律与趋势

在"一带一路"构想背景下，中国企业应该加强境外资源开发，推动化工重点领域境外投资；充分发挥国内技术和产能优势，在市场需求大、资源条件好的发展中国家，加强资源开发和产业投资，建设石化、化肥、农药、轮胎、煤化工等生产线；以满足当地市场需求为重点，开展化工下游精深加工，延伸产业链，建设绿色生产基地，带动国内成套设备出口。

化肥是建设现代化农业的重要支撑，是关系国计民生的重要基础产业，对于保障粮食安全和促进农民增收具有十分重要的作用。

"十二五"规划以来，我国化肥总量保持快速增长，氮肥、磷肥产能、产量及消费量已居世界首位，并实现自给有余；钾肥生产跃居世界第 4 位，自给率大幅提升。其中，氮肥总量年均增速 4.5% 以上，2014 年产能 6000 万吨（折纯氮，下同），产量 4553 万吨，尿素实物产量 6593 万吨；磷肥总量年均增速 1.6%，2014 年产能 2350 万吨（折 100% P_2O_5，下同），产量 1708 万吨，磷铵实物产量 3880 万吨，复合肥实物产量 6500 万吨；钾肥总量年均增速 14.7%，2014 年产能 677 万吨（折 100% K_2O，下同），产量 552 万吨，自给率提升至 50.3%。

Chapter 04

我国化肥行业在快速发展的同时也存在许多问题，主要表现在：产能过剩矛盾突出，产品结构与农化服务不能适应现代农业发展的要求，技术创新能力不强，节能环保和资源综合利用水平不高，硫、钾资源对外依存度高等。

我国化肥行业已经到了转型发展的关键时期，只有通过转型升级才能推动行业化解过剩产能、调整产业结构、改善和优化原料结构、推动产品结构和质量升级、提高创新能力、提升节能环保水平、提高核心竞争力，努力实现我国化肥行业由大变强。

中国可借力"一带一路"倡议拓展化肥行业国际市场，具体如下。

一是鼓励有条件的企业到化肥资源短缺的国家投资建厂、设立研发中心，充分利用国际市场和国际资源，转移输出部分优势产能。

二是完善尿素、磷铵出口和硫黄、可溶性钾盐进口协调机制，加强行业自律，努力培育进出口主体，提高国际市场话语权。

三是加快境外钾肥基地建设，鼓励企业在有资源条件的国家采取包销、参股控股、勘探开发等多种方式建成一批钾肥生产基地。通过落实"一带一路"倡议，加快化肥行业"走出去"步伐，构建互利双赢的全方位对外开放新格局（原材料工业司，2015）。

2. 合作重点国别

印度与越南都是我国化肥的传统出口国。2014年以来化肥市场变数频现，先是印度减少对进口化肥的补贴，接着是越南减少进口化肥数额。印度、越南当前的政策无疑提高了进口化肥的门槛，国内企业在价格上步履维艰。沙特阿拉伯又在中东地区斥巨资建设特大型磷铵项目，鉴于其国内农业极少的特征，大型磷铵项目所产肥料绝大部分要靠出口消化，而其与印度的地理距离短、海运便利，更是增加了胜算的砝码。肯尼亚的化肥厂项目填补了当地用肥的大部分空缺，无形中又为我国厂家关闭了"一扇门"。国内化肥企业的区位优势逐渐失去，行业竞争已相当严峻。

与国际大型企业相比，中国企业需要的不仅是化肥"走出去"，更需要生产线"走出去"、原料"走出去"。发达国家普遍把生产基地放在原料基地，甚至更青睐海外基地。这样既降低了生产成本，也降低了运输费用，最终获得巨额利润。中国企业可以借鉴一些先进的经验，用资金、技术"走出去"。这既是区位资源的优化，也是对国内有限资源的适当保护。

在中国企业纷纷欲借"一带一路"倡议到海外投资、消化行业过剩产能的同时，外国巨头们也开始逆袭，进入中国市场。

3. 案例分析

2015年6月28日，以色列利夫纳特、瑞沃勒斯等农业巨头与中国金正大集团签署战略合作协议，共同将以色列高端农业产品、技术和商业模式引入中国。在"一带一路"倡议下，有能力在海外投资的钢铁、煤炭、化工等产业多是中国具有技术、产品和产能优势的行业。而在农业这一领域，具有产业优势的却是外国企业。

以往，中国农业处于一家一户分散经营，规模小、投资少、对价格极为敏感，致使外资企业在中国市场难以渗透，只能望"农"兴叹。可如今，中国农业正发生着史无前例的变革，土地流转诞生了千千万万的农场主、种粮大户与合作社，他们投资大、追求高附加值。外国农业巨头迎来了新的"中国机遇"。

以色列驻华大使馆商务官欧莉·赛顿表示，近期以色列农业企业投资中国的意向越来越多。这是迄今为止以色列企业对中国农业最为深入的一笔投资。

2015年6月28日，以色列利夫纳特集团股东代表兹夫·利夫纳特来到了中国化肥之乡——临沂市临沭县，他向数百位农场主、种粮大户与合作社讲述了一个"沙漠农业"的奇迹故事。

以色列国土面积为2.2万平方千米，只有两个天津市那么大，其中2/3是沙漠。可是，以色列却在沙漠中创造出了震惊全球的农业奇迹——果蔬占据欧洲市场40%以上，农业生产效率高达日本的50倍，一个以色列农民可养活113个人（一个中国农民只能养活4个人）。

以色列创造这一奇迹的秘密就在于埋入地下的一根根滴管。曾经，一位以色列农民发现水管漏水处作物生长最好，聪明的犹太人便发明了改变全球农业的滴灌设备及水溶性肥料，将农作物生长所需的水与肥精准滴注根部。

2015年6月28日，兹夫·利夫纳特与金正大董事长万连步签署了战略合作协议，中以两大农业巨头将联合在中国注册合资公司，把以色列农业技术、产品和推广模式引入中国。由此，利夫纳特集团实现了进入中国农业市场的夙愿。

Chapter 04

　　利夫纳特集团在以色列是规模最大的家族企业之一，涉足汽车、能源、农业、物流等多个产业，历届董事长与该国总统及政要都保持着密切的关系。此前，利夫纳特集团多个产业在中国已有业务，但其最为看重中国巨大的农业市场。近年来，利夫纳特集团一直密切关注中国农业政策与市场，正在进行的中国农业改革及"一带一路"倡议为企业进入提供了新机遇。不过，利夫纳特集团对于中国市场、农业政策和法律环境并不熟悉，也难以投入大量人力、物力去全面开发体量庞大的中国市场。善于经商的犹太人选择了中国复合肥产业龙头、紧贴中国"一带一路"倡议努力推广水溶性肥料及水肥一体化技术，并正在向高端市场转型的金正大合作。

　　2015 年 6 月 28 日，中国与以色列现代农业方面全方位合作的水溶性肥料项目在山东省临沭县正式投产。该项目总投资 22.6 亿元，可生产水溶性肥料 30 万吨。利夫纳特集团提供技术、人员培训，金正大全权负责水溶性肥料项目在中国的建设、生产、销售。

　　一方面，利夫纳特集团借势农业改革和"一带一路"倡议得以进入中国；另一方面，中国复合肥企业龙头——金正大也在借以色列的资本、技术、产品实现自身的转型升级。双方的共同利益诉求就是希望掌控中国化肥的高端市场。

　　早在数年前，金正大董事长万连步就预见今天中国化肥产业的困局——产品同质、产能过剩，卖 1 吨赔 300 元的行情已让全行业开工率降至 10% 以下。相反，由巴斯夫、雅苒等国际巨头长期垄断的水溶性肥料不仅市场前景巨大，而且隐藏着惊人的暴利——水溶性肥料进口到岸价为 1.2 万元 / 吨，零售价却高达近 3 万元 / 吨，相当于 30 元 / 千克，远远超过了牛奶的价格。

　　巨大的利润诱惑着每一个行业的角逐者，更让业界心动的是，国家对这一新产业打开了政策闸门——水溶性肥料及水肥一体化技术因节水节肥已被农业部列为"一号技术"重点推广。

　　原来，每年中国农业用水约 3600 亿立方米，约占总用水量的 62%，但 50% 的利用率相当于每年浪费 3 条黄河的水；2014 年中国化肥用量约 6000 万吨，居世界首位，但 30% 的利用率意味着有 4000 多万吨化肥没有被作物吸收。高耗能的农业生产方式让粮食连增目标几乎难以为继。

　　以色列是全球公认的农业强国。万连步前去考察时发现，水溶性肥料在美国市场占据高达 60% 以上，以色列更是占到 90% 以上。美国耕地和水资源丰富，农业相对粗放；以色列则缺水少地，生产更加精细。比对之下，以色列与中国"地少、水缺"现状更加接近，两年前金正大开始计划引入以色列的资本、技术与推广模式。

农业的巨变和"一带一路"倡议让以色列利夫纳特集团燃起了布局中国市场的希望；获得资本、技术的金正大频频演绎着快速的投资。2015 年 5 月28 日，总投资 59.6 亿元的金正大（贵州）诺泰尔公司建成，年生产水溶性肥料 20 万吨；6 月 28 日，位于山东临沭的 30 万吨水溶性肥料项目投产。根据金正大的发展规划，未来 3 年内企业水溶性肥料产能将达到 100 万吨，成为全球生产规模最大的企业。

当前，金正大已经率先实现了水溶性肥料产品在国内的规模化生产，打破了国外产品长期在这一领域的垄断，在世界肥料行业领域造成了不小的震荡。之所以业界对金正大类似"豪赌"的行为感到震惊，是因为目前国内除金正大外水溶性肥料最大产能只有区区 3 万吨。

在金正大内部，许多员工都把水溶性肥料看作中国的"乐凯"。这一高端化肥进口到岸价 1.2 万元 / 吨，企业市场终端定价将低于这一水平，以价格优势冲破外资对市场的垄断。不过，尽管引入了以色列技术、资本与推广模式，但中国农业市场却与之完全不同。面对如此巨量的产能密集释放，如何拓荒市场，让农民接受新型生产方式，实现产能迅速消化，成为最为棘手的难题。

为此，2015 年 6 月 28 日，金正大与以中农业交流合作中心签署协议。未来 5 年，双方将合作在中国各地建设 10 个中以现代农业示范园、1 万块试验田和 10 万个农业示范户。

金正大副总裁陈宏坤介绍道，中以现代农业示范园将于 2015 年率先在山东临沭、贵州瓮安启动，每个示范园占地面积 1000 ～ 2000 亩，投资约5000 万元。通过示范园、示范户发挥的示范效应，中国新型农民将能够直观地看到以色列农业生产模式。

尽管农业部出台了扶持政策，但这一高端产品实际推广却存在两大瓶颈：其一，投入成本较高，就像打点滴前需要购买注射器一样，使用水溶性肥料需要投资滴灌设备；其二，技术含量高，需要专业农技人员指导。

根据金正大与全球第三大滴灌公司——以色列瑞沃乐斯签订协议，按照金正大的规划，企业将借鉴"交话费送手机"的推广模式，赠送种粮大户、家庭农场 10 万套滴灌设备，以每套设备成本 1500 元计算，10 万套就要 1.5 亿元，企业希望以此在全国建 10 万个示范田。同时，中以农业交流中心将提供全面的技术、人员支持，共同建设 100 个农化服务中心，培训 1000 位中国农艺师。

按照双方的规划，一旦高端化肥投资在中国市场获得成功推广，金正大的规模和成本优势与利夫纳特全球网络优势相结合，将把这一产业带向其他国家，进行全球市场布局（种昂，2015）。

（二）矿产资源

1. 产业发展规律与趋势

"一带一路"倡议旨在开展沿线国家大范围、高水平、深层次的区域合作，促进经济要素有序自由流动、资源高效配置和市场深度融合。其中，能源和矿产品贸易占据着重要地位。我国政府在《推动共建丝绸之路经济带和 21 世纪海上丝绸之路的愿景与行动》（以下简称《愿景与行动》）中明确提出，要拓展相互投资领域，加大煤炭、油气、金属矿产等传统能源资源勘探开发合作，积极推动水电、核电、风电、太阳能等清洁、可再生能源合作，推进能源资源就地就近加工转化合作，形成能源资源合作上下游一体化产业链。"一带一路"平台，有助于加强矿业国际务实合作，统筹两种资源两个市场，促进产业调整升级与互利共赢协调发展。2016 年，"一带一路"建设成果超出预期，矿产资源相关的计划工程也顺利推进，奉献出一系列令人瞩目的成果。

"一带一路"横跨劳亚、特提斯和环太平洋成矿域，地质构造演化复杂，整体为一拼合大陆，大陆岩石圈多旋回聚合—裂解，有利于大型超大型油气田和金属矿床的形成。"一带一路"沿线国家和地区已发现石油、天然气、煤炭、铀、铁、铜、铝、稀土、钾盐、石墨等百余种能源资源，资源储量总潜在经济价值超过 250 万亿美元，占全球 61%。其中，石油储量占世界 56%，天然气占79%，煤炭占 54%，铁矿石占 42%，铜占 17%，铝土矿占 17%，金占 21%。煤炭、石油、天然气、铁矿石、铅锌等产量占世界比例均超过 50%。

当前我国矿产资源领域发展面临三大挑战：一是产能过剩；二是行业企业分化严重；三是资源开发利用的门槛越来越高。与此同时，全球矿业陷入深度调整，大宗商品价格持续走低，矿业进入低迷周期。

在此背景下，矿业资源领域更应格外重视国际合作，多方应着力扩展矿产资源国际合作空间,相关部门和企业应以"一带一路"建设为契机,携手相关国家和地区,深入开展矿业投资与加工贸易的合作,充分发挥各方在资源、资金、产业、技术、基础设施等方面的互补优势与合作潜力,实现矿业相互促进和共同发展。

加大矿产资源的勘探开发,实现资源优势向经济优势转变,是沿线国家共同的愿景。中国与"一带一路"沿线国家丰富的矿产资源,巨大的互补优势,殷切的合作愿望,将有力促进矿产资源的互利共赢合作(张希,2015)。

2. 合作重点国别

"一带一路"沿线国家资源禀赋各异,互补优势明显,合作潜力巨大。在全球矿业持续低迷的背景下,"一带一路"构想向纵深推进必将进一步拓展矿产资源国际合作的空间,为我国矿业发展带来新机遇。

《国土资源"十三五"规划纲要》指出,要通过加强周边国家重点成矿区带对比研究、实施全球矿产资源地球化学和遥感调查,完善全球矿产资源信息系统;同时,以油气、铀、铁、铜、铝等我国紧缺战略性矿产为重点,合作开展我国及沿线国家成矿规律研究和潜力评价,为我国及相关国家政策制定和企业投资决策提供有效服务。

另外,应瞄准国家需求,构建"全球一盘棋"矿产资源国际合作格局。部分"一带一路"沿线国家拥有丰富的矿产资源,是世界矿物原材料的主要供给基地。例如,印度和俄罗斯亚洲部分是钻石的重要产区,乌兹别克斯坦被称为"黄金之国",东南亚产有长达 2500 千米的锡矿带,俄罗斯库尔斯克分布有世界最大的产铁盆地,东南亚诸国是全球最为著名的宝玉石产区等。此外,蒙古国矿产资源丰富,斑岩型铜矿是主要的矿床类型。其中,欧玉陶勒盖铜金矿离中蒙边境只有 80 千米,但其规模却达到了世界级;查干苏布尔加矿床也离我国边界非常近。"一带一路"构想的推进将有利于解决我国部分矿产资源产能过剩、部分矿产资源获取困难的问题。以黄金为例,地理位置上,"一带一路"涉及的我国各大省市拥有许多金矿,而印度、泰国等"一带一路"沿线亚洲国家是全球黄金市场的重要消费国。随着黄金避险需求的提升,俄罗斯、哈萨克斯坦等国央行也已由黄金的净出售方转变成为净购入方。这些将给国内黄金市场带来重大机遇。陕西省地质矿产勘查开发总公司积极响应"一带一路"构想,组织勘查队伍"走出去",加大对丝路沿线矿产资源勘查开发的投入,通过联合勘查、投资入股、投资购买等形式取得优质矿业权，同时抓住矿产品价格低迷的时机，通过投资并购已有矿山企业实施资源开发。陕西延长石油（集团）有限公司加快布局中亚地区，与哈萨克斯坦就几个油气和煤炭资源区块开发进行了商谈，与乌兹别克斯坦、土库曼斯坦等国家也在进行接洽合作事宜。

此外，中国的"一带一路"倡议与蒙古"草原之路"战略正在对接，传统的矿产资源合作必将继续加强。但与此同时，许多矿产资源丰富国家的勘探开发开采能力却相对较弱，期待借助我国在技术、装备、资金、人才及基础设施建设等方面的优势，实现资源优势向经济优势的转变。显然，"一带一路"沿线国家在矿产资源合作方面具有很强的互补性，市场大、机会多。

与"一带一路"相关的矿产资源供需格局将会出现明显变化："一带一路"是全球经济最有潜力的区域，印度和东盟地区将成为全球经济的新引擎；"一带一路"地区是能源资源的最大供应地、主要消费市场和冶炼加工产业基地，中国、印度和东盟是未来全球需求的拉动者，环印度洋区域供不应求；"一带一路"地区能源资源消费将逐步带动全球市场缓慢复苏；全球贸易量上升，中东、非洲、澳大利业资源开发将会得到进一步加强（周飞飞，2017）。

3. 案例分析

中亚地区是指哈萨克斯坦、塔吉克斯坦、吉尔吉斯斯坦、土库曼斯坦和乌兹别克斯坦五个国家。中亚国家所在地是"丝绸之路"的重要地段，这一区域因其特殊的地理位置和丰富的矿产资源被视为全球经济发展的"能源富集区"。随着全球经济增长乏力，发达国家经济复苏缓慢，全球经济重心东移，亚洲地区在世界激烈的竞争中脱颖而出，成了全球探讨的热点。中亚地区因其丰富的能源和矿产资源，被称为"21世纪的战略能源和资源基地"。

陕西省与中亚五国矿产资源合作目前主要集中在基础地质领域，由中国地质调查局西安地调中心牵头的多个项目已经取得了阶段性成果。通过分析陕西省省矿产资源开发优势与不足，结合陕西省省矿产资源国际合作的现实需求和矿产资源国际合作重点，确定陕西省与"丝绸之路"中亚五国矿产资源国际合作模式主要有以下几种。

（1）风险勘探。陕西矿业国际合作以"勘查做起，地质先行"的理念为指导，积极参与中亚的矿产资源勘查与开发。

（2）合作开发。在具体运作中，由合作双方企业共同出资，注册成立矿产资源公司，遵循公司制的运作规范，合作开发矿产资源。

（3）对外贸易。多数国家与陕西在油气、铜、铬等多种矿产品存在很强的互补，技术水平也存在梯度互补。陕西矿业开展国际合作依托现有的贸易合作基础，根据国内外市场的需求，带动矿业企业走出国门。

（4）股本并购。陕西省企业以协议方式或通过资本市场购买资源出口国目标公司股权，实现资源合作的战略。

（5）购买产能。资金和资源是经济大国和资源出口国之间的互补性需求，陕西省企业可以采用购买产能模式投资资源出口国矿业公司，并获得占其产能一定比例的资源购买权，确保本省资源供应的稳定性和价格方面的优先权，而资源国也能够获得发展经济所急需的建设资金。

（6）技术转让。陕西地勘、冶金及金属、非金属矿产品加工企业发挥自身的技术优势，看准部分发展中国家技术与我方的差异，加大技术产品的出口力度，开展国际合作。

（7）对外承包工程。陕西在基础地质调查、矿山勘查、地质灾害监测预警、冶金等方面有较强的技术和人才优势，可以在境外承包相关重大项目，促进陕西矿山机械成套出口，加快矿产资源国际合作步伐。

但在陕西省与中亚五国实际矿产勘查合作方面仍然存在诸多问题。如何采用有效的措施发挥"两种资源、两个市场"的作用是目前解决问题的关键。对此提出以下几点建议。

（1）投资前做好投资环境调研和风险评估。陕西省内企业在开展对境外直接投资之前，一定要进行深入细致的市场调研，环境评估和风险评估，充分了解境外国家的政治、经济、法律、人文自然等多方面环境因素，科学计算投资成本和预期收益，制定谨慎而周密的投资策略。

（2）陕西省内企业与中亚国家直接投资的产业选择和区位选择。陕西内企业对境外直接投资的产业选择和区位选择，需要与境外国家经济发展水平产业政策和区域发展规划相适应。近年来，境外国家均提出了新的经济发展规划，提出了各自的产业发展战略和重点支持区域。因此，根据境外国家新的产业和区位发展机遇，企业有必要适当调整对境外国家直接投资的策略，以获得境外国家的产业成长利益。

Chapter 04

（3）陕西省内企业与中亚国家矿产资源合作多元化发展。利用国外矿产资源通常有三种途径：一是联合获取矿权，共同勘查开发；二是买断矿山股权；三是从风险勘探做起，找到矿产资源后再自主进行开发。通过风险勘查开发，建立国外矿产品生产供应基地和资源储备基地，发挥其在稳定矿产贸易供应中的基础作用和调节作用（段少帅，2016）。

（三）其他

工业和信息化部副部长辛国斌 2017 年 5 月表示，目前在原材料领域炼化和化肥行业境外在建项目签约金额达 600 亿美元。

此外，可持续发展是中国和东南亚各国共同追求的目标。作为全球重要的竹藤生产和贸易区域，在"一带一路"倡议和升级中国—东盟自贸区的利好背景下，中国和东南亚国家可通过进一步加强竹藤合作，共同推进可持续发展，为实现 2030 年全球可持续发展目标做出积极贡献，进一步造福中国和东盟各国人民。

三、消费品领域

（一）产业发展规律与趋势

"一带一路"是新时期我国对外开放的重大构想。加快"一带一路"消费品领域国际产能合作，不仅契合"一带一路"沿线国家的需要，而且有利于缓解我国消费品领域产能过剩局面，有利于巩固和提升我国消费品国际市场份额，有利于推动我国消费品产业向价值链高端跃升。

目前我国消费品企业"走出去"开展国际合作，总体步伐在加快，投资规模在增加，投资方式呈现多元化。但是，我国消费品产业"走出去"时间较短，存在着诸如企业总体层次偏低、企业植根性和本土化能力较弱、体制机制有待进一步理顺、服务体系不健全等问题，亟须给予政策引导和扶持。

消费品工业"走出去"主要存在三个层面的制约。

管理层面：体制机制有待理顺。项目审批和外汇审批两条线管理，多头审批现象依然存在，对投资金额、投资地点、投资主体等审批有待完善；合作机制和法律、财税、金融等政策对接不够，制约合作的规模壮大和发展。

社会层面：国际合作服务体系尚不健全，配套服务能力不足，专业信息服务缺位，国际化人才缺乏。

企业层面："走出去"的企业仍"扎堆"在附加值较低的密集型行业和低端生产制造业；以个体投资为主，集群效应不足；企业对当地社会、文化、法律综合情况把握不深，植根能力较弱（田青，2016）。

要进一步推进消费品产业国际合作，从政府层面来讲，要完善有关立法，加快审批制度改革，简化民营企业境外投资审批流程；实施结构性减税，加快落实民营企业境外投资政策中的支持性措施；提升金融机构为"走出去"的企业提供境外服务的水平，加大政策性银行对跨境业务优惠信贷支持的力度，构筑权威信息发布平台和服务平台；以共建园区为载体大力推进全产业链、集群化发展，通过完善与东道国企业、民众的利益分配构建国际合作的长效机制；大力开展与沿线各国的双边投资协定谈判，保证海外企业的权益。从企业层面来讲，要根据自身特点，选择合适的投资区域，并针对投资区域的特点全面评估投资项目可行性；要权衡各种投资模式的优点缺点，根据行业和投资国的情况，选择最佳的投资模式或者模式组合；要用好多边、双边的自由贸易保护协定和投资保护协定，用好我国国内相关投资贸易的促进政策、优惠政策，用好投资国的优惠政策（姚远，2015）。

（二）合作重点国别

作为"一带一路"的重要节点，西亚国家在亚、欧、非国家经贸往来中可以巩固和加强其枢纽地位，对传统商品的传输十分重要。同时，大部分西亚国家的工业化水平比较低，科技发展水平一般，机械设备的加工制造、纺织、日常用品制造等产业不发达。

其中，伊拉克主要进口产品包括各种生产资料、粮食等生活必需品，原油、天然气、椰枣、化肥等是主要出口产品。目前，进驻伊拉克的中资企业有中石油、中海油、绿洲公司、上海电气、中建材、华为技术有限公司、中兴通讯股份有限公司、苏州中材公司、杭州三泰公司，大部分集中在伊拉克北部库尔德斯坦地区、东南部的瓦希特省、南部巴士拉省。也门主要进口产品包括运输工具、机械设备等国内建设所需物资及大量轻工产品，主要出口产品包括石油、棉花、咖啡、烟叶、香料和海产品等。据也门官方统计数据显示，我国已连续几年保持也门商品第一大进口国地位。2013 年，我国自也门进口商品总额达 17.69 亿美元，进口额占也门出口总额的 23.7%，以原油及矿物油类为主。

2013 年，我国从也门进口石油 1205.5 万桶，价值 13.2 亿美元；进口液化天然气达 3.65 亿美元；进口工业乙烯废料价值约 300 万美元；进口鱿鱼、海鱼及其他海产品价值达 515 万美元。目前，阿塞拜疆日用消费品仍主要依靠进口，而我国是阿塞拜疆第十三大贸易伙伴和第五大进口来源国。

此外，近几年来，泰国、菲律宾等国的食品在中国开始流行。鉴于饮食习惯和消费品产业的发达程度，东南亚国家将成为此轮消费升级进口中"一带一路"沿线国家的赢家。从贸易视角综合来看，俄罗斯、中亚和东南亚各国将最受益于"一带一路"构想中贸易合作和商品进口部分。尤其是中亚国家，可以借此改善贸易逆差情况，有助于其国际收支恢复平衡（云峰金融，2017）。

2017 年 5 月 14 日，在"一带一路"国际合作高峰论坛开幕式上，国家主席习近平透露，自 2018 年起，中国将举办中国国际进口博览会，既为各国产品进入中国提供便利，也为不同国家商品交易提供国际化平台。另外，中国将继续扩大市场开放，积极扩大进口，预计未来 5 年，中国将从"一带一路"沿线国家和地区进口 2 万亿美元的商品。这意味着到 2023 年，我国 1/4 的商品进口将来自"一带一路"沿线地区。

与此同时，中国还将秉持开放透明原则，与有意愿的国家和地区共同商讨自由贸易区建设，推动区域全面经济伙伴关系（RCEP）谈判，同时加快实施世贸组织《贸易便利化协定》，进一步简化通关、检验检疫、税收等监管程序，开展监管信息互换。中国将同 30 多个国家签署经贸合作协议，与沿线国家合作实施 100 个贸易投资促进项目（张畅，2017）。

（三）案例分析

"一带一路"是我国继经济特区和加入 WTO 之后的"第三次改革开放"，之前两次主要引进资本，而这一次则是资本"走出去"，通过国际产能合作带动"一带一路"沿线国家的发展。在中国卸去"世界工厂"角色后，全球制造业正在悄然向湄公河流域转移。国内纺织服装业过去 30 年积累的产能亟须主动进行合理的跨国配置，从而重获比较优势。

短短几年，百隆、华孚等宁波纺织企业在越南的棉纺投资已接近 200 万锭，以申洲、雅戈尔为代表的优秀企业也正加速其服装订单向柬埔寨、越南等东盟国家的转移。"一带一路"恰如东风，对老牌"宁波装"稳固市场份额、提高边际利润、实现产业资本持续增值助力不少。以申洲为代表的宁波纺织服装企业，短时间内迅速完成向东南亚的产能转移，在全球行业竞争中再一次抢占了发展先机。正是因为强大的制造实力，特别是规模化生产下的短期交货能力，为申洲进一步赢得了市场份额。

但与此同时，中国服装业的规模虽然很大，但发展面临一定困难，如低层次服装产能过剩、缺乏品牌创意、商业模式亟待创新等问题。宁波企业寻求海外设计合作的意愿很迫切，推进宁波本土服装企业同海外设计师的合作势在必行。2015年宁波主流服装品牌与伦敦艺术大学、皇家艺术学院等院校的资深教授、专家和独立设计师，商谈了未来合作事宜。英国伦敦萨维尔街上高端定制品牌乔治·布鲁摩也于2015年在宁波开展业务。此前，杉杉集团与英国洋服定制品牌亨利百利之间也开展了合作。像杉杉集团一样，如今宁波服装界的其他企业也开始瞄准全球的创新资源和力量进行资源整合，持续向创意设计、品牌提升拓展，让宁波服装产业链"微笑"起来。与此同时，越来越多活跃在国际舞台的海外设计师，也对宁波产生了浓厚的兴趣。

对于宁波的服装产业而言，想要寻找新的增长点，挺进"一带一路"正在成为一个现实的选择；而对"一带一路"沿线国家而言，同宁波服装产业的合作，也将为其开拓中国市场增添一个重量级的砝码。

多个"一带一路"区域的海外品牌主动表示希望借宁波的平台试水中国市场。塞尔维亚想在中国找到品牌的合作代理商，同时推介塞尔维亚设计师和中国企业合作。宁波是中东欧商品进入中国市场的大门，宁波和塞尔维亚诺维萨德市已签订了"姐妹城市"协议，塞尔维亚的时尚品牌试水中国市场，反响很不错。同时，宁波服装节组委会也受邀参加了在塞尔维亚举行的时装周活动（余晓辰，2015）。

四、电子信息领域

（一）产业发展规律与趋势

"一带一路"倡议合作重点包括共建信息丝绸之路、促进沿线国家在新一代信息技术等领域深度合作等内容。信息化是"一带一路"沿线国家互联互通的基础，伴随着互联互通的深入推进，"一带一路"沿线国家经济发展迅速，信息产品消费需求及信息基础设施投资需求旺盛，电子信息产业市场空间广阔、潜力巨大。当前，"一带一路"沿线国家大多处于经济发展的上升期，信息化水平普遍低于全球平均水平。而中国是 IT 产业大国，经过几十年的持续发展，已在国内和国际市场上积累了丰富的经验，有条件为沿线国家互联互通、畅通信息丝绸之路提供良好支撑。

2014 年全球 IT 企业市值排行榜前 25 名中有 4 家为中国 IT 企业。我国 IT 产业全球市场份额不断提升，以华为、中兴等为代表 IT 企业整体规模快速攀升、效益水平不断提高、研发创新成效显著、与国际先进水平的距离越来越小。在 2015 年 PCT 国际专利申请量企业排名中，华为蝉联全球榜首，中兴位列第三。这充分表明，随着 IT 产业的快速发展，尤其是研发能力的快速增强和多年海外市场经营经验的积累，我国部分 IT 企业已经具备了自主品牌大规模大范围"走出去"的实力，我国企业国际合作需求日益强烈。

"一带一路"倡议带来了巨大的商机和国际合作机会，随着"一带一路"建设的推进，我国 IT 企业与沿线国家开展了更多的合作项目。"一带一路"这股东风进一步推动了我国 IT 企业的国际合作，提供了广阔的合作空间。随着我国 IT 产业的实力不断增强，参与"走出去"的 IT 企业几乎遍布了整个 IT 产业的每一个细分行业、生产研发销售的每一个环节、世界上的每一个角落。

国内 IT 企业的国际地位进一步提升，从通信制造企业看，中兴、华为均在海外市场上取得不错的成绩。特别是华为，超过爱立信，成为全球最大的电信设备商，海外市场收入超过国内市场，超过 70% 的销售在海外。家电企业中，TCL 的业务也遍布了世界各地，有超过一半的销售来自欧美。另外，从互联网企业看，从 BAT 等互联网巨头到小米、魅族等互联网手机品牌都正在加快扬帆出海的步伐。小米现在已是印度第二大智能手机制造商，腾讯旗下的微信（Wechat）也在国外广受欢迎。金融类应用服务是各国互联网应用的核心阵地。近年来，我国互联网金融企业大跨步走向世界。其中，蚂蚁金服旗下的开路先锋——支付宝目前已经在美国、英国、德国、法国、日本、韩国、澳大利亚、新西兰、俄罗斯、巴西等多个国家与当地领先的支付方案提供商达成合作。通过与沿线国家展开合作，中国 IT 产业发展可在提升原材料保障能力及产业链延伸、开拓海外市场、提升中国企业国际影响力、吸收先进技术等方面受益。

日前，国务院发布的《关于 2017 年深化经济体制改革重点工作的意见》（以下简称《意见》）提出，引导对外投资健康有序发展，深化国际产能合作，带动我国装备、技术、标准、服务"走出去"。《意见》的提出将更好地推动我国 IT 企业开展国际合作。

2017 年"一带一路"国际合作高峰论坛的召开加快了中国与沿线国家在 IT 产业等先进产能领域的合作,推动了 IT 产业国际分工与重组。

在"一带一路"倡议框架下,我国电子信息产业面临着新一轮发展机遇。与此同时,我国 IT 产业国际合作仍然面临着财税、金融和贸易政策支撑不足、信息平台等服务体系不完善、相关协调机制欠缺、缺乏国际化管理人才、风险高等问题。因此,如何解决我国 IT 产业国际合作中存在的困难,从而进一步推进我国 IT 产业国际合作,成为我们必须思考的问题。我们提出了以下政策建议,力求进一步推动我国 IT 产业国际合作。

一是财税、金融和贸易政策配套支撑。

财税方面,在推进"一带一路"倡议过程中,应该鼓励 IT 企业创新,可通过加大对 IT 企业研发投入所得税前的抵扣力度等财税措施鼓励企业自身的科研经费投入。此外,对于国内运营状况较好、具备跨国运作经验且可以自我平衡外汇的大型 IT 企业,可适当程度地放宽外汇汇出的限制。

金融方面,目前许多"一带一路"沿线国家大力推行 PPP 项目的融资模式,这为吸引民间资本参与信息基础设施项目提供了更好的方式,与此同时,金融机构也应不断进步,推出更多的适合企业需求的创新产品,支持国际信息基础设施建设。另外,寻求更多的融资渠道和多元合作对 IT 企业来说意义重大。不同的融资渠道可以保证 IT 企业在投资中尽可能地避免汇兑风险。为了避免汇兑上进出的政策性限制,有些企业会购买汇兑险,金融机构应该为"走出去"的 IT 企业提供更好的服务和更加低廉的产品。此外,要注重加强国际化金融市场体系建设,实施债券市场双向开放,持续加强规模效应,发挥服务"一带一路"建设的融资和定价作用。

贸易方面,我国 IT 企业"走出去"必然会面对发达国家设置的技术标准、质量标准、专利等排斥手段,我国需要建立有效的应对贸易争端的机制。应由行业政府主管部门及相应的协会、企业联盟主导,共同研制出我国 IT 技术产品的反倾销预警机制。首先,通过强化出口商、驻外机构的信息功能和桥梁作用,充分重视并抓好相关信息的采集工作,并迅速将信息汇总反馈至我国技术壁垒机构,同时还要建立数据库,定期或不定期地发布反倾销预警信息。其次,要强化技术标准体系的组织实施和监督约束，加大产品特别是出口产品的质量检测和管理力度，努力提高产品检测水平和效率，实行信誉管理标志认证、过程管理、结果管理相结合，限制或禁止低于标准体系要求的产品生产和出口，严惩各类违规违法行为。

二是完善信息平台等服务体系。由于"一带一路"建设涉及的国家政府、企业等项目参与方众多，因此，相关部门应建立信息服务网络系统，扩展信息采集方式，提供境外产业环境、政策风险、项目合作潜力等信息，也可以通过驻外办事机构等为投资企业提供被投资国的投资环境等信息，真正担负起为企业参与"一带一路"提供全方位、高质量服务的职责。此外，要大力发展中介机构及信息服务体系。分析中国 IT 企业参与跨国投资并购的过程，能够看出我国企业在进行跨国投资并购时往往需要过高的成本，这不仅有自身的决策因素，而且也有我国中介机构不完善的原因。因此，为了满足"一带一路"倡议下我国 IT 企业国际合作的需要，政府应积极培育从国际合作的中介机构。

三是建立相关协调机制。从协调支持机制看，"走出去"的中国企业面临着贸易壁垒、恶性竞争等问题，因此应加强政府部门、行业协会、企业利益联盟之间的交流与合作，明确各自的分工与应发挥的作用，建立起有效的应对国际贸易争端的协调机制。行业协会可组织企业学习世界贸易组织的职能、相关协议等基本知识，促使企业遵循这些规则，学会充分利用这些规则合法保护自身利益，提高规避和应对贸易摩擦的意识和能力。

四是建立相关保障机制。为了保证参与"一带一路"的 IT 企业的切身利益，并使其大胆地投资、并购，政府应建立相应的保障机制。由于保险机构在支付赔偿金后即可获取代位追偿权，并以主权国家的地位与沿线国家进行交涉谈判，这可以避免个别 IT 企业在同东道国对峙局面中的势单力薄，容易使争端的解决朝有利于我国利益的方向发展；同时要扩展出口保险的覆盖范围，建立起创新的风险分担机制，降低保障成本。

五是在推进"一带一路"建设中，加强人才的吸引和培养是提高 IT 产业国际竞争力的关键。要充分发挥政府政策的引导和推动作用，创造良好的人才培养与引进环境。建立实施不同类别的高层次人才培养计划，特别要加强高端人才和"技术蓝领"的培养，实现从"橄榄形"到"金字塔形"的转变，形成"技术带头人＋创新团队"的人才组织模式；并完善人才的评价、激励和竞争机制。

（二）合作重点国别

　　"一带一路"倡议覆盖 60 多个国家，范围十分广阔。"一带一路"沿线国家的电子信息产业实力各不相同，既有发达国家，也有和我国实力相当或落后的国家。为此，我们提出根据沿线国家的发展水平分类施策的政策建议，通过合作学习、合作互补、合作提升的方式来促进合作方的共同发展，力求进一步推动我国电子信息产业国际合作，进而推动我国经济的发展。

　　一是对于发达国家采取合作学习策略，主要通过合作来学习其先进之处。"一带一路"沿线国家中西欧、南欧、中东部分国家，以及新加坡、马来西亚等国家较为发达，信息技术以及基础设施建设水平较高，可以通过合作吸收先进技术。一方面，通过对"一带一路"电子信息产业较为发达的国家高新技术企业的投资，以及在这些国家高新技术企业和研究机构聚集区进行研究与开发性投资，可以利用反向技术外溢效应获取发达国家先进技术，从而能够增强国内企业研发能力。中国企业以往的海外投资并购以资源并购为核心，而不同于过去，"一带一路"倡议下中国企业开始集中于高科技、信息、电信等信息行业，并积极在北美、欧洲、东南亚等信息市场寻找目标企业。"一带一路"沿线国家新加坡和以色列不仅有完善的资本市场，而且经济发展水平较高，创新能力较强，新加坡创新能力排名世界第一。因此，我国可以通过投资或收购新加坡和以色列的创新性企业的方式进行合作，从而获取相关技术和资本收益，如百度通过投资以色列的 Pixellot 公司获取了视频捕捉技术。

　　另外，中国企业应在工业和信息化部、科技部等政府部门的推动下，开展同欧洲等发达国家在网络新兴技术方面的合作。例如，5G 标准的统一确定，云计算、大数据的研发，计算机视听觉、新型人机互动等的研究，智能城市、智能生活（家居、交通等）的合作，物联网的贯通等。中国在 5G 技术方面具有先发优势，正与欧洲合作引领 5G 时代的来临。5G 技术也是欧盟单一数字市场的支柱，关系到工业未来发展、公共服务现代化，以及汽车联网、智慧城市、移动医疗服务等创新应用。据估计，至 2020 年，全球 70% 的人口将拥有智能手机，260 亿台设备将实现相互联通。因此，中国应加快与欧洲等发达国家在智能决策控制、智能芯片、智能传感器、高端服务器等新一代信息技术领域的合作，瞄准国家重大战略需求和未来产业发展制高点，围绕智能信息产业关键环节和重点领域加快布局（王义桅，2016）。

Chapter 04

　　二是对于实力相当的国家采取合作互补策略，可以通过合作学习各自的优势，弥补各自的不足，从而达到互补的目的。"一带一路"可以让中国进一步开拓国际市场，构建对外开放新格局，让能够充分展示中国创造实力的优势产业"走出去"，实现合作双方供需互补、各施所长、各尽所能的良好状态。通过"一带一路"，企业能在更广阔的空间进行产业结构调整和资源优化配置，使我国电子信息产业原材料供应得到更充分的保障，并且通过对上游产业的投资、并购能使我国电子信息产业链延伸和完整。中国和中东欧部分地区都是新兴市场，中国是最大的发展中国家，而中东欧部分地区是新兴市场国家集中的地区，双方的互补性很强，应该继续努力共同打造合作的新亮点。中东欧部分地区为经济转型迫切需要兴建信息基础设施。中国可为中东欧部分地区提供资金与成熟的技术，这种合作是十分可靠的。中国在经济新常态下，拥有富裕出来的优质产能、大量的外汇储备，以及优秀的制造业等，这些优秀的资源都需要迈向世界，寻找一个出口。中东欧国家同时也将他们本国的农产品及特色产品输送到我国，双方做到互通有无，满足了双方市场的需求，很好地体现了互补性的特色。因此，共同的需求、相互的帮助，使中国与中东欧国家成为利益共同体，这是中国—中东欧合作的基础。

　　三是对于落后国家采取合作提升策略。"一带一路"沿线大部分国家与我国相比仍存在较大的"数字鸿沟"，对电子信息产业的需求巨大，将带来巨大的技术、产品及建设等方面的需求；而中国是电子信息产业大国，这无疑为我国创造了可观的商机。首先，通过与这些国家展开合作，中国电子信息产业发展可在提升原材料保障能力、加快产业链延伸、开拓海外市场、提升中国企业国际影响力等方面受益。其次，"一带一路"倡议不同于"马歇尔计划"，我们应主要以商业行为和竞争行为进入，通过合作来提升这些国家的经济水平。针对不同的国家，我们应派遣不同的机构。在这一点上，发达国家的经验值得我们学习，例如，美国派遣在中国的电子信息产业机构，每年都会撰写一份十分详尽的报告，指出中国电子信息产业在发展中存在的各种问题。我们可以学习美国的这种做法，派遣不同的机构到不同的国家，推动落后国家电子信息产业的发展。

　　此外，中亚腹地诸国在网络建设方面较落后，我国可以"共商、共建、共享"为原则，依托亚洲基础设施投资银行、中国互联网投资基金、中国互联网发展基金会等，深化与加强同这些国家的务实合作，包括网络基础设施建设、技术开发（包括开发新型电商模式）等的合作，大力推进互联网基础设施建设，消除"信息壁垒"，缩小"数字鸿沟"，让信息资源充分涌流，让更多发展中国家和人民通过互联网掌握信息、获取知识、创造财富，过上更加幸福美好的生活。这样既提升了"一带一路"沿线国家的信息化水平，又便于信息沟通、数字共赢，还有利于增强政治互信，服务于实现"一带一路"倡导的"五通"目标（王义桅，2016）。

印度、越南、哈萨克斯坦、埃及等国家普遍存在着铁路、网络、电信等基础设施落后的情况。例如，印度受累于落后的基础设置和金融系统，在线支付等电子商务操作还存在一定难度，网购规模尚小，发展潜力巨大。因此，目前中国信息企业进入印度依靠的还是物美价廉的电子产品。中国已有的互联网企业模式未来在印度存在着巨大的合作潜力。越南的各项基础建设（如铁路、航运等）相当不齐全，尤其越南又属于狭长形国家，若是往来南北没有良好的铁路及航运设施支持，信息设备厂商货运成本会负担过高。落后的基础设施，使得越南的信息产业主要给信息产业巨头配套，而无法形成自己的产业链。越南现阶段的商业环境和中国 20 世纪 80 年代相似，这使得家电、农用机械、制药、制衣、制鞋等领域有较大的合作潜力，中国较为成熟的民生产业在越南能获得较为快速的扩展。相对而言，电子、软件等产品越南市场的需求量相对较低。因此，进入越南市场，还需要依托民生产品，通过搭建服务、销售、维修网络，提高越南用户对中国信息品牌和产品的认知度。

（三）案例分析

中兴是全球领先的综合通信解决方案提供商，是中国最大的通信设备制造业上市公司、中国政府重点扶持的 520 户重点企业之一。2015 年由于国内外 4G 系统产品、国内外光接入产品、国内光传送产品、国际高端路由器产品、国际手机产品、国内外家庭终端产品营业收入上升，智慧城市项目快速增长及数据中心、ICT 业务增加，中兴营收 1001.9 亿元，较 2014 年增长了 23.0%。其中，国内市场实现营业收入 531.1 亿元，占集团整体营业收入的 53.0%；国际市场实现营业收入 470.8 亿元，占集团整体营业收入的 47.0%；来自欧美的营收达到了 25.2%。2016 年中兴实现营业收入 1012.3 亿元，同比增长 1.04%。其中，2016 年上半年，中兴的营业收入为 477.57 亿元，同比增长 4.05%；国内市场营业收入为 278.03 亿元，占比 58.22%；国际市场营业收入为 199.54 亿元，占比 41.78%。

中兴通讯以大力发展发展中国家市场为切入点，走一条以交换机为先导、带动多元化产品全面突破的"走出去"之路，注重将多元化产品打向海外市场，扩大市场规模，降低生产成本，提高产品利润。中兴通讯具备丰富海外项目实施经验，依靠4G网络设备的技术领先优势，其4G国际市场份额将会受到"一带一路"刺激进一步提升。中兴通讯致力于为全球的电信运营商和企业网客户提供创新技术与产品解决方案，而"一带一路"沿线正是其业务覆盖的重点区域。在参与"一带一路"的过程中，一方面，中兴致力于打造或升级沿线国家的通信基础设施，如在建设3G基础上大规模启动4G移动通信网络建设，加快沿线国家的有线宽带建设，加大智能手机投入，打造优质终端产品服务等；另一方面，则在智慧城市、铁路通信系统解决方案、数字电视地面广播传输系统（DTMB）标准高清数字电视等极富潜力的新兴领域，为沿线国家提供完整的ICT解决方案。

（1）智慧城市。目前，中兴的"智慧城市"项目已经遍布全球40多个国家的140多个城市，提供了涵盖产品方案、集成交付、融资运营在内的一整套解决方案，并成功使其建成落地。2015年5月，中兴与俄罗斯电子股份公司签署价值12亿元的合作框架协议，双方将共同研究启动俄罗斯国内"智慧城市""智能交通系统"等领域建设。随着"一带一路"建设的全面展开，中兴有望在沿线重点国家和节点城市获得更多的"智慧城市"项目机会。

（2）铁路通信系统解决方案。目前，中兴已先后与越南、乌兹别克斯坦、俄罗斯等外国铁路系统展开合作。凭借自身先进的硬件和软件优势，尤其是在综合专用数字移动通信系统（GSM R）领域积累的雄厚技术基础，为铁路系统提供完善的解决方案。GSM R系统基于GSM技术标准，并在其基础上增加了铁路运输专用调度通信功能，成为当前主流的铁路集群标准。作为全球最主要的GSM R设备提供商之一，中兴的GSM R系统具有领先的分布式基站组网方式和高安全性冗余设计，已通过欧洲综合铁路无线增强网络规范的测试和认证。2012年年底，中兴独家中标俄罗斯铁路公司GSM R通信系统项目，合同金额超过1亿美元，涉及调度系统、智能网、监听、传输、电源、终端等在内的全套解决方案，为俄罗斯铁路列车调度系统和控制系统提供了安全可靠的通信保障和运营保证，极大地提升了铁路运输安全、效率和服务质量。由于铁路已成为"一带一路"建设的重点内容，且中国铁路企业越来越多地承担海外运营管理，中兴的ICT解决方案将获得更大的用武之地。

（3）DTMB 标准高清数字电视。2015 年 4 月 20 日，在中国和巴基斯坦两国领导人的见证下，中国地面数字电视 DTMB 标准在巴基斯坦落地项目正式揭牌，这是中巴经济走廊的第一个落地项目。在此过程中，中兴与巴基斯坦国家电视台共同组建了 DTMB 实验局，并提供了全套设备和设计规划方案，最终促成高清数字电视信号成功开播。巴基斯坦有近两亿人口，电视在普通民众的日常生活中扮演着相当重要的角色，现有电视传输技术升级改造的需求很大。但是，由于巴基斯坦地理和气候环境复杂，通过铺设光缆来实现大规模信号覆盖难以实现，DTMB 标准无线发射信号技术则有效解决了这一难题。早在多年前，巴基斯坦国家电视台就已针对数字电视标准展开研究，并分别对欧洲、美国、日本和中国的数字电视标准进行技术、产业链成熟度等方面的比较，最终选择了中国的 DTMB 标准。2015 年 3 月，中兴巴基斯坦公司承建的第一座 DTMB 标准数字电视信号传输基站在伊斯兰堡附近建成，能通过无线方式向周围 50 公里区域输送信号，用户只需要安装机顶盒就能免费收看节目。作为我国拥有自主知识产权的新一代信息技术标准，DTMB 标准在巴基斯坦的落地有利于推动该国电视和媒体等相关行业的技术升级，提高巴基斯坦民众的观看体验。据悉，巴基斯坦国家电视台正在推行全国数字电视广播系统项目，旨在替换现有的模拟电视广播系统，实现全国范围内电视广播系统的全面数字化与高清化。中兴在前期合作中展现出的强大实力，使其有望成为该项目的重要合作伙伴，提供全套解决方案和运营管理经验。以此为契机，我国信息行业的许多上下游配套产业也将迎来巨大的海外市场机遇。

近几年，中兴通讯已在"一带一路"重点建设的大交通、跨界电商等多个领域积极布局，并积极发展智慧城市 2.0 战略，已在全球 40 多个国家 140 多个城市参与了智慧城市建设。

目前，中兴在进行国际合作时面临的挑战主要有以下两点。

一是在全球市场方面，中兴过于依赖发展中国家，这些国家客户大多对价格敏感，对设备提供商的忠诚度不高，品牌的国际知名度不高，不利于拓展发达国家市场。

二是在全球资源配置方面，中兴未来受到人才、企业文化、公司策略的影响，对实现全球资源和信息共享，以及在全球灵活调配流动性较强的资源还需要加强学习；从自身角度来看，中兴业务组合不够合理，影响长期稳定发展，缺乏强有力的企业文化支撑国际化发展，缺乏国际化人才。

第四节

"一带一路"产能合作政策协同存在的问题

一、企业"一带一路"尚缺乏健全的法律保障

一是企业顶层设计不足。企业缺乏对制造业海外并购的战略、方向、重点、规模和行业结构等宏观性的统筹安排与协调。在工业和信息化部近期开展的调研中，对制造业而言，"一带一路"应该如何推进，国际产能合作的重点领域、重点地区是什么，国家鼓励哪些方式和模式开展国际合作、要达到什么目的，诸如此类的问题都需要一个完整的战略和规划。

二是法律保护不足，政策体系化不够。在顶层设施缺失的情况下，支持"一带一路"的政策碎片化问题较为严重，各部门各自为政的问题较为突出，尚未形成统一协调完整的对外投资合作政策促进体系、服务保障体系和风险防控体系，难以对企业"走出去"给予有效的指导和保障。境外投资立法滞后，缺乏配套的法律法规框架。中国尚未出台规范的对外投资法律，一方面使得境外投资没有一个总体的规划，找不到一个明确的投资导向；另一方面导致相关管理部门的职责不明确，互相推卸责任，效率低下。而且，当前的政策、部门规章依然针对国有企业，早已不适应境外主体多元化的现状，还缺乏透明度，无法为各类企业开展对外直接投资提供有效的法律保障。使领馆、驻外机构缺少熟悉产业、技术情况的人员，对产业"走出去"的服务支撑作用未能充分发挥。国有资本管理政策过于注重资产保值增值，国企在海外跨行业经营受到限制，海外投资积极性受到影响。

二、体制机制不够健全和顺畅

一是尚未形成统一协调的管理部门。目前中国尚未建立起一个有效的跨国经营管理体系，没有一个宏观的规划，无法统一、有效地管理跨国经营的企业，缺乏高端装备制造业进入特殊国家（如伊朗、俄罗斯）的国家层面指导意见。在宏观指导上，方向不明确，致使前期审批过于严格，后期监管乏力，使企业无所适从。

二是审批体制过于复杂。现行对外投资合作管理体制和工作机制尚不适应加快实施"一带一路"倡议的需要。审批体制过于复杂、审批时间长、对外投资批准快速响应机制不够灵活，在烦琐的审批过程中所浪费的时间可能会让一家出口企业浪费一次商业机会；另外目前尚未形成统一、完整的对外投资合作政策促进体系、服务保障体系和风险防控体系。工作签证难的问题也是困扰企业"走出去"的主要问题之一。例如，哈萨克斯坦、吉尔吉斯斯坦需要面签；塔吉克斯坦对用工名额进行限制，且必须从塔吉克斯坦外交部获得邀请函。这对企业开展"一带一路"产能合作，高效完成施工建设造成很大的障碍。行业协会也反映，协会人员出国比照国家公职人员管理，造成协会出国难、掌握国际动态难、服务企业难。

虽然国家对境外投资项目严格审批的初衷是从严把关，为企业对外直接投资提供安全保障，但是，目前参与审批的政府部门层次太多，环节太过复杂，为企业进行对外直接投资带来了很大的困难。通常一个企业的项目审批需要半年，长的甚至 1～2 年。在当前变化万千的国际市场，商机稍纵即逝，这种做法严重影响了企业跨国投资的时机。

三是投资保护机制缺乏。目前我国政府的对外投资促进体系还不完备，在对外投资政治、经济风险担保等方面的制度建设上还几近空白。我国企业几乎是在没有任何保障的情况下独自承担对外投资风险。这样加大了企业投资的风险，使得企业在规避风险及应对挫折过程中信息不足。

四是风险防控体系不健全，亟须构建海外风险防控机制和应急机制，帮助企业规避海外政局动荡、突发自然灾害、汇率波动、非关税壁垒等风险。

三、缺乏有效的政策协同支持

一是金融支持乏力。国家优贷资金有限，制造业对外投资项目申请难度大，国内制造企业由于多方因素，难以申请世行、亚行等外资银行的优贷资金。一方面，由于开发银行和进出口银行是企业对外投资的重要融资渠道，但这两家银行没有稳定的外汇来源，资金筹措成本高，造成企业开展"一带一路"国际投资融资成本高、财务负担重。另一方面，我国银行在新兴市场国家的分支机构网点少、规模小、海外综合服务实力差。国内外汇管理体制不适应对外投资需要；海外融资的担保政策与国内审批政策不相适应；海外保险单一，费率较高。企业对外直接投资的融资渠道狭窄。现有的国家优惠资金有限，制造业开展国际合作项目申请难度较大，并且政策目前支持的企业多为中央企业及大中型国有企业，而且主要为大项目及大额资金，对于民营企业或小额资金支持力度小。

海外融资的担保政策与国内审批政策不相适应。我国政策性银行和商业银行的境外分支机构能力不足，布局结构与实际需求存在结构性错位，使得"内保外贷"项目融资等现有金融措施难以落实。如国内担保政策过于烦琐，在企业信用等级、资产负债比例和抵押品价值等指标上较为严格，尤其是民营企业难以获得融资。

迄今为止，中国没有实现人民币资本项目的自由化，对于境外投资所需外汇的汇出仍进行严格的管制。金融支持方面，海外企业融资缺乏政府大力的支持，企业能采用的融资渠道很窄，方式并不灵活，对国际商业融资的控制也大大阻碍了企业利用国际资金市场，这些问题都成为中国企业开展对外投资和合作的障碍。无论是做出口生意还是对外投资总是会有风险，担保是必不可少的一项业务。国家现在做大笔进出口和投资业务担保的保险公司，只有中国出口信用保险公司，这无法满足企业的需求（孙繁荣，2011）。

二是税收优惠不足。税收地域导向不明确，目前对企业开展对外投资的地域尚无指导措施，使得企业盲目集中于我国周围的亚洲国家及经济发达的欧美地区，而对有发展优势的东盟、南亚、中东、俄东、南美、非洲等"一带一路"国家的支持有限，导致对市场多元化产生阻力；税收产业导向缺失，由于缺乏相关政策的指引，企业一直集中在加工制造等初级产品产业，而对高新技术等战略型新兴产业的涉及偏少；集中于消费品，对生产资料的涉及偏少；集中于一般加工项目，对出口主导行业和支柱产业的涉及偏少。例如，华新在塔吉克斯坦投资的水泥项目，尽管获得了塔吉克斯坦免税五年的优惠政策，但由于塔吉克斯坦与我国没有签订税收饶让政策，企业利润回国后需要补缴25%的所得税，不利于激发企业到海外再投资（唐婷，2014）。

税收政策缺乏与实际情况接轨，部分国家存在双重征税问题。部分企业反映有的东道国提取的预提所得税没有税单，企业回国后不能抵扣。电站设备出口，存在复杂的退税问题。由于双边税收情报交换、征管互动等机制尚未建立，国内税收部门无法全面掌握企业在境外的税源情况，企业在境外所开发票、报表有时难以在国内认证，企业回国后十分不方便，缺乏税收饶让政策，存在双重征税现象（庄道秋，2011）。

四、企业面临国际环境壁垒和地缘政治风险

国际金融危机爆发以来，世界范围内国际投资贸易保护主义日渐抬头，发达国家纷纷实施"再工业化"和"制造业回归"战略，"中国投资威胁论"的阴霾并未散去，我国制造业走出去面临前所未有的挑战。

部分国家存在贸易壁垒；部分国家设置技术、绿色、人员跨国流动、社会环境等非贸易壁垒限制我国企业走出去，使得有些企业在国际双边的项目中遇到了一些非正常因素的干扰，影响到了企业正常的合作关系。

外部压力和利益冲突不断增多。国际投资保护主义升温，部分国家在环保、质量、效益等方面对外国投资项目的要求日趋严格，一些国家对来自中国的投资有戒心，通过调整法规政策对我国设定严格限制，我国企业特别是国有企业对外投资阻力和经营困难加大。

地缘政治风险十分突出。西方国家滥用安全审查，造成政治性障碍，一些国家政局动荡，治安状况恶劣，我国人员和财产受到威胁。

五、对外投资结构有待优化，投资项目效益较差

我国制造业对外投资仍处于起步阶段，制造业对外投资的规模与我国工业总产值和利用外资规模相比仍然比较小。2014 年，我国制造业仅占同期对外直接投资总额的 6.7% 左右。"走出去"仍处于企业自发阶段，缺乏计划性和组织性，对外投资偶然性因素较大，对外投资的企业、目标地、产品、模式均处于散、乱、杂的状况，企业分散化经营投资，缺乏企业之间的联系和合作。

从投资结构来看，对外直接投资过分偏重初级产品产业，主要以资源开发和初级加工制造业为主，缺乏技术密集型产业和高层次服务业投资；从事商品流通的贸易企业偏多，而生产性企业和金融服务性企业偏少，对高新技术产业的投资更是稀少（姚望，2006）。从投资区域来看，主要分布在东盟、欧盟、澳大利亚，以及中国香港等地区，2012 年年底亚洲地区的境外企业覆盖率高达 95.7%，欧洲为 85.7%，非洲为 85%。投资分布地域过于集中，在一定程度上加大了投资风险，容易引起自相竞争，还未形成成熟稳定的组织模式和投资

模式。多数企业基本上是各行其是、各自为政，没有形成合力，分散化经营，企业之间缺乏横向的联系和合作。从投资效果来看，发达经济体对外直接投资绩效指数是 1.11，发展中经济体是 0.72，我国仅为 0.69，远低于世界平均水平，这凸显了我国对外直接投资项目效益较差。

六、国际合作面临人才瓶颈，服务保障体系支撑力度不足

企业普遍缺乏有国际化经验、懂外语、懂技术、懂法律和经济的复合型人才，缺乏完善的国际化人才培养及引进机制。制造业标准体系建设滞后，与国际标准接轨不足，国内企业参与国际标准制定与执行程度不够，增大了"走出去"的难度。国内为境外投资提供服务的中介服务力量薄弱，缺乏对外投资方面的经验和人才，难以为企业提供高质量的咨询服务。企业"走出去"之后境外跟踪服务保障严重不足。"走出去"的信息服务滞后，国内企业对投资目的国的安全、反垄断、环保、劳工、税务、产业等政策法规不熟悉，也对国内的对外投资、金融、财税等政策缺乏系统了解。

公共服务方面，法律、咨询、金融等中介机构专业水平不够，海外分支少，缺乏产业范围内的智囊团。

标准体系建设滞后。国内企业参与国际标准制定与执行程度不够，国家之间缺乏行业标准互认，一些行业参加国际标准组织或联盟活动较为欠缺。例如，我国缺乏权威性的装备制造类国家标准和行业标准，绝大多数装备制造行业和工程技术标准无完整外文版本，与国际标准"对标"不足，导致缺乏国际话语权，易受美欧等发达国家掌握技术标准、专利、知识产权和行业发展方向的跨国企业制约（胡清，2015）。

国际化服务体系欠缺。目前国内缺乏能够提供高水平的咨询中介机构，缺乏对知识产权保护、跨境并购服务、重大项目规划、国际人才培训等的专业服务组织。"一带一路"的企业产品质量培育也缺乏专业的技术支撑平台和交流服务平台。行业协会支持出口和对外投资的职能不充分，国家化服务亟须完善。

信息体系尚不完善。我国信息资源体系的建立较为滞后，不能提供全面的信息咨询查询服务，导致企业对海外市场情况缺乏了解和认知，加大了拓展国际市场的难度。

七、企业缺乏核心竞争力，海外运营管理能力有待提高

我国大部分制造业企业规模偏小，缺乏核心竞争力，自主知识产权和品牌影响力较弱，国际化运营的经验和能力匮乏，对外投资能力不强。据商务部统计，我国大部分企业主要依靠资金和劳动力优势，真正依靠自主知识产权和品牌"走出去"的占比不足20%，还未形成成熟稳定的组织模式，企业之间缺乏横向的联系和合作。企业履行当地社会责任不够，在环保、社区、劳工等问题上时常引发矛盾和纠纷，严重损害"中国制造"的整体形象。

除个别企业外，我国海外企业存在规模小的缺点，在经济冲击中易被击垮。同时受企业资产规模、海外融资权限、母公司投资能力及资本流出条件的限制，企业得不到有力的资金支持，使许多海外企业因资金链断裂而丧失发展机会，以致跟不上形势变化（廖泽芳，2007）。

各行业存在个性问题突出。轻工业是国际贸易摩擦的"重灾区"，随着出口规模的不断扩大，技术贸易壁垒日益增多，针对我国轻工产品提起的国际诉讼案件也有上升之势。石化行业存在资源多、生产加工少、承包工程多、投资项目少、央企多、地方企业和民营企业少的情况，仍未形成整体效益和规模效益。有色金属行业由于国家各部门的对外投资统计不一致，形成对外矿业投资失败率很高的社会舆论，扭曲了对外有色金属资源开发的认识。建材行业存在一定的资源综合利用风险和建设条件风险，包括项目资源储量、质量和采矿权属的风险；能源保障、交通运输、建设原材料供应等支撑条件的风险和建设过程中的用工风险等。船舶行业面对国际造船低迷、产能过剩、船价暴跌的大环境，骨干船企投资海外造船项目动力不足，国家层面推动力不如日韩（日韩以政府出面签订合作协议）。汽车行业方面，中国出口海外的小排量乘用车市场趋于饱和，增长率下降，中国汽车产品适应性和企业海外拓展能力还有待全面提高，中国汽车出口在价值链竞争上处于劣势。

就制造业而言，当前明显存在企业"走出去"成果与制造业竞争优势和产能潜力不匹配的情况。我国通信设备集成生产能力位居世界前列；发电和输电装备、轨道交通装备具备全球竞争优势；工程机械、冶金及石化装备、冶金工艺装备、家用电器等装备产品都有很强的国际竞争力；我国制造业产能大多居世界前列，不少是优势产能。然而，当前我国制造业境外投资在境外投资总额中所占比例仅为6%～8%，仍有很大潜力可挖。

专题：如何规避政治风险？

在"一带一路"倡议推进的过程中，进行海外合作必然会面临不同国家和地区之间的政治、经济、社会、文化等诸多方面融合的困难和风险。其中，政治风险形成原因复杂、实际情况多变，是各国政府和企业进行海外合作和投资中最需要面对和解决的问题。有效地规避政治风险能够保障海外合作的顺利进行，保护本国海外工作人员的人身安全，也能够增进国家外交关系。

一、本国内政局变动风险较大的国家

"一带一路"沿线多数国家实行的都是多党制政治体制，通过全面普选或其他方式进行大选而产生执政党。虽然这样的政治体制在一定程度上是民意的表达，但是，执政党的变化一般会引起执政理念、执政手段的变化，对外政治、军事方针也会出现不同的调整。这对与之进行海外合作的国家和企业面临着政治制度、贸易制度、外交政策等诸多方面的变化。同时，一旦这类国家在政权更迭过程中出现暴力、游行等现象，对海外投资主体的利益都会造成较大的损害。

以埃及为例，自 1977 年埃及开始实行多党制以来，国内现已拥有政党和政治组织近百个，其中经国家政党委员会批准成立的政党约 60 个。政治势力较大的政党有萨拉菲光明党、新华夫脱党、埃及社会民主党、自由埃及人党。2015 年埃及人民议会最新选举结果，埃及民族民主党成为新一届执政。结果刚刚公布就遭到了穆斯林兄弟会和新华夫脱党对投票公正性的质疑。不仅如此，在埃及的政党更换选举过程中还出现过大规模的暴力行为。2012 年埃及总统大选前，首都开罗等多个城市爆发大规模示威，其中在开罗阿巴西耶区，企图冲击国防部的抗议者与守卫军警发生冲突，1 名士兵中弹死亡、近 400 人受伤。武装部队最高委员会随即宣布，国防部附近实施宵禁，严惩挑衅者。

与政局变动风险较大的国家进行产能合作，一方面对海外人员的人身安全是一个巨大的挑战，另一方面政权变动引发的国际关系和对外合租政策的变动也会给产能合作方、投资东道国造成经济损失。

规避措施

针对投资目的国有可能存在的高政治风险，在进行海外投资合作过程中首要的因素就是对目的国进行政治风险评估。这是保障海外投资合作安全的最基础、最关键的环节。在进行全面的政治风险评估后，具有投资合作意向的政府或该国公司才能在一个相对有保障的环境下进行投资和产能合作,降低风险。

最直接的目的国政治风险评定方式就是考察该国的政治风险投资评级，这种评级指数一般由世界各国的权威机构给出。根据这一指数，并结合当前投资目的国的证据情况可以较迅速对该国的政局状况进行初步估计，从而减少不必要的损失。全球政治风险投资评级一般分为 6 个级别，分别为 A⁺（非常稳定）、A（稳定）、A⁻（正常）、B（预警）、C（风险）、D（危险）。这六个级别由高到低，分别代表一国的政局运行情况、社会经济发展潜力。处于 A⁺ 和 A 的国际政治运行稳定，社会经济发展稳定有序，因此，与这样的国家进行国际交流与合作风险比较小。A⁻ 级别的国家政治经济发展也比较稳定，但是会有零星的失序情况，虽然不影响社会经济秩序，但是对于海外合作国来说仍然需要谨慎操作，避免由于零星政治运行失序状况导致投资合作延期、撤销带来的政治经济损失。在与政治风险投资评级处于 D 的国家进行投资合作时需要极为谨慎，甚至尽量避免。这类评级的国家政治运行完全失序，投资环境极其恶劣。

因此，在与这样的国家进行国际合作时，首先要尽量避免与政府或其他相关政治势力有密切的往来,远离该国的政治纷争。其次要将海外合作本土化,降低当地政治势力和民众的排斥感。最为简单的方式是采用本地化的公司名称,在收购当地公司时，保留原公司的老名字。仅从名字根本显示不出谁是真正的所有者。这种策略可转移公众视线，减轻人们的抵触情绪。另外，除融入本地外，还要注意保持独立性，避免受当地政治势力的牵制，避免受到当地政局动荡的影响。一方面，海外企业在其他地区进行研究与开发，必要时才向本地输入新开发的技术，东道国政府即使突然没收公司的设施，公司的研究与开发基地也不会受到威胁；或者将市场经营和分销机构设在东道国之外，这样东道国政府接管企业后并不具有进入海外经营市场的销售渠道，从而弱化东道国政府接管企业的能力。例如，秘鲁政府在接管马可纳秘鲁分公司后，发现自己反而失去了进入海外经营铁矿市场的渠道，因而不得不重新与马可纳公司谈判。另一方面，对当地人员的使用局限在企业的非重要部门，这是海外企业在不确定性较大的情况下，保护自己的一种选择。

二、国际争端较大的国家

国际争端的起因有很多，如历史争端、资源争端、领土争端等，不论是哪种原因引起的争端，与这类国家进行国际合作时都容易受到政治风险的危害。一旦与这类国家展开国际合作的过程中遇到国际争端，一方面合作项目会遭受经济损失，另一方面投资国派出相关人员的人身安全也会受到威胁，更严重的可能会导致投资国也被迫搅入国际争端中。

一般争端较大的国家和地区都是国际政治势力复杂、军事地理位置重要或资源丰富的国家和地区。例如，中国南海地区周边国家、海湾地区石油国家等。这类国家和地区的政治风险不仅仅来自国内，还受到国际强权国家政治意图和政治势力的操控和影响。

以中国南海地区争端为例，东南亚诸多国家都被牵涉在内，包括中国、越南、菲律宾、文莱、马来西亚和印度尼西亚。其中，中国与越南、菲律宾近年来由于在南海问题上频发争端，中国的渔民、渔船都遭受过恶意撞击、无理扣押，致使双边政治关系紧张，严重影响到双边其他领域的合作和交流。2014年"981"钻井平台事件，中方作业开始后，越南方面即出动包括武装船只在内的大批船只，非法强力干扰中方作业，冲撞在现场护航的中国公务船，还向该海域派出"蛙人"等水下特工，大量布放渔网、漂浮物等障碍物。截至2014年6月7日17时，越方现场船只最多时达63艘，冲闯中方警戒区及冲撞中方公务船累计达1416艘次。2014年5月6日上午，菲律宾海上警察部队情报部门及特种小艇队人员在南海半月礁海域开展"行动"，对一艘中国渔船进行"登船检查"，并把这艘中国渔船及船上渔民押送至普林塞萨港市。"琼海09063"被当场扣押，船上有船员11人。这两次事件给中越、中菲政治经济各领域的合作带来较大的政治风险。

⌃ 规避措施 ⌄

对于以政府为主体的海外合作，与地区争端较大的国家进行合作时注意以下几点。首先，要与投资目的国保持互信、合作、沟通的态度，确保双方有政治共识和合作基础。其次，在非敏感领域上积极合作，主动从供给侧与投资目的国进行合作,加强对有助于该国人民社会生活水平提高的领域的投资意愿，减少当地民众的排斥心理。再次，还可以利用当地华人商会等组织，开展必要的公关活动，使当地政府和民众对跨国企业持理解和认同的态度，努力创造一种互利共赢、和谐共处、相互体谅、相互促进的融洽局面。这样不仅有利于提升跨国企业在当地的知名度，而且有利于降低政治风险发生的可能性。最后，要多领域、全方位进行合作，在经济上取得一定的对话地位，促进双方在政治争端问题上的审慎态度，保障投资安全性。

对于进行海外产能合作的公司来说，避免地区争端政治风险的有效手段之一就是购买政治风险保险。既可以向商业保险机构（如 AIG、CHUBB）购买，也可以从官方出口信用保险机构或投资保险机构获得，如中国出口信用保险公司（Sinosure）、英国的 ECGD、日本的 NEXI，还可以从多边机构获得，如世界银行集团的多边投资担保机构（MIGA）和亚洲开发银行（ADB）等，以确保在损失实际发生之后能够获得部分或全部赔偿。

三、国际恐怖主义频发的国家

在当代国际投资实践中，外国投资者在东道国遭遇的恐怖主义风险呈现明显增长的态势。近年来，中国对外直接投资的重点是石油、天然气和矿产资源开发行业，以便缓解国内能源和重要矿产资源相对不足的矛盾。由于这些资源储量主要分布在发展中国家，其中有些国家的政治和经济局势十分动荡，恐怖主义、反政府武装、地方势力等各种矛盾相互交错，而外国投资企业，特别是资源开发性企业往往成为各种势力解决其内部矛盾，或者与当地政府讨价还价，或者吸引国际社会关注赖以利用的工具。由于资源开发投资项目一般地处偏僻区域，政府疏于防护，极易成为恐怖分子和地方武装势力攻击的对象。

从 2001 年的"9·11"事件到 2004 年的俄罗斯人质危机，恐怖主义引起了世界各国的高度重视。2002 年以来,每年都有三四千人在恐怖事件中伤亡。2007 年 12 月，中石油苏丹分公司的油田遭到袭击；2010 年 8 月在苏丹西南部中石油公司 9 名员工在施工现场被武装分子绑架。恐怖主义已然成为需要特别重视的政治风险。

∧　规避措施　∨

　　恐怖主义威胁是国际社会共同面对的问题，"一带一路"沿线各国在选择国际合作国时都必须面对这一不断升级的威胁。面对这一政治风险，最关键的还是国际社会对恐怖势力的共同打击。但是，打击恐怖势力是世界各国人民在相当长的时间内都需要面对的问题，而海外经济合作有效规避政治风险则是当前亟须解决的问题。

　　首先，国际恐怖主义威胁主要来自极端宗教主义冲突。因此，在进行国际产能合作和海外投资的过程中，要事先充分了解和学习投资目的国的宗教习俗、社会文化风俗等，减少当地民众的排斥感，尤其是宗教国家人民的排斥感，与当地人民建立亲密友好的伙伴关系。其次，投资国政府要主动与投资目的国建立战略伙伴关系，共同打击合作过程中的恐怖主义威胁，保障双边合作人员的生命财产安全。最后，投资国相关公司要提高机械化作业技术水平，减少人员投入，最大限度地减少可能存在的安全隐患。

本章
小结

　　我国已经构建、参与了上海合作组织(SCO)、中国—东盟"10+1"、亚太经合组织(APEC)、亚欧会议(ASEM)、亚洲合作对话(ACD)、亚信会议(CICA)、中阿合作论坛、中国—海合会战略对话、大湄公河次区域(GMS)经济合作、中亚区域经济合作(CAREC)等多边合作的渠道。同时，我国正积极推动与相关国家签署合作备忘录或合作规划，建设一批双边合作示范，并与"一带一路"沿线的多个国家签订了投资协议。推动进一步的政策协同，是推进企业开展产能合作的前提条件。

第五章 产能合作典型企业案例

企业是产能合作的主体。在国有企业中，央企是"走出去"的主要力量，有代表性的央企包括中国石油、中国石化、中国海油、中国移动、中国电网、南方电网、中国建材集团、中国电建等。在"一带一路"倡议引导下，众多民营企业也纷纷参与跨国产能合作。例如，青山钢铁公司在印度尼西亚建设青山工业园，华夏幸福基金有限公司在印度尼西亚合资建设产业新城等。实际上，当前不少境外经贸合作区是由民营企业作为境内实施主体而运营的。

第一节

基于重点行业分类

作为我国未来五年推进国际产能合作的行动纲领，由发改委和商务部牵头的国际产能合作"十三五"规划已经成型。国际产能合作将聚焦"一轴两翼"重点国家和"一带一路"沿线国家，重点圈定交通、能源、通信、工程机械、航空航天、船舶和海洋工程等优势产能行业，并进一步完善财税、金融等配套政策，扶持政策将更加精准地发力。

2015年5月，国务院印发了《关于推进国际产能和装备制造合作的指导意见》，对国际产能合作的区域、行业、扶持政策等做出顶层设计，为国际产能合作指明了方向。

按照规划内容，在区域布局层面，"十三五"期间，我国国际产能合作将以哈萨克斯坦、印度尼西亚、马来西亚等周边重点国家为"主轴"，以非洲、中东和欧洲中东部重点国家为"西翼"，以巴西、秘鲁等拉美重点国家为"东翼"。在产业布局层面，"十三五"时期重点推动"走出去"的将是钢铁、有色、建材、化工、轻工、汽车、农业等行业优势富余产能，包括工程机械、航空航天、船舶和海洋工程的优势装备，以及交通、能源、通信等基础设施。其中，涉及具体的行业还提出很多细化目标，如在建材领域，到2020年，将建设3～5个建材产能国际合作示范区，实施100个以上重点项目等。

《关于推进国际产能和装备制造合作的指导意见》提出的总体任务是，将与我国装备和产能契合度高、合作愿望强烈、合作条件和基础好的发展中国家作为重点国别，并积极开拓发达国家市场，以点带面，逐步扩展。将钢铁、有色、建材、铁路、电力、化工、轻纺、汽车、通信、工程机械、航空航天、船舶和海洋工程等作为重点行业，分类实施，有序推进。立足国内优势，推动钢铁、有色行业对外产能合作。

一、钢铁

（一）河北新武安钢铁集团与中冶集团合作在马来西亚建厂

结合国内钢铁行业结构调整，以成套设备出口、投资、收购、承包工程等方式，在资源条件好、配套能力强、市场潜力大的重点国家建设炼铁、炼钢、钢材等钢铁生产基地，带动钢铁装备对外输出。

作为河北省首家"走出去"参与国际产能合作的民营钢铁企业，河北新武安钢铁集团文安钢铁有限公司将与中冶集团合作，在马来西亚建设一座年产500万吨钢、300万吨水泥、200万吨焦化、100万吨冷轧、100万吨焊管的资源综合利用型钢铁企业。

河北新武安钢铁集团文安钢铁有限公司与中冶集团合作在马来西亚投资建设钢铁项目合作备忘录签约仪式在邯郸赵都大酒店举行。这是武安市推动钢铁产能"走出去"参与国际产能合作的重要举措和重大进展，也是河北省在深入实施"走出去"策略、积极参与"一带一路"建设的基础上，首家民营钢铁企业落地"一带一路"。

马来西亚沙捞越州政府为文安钢铁有限公司和中冶集团投资建设钢铁

厂提供了各种优惠条件。马来西亚沙捞越州政府工业部部长阿玛·哈吉·登雅·宾·阿里·哈森拿督出席了签约仪式，这是沙捞越州发展史上又一重大里程碑。沙捞越州是马来西亚最大的州，人口 270 万，目前该州已成功实现从传统农业向制造业和服务业的转型，是马来西亚第三大经济州。

沙捞越州政府是企业友好型政府，外来投资者可以享受税收优惠。在国家政策方面，投资者可以享受先驱投资者优惠、投资税收津贴和再投资津贴。在沙捞越州层面，州政府为投资者提供价格优惠的土地和水电。除此之外，沙捞越州战略地位优越，是拥有 6.25 亿人口的东盟经济共同体的入口点。

马来西亚当地政府给出了十年内免除企业所得税的优惠政策，十分具有吸引力。此外，马来西亚具有天然的港口和交通、物流优势，使钢铁生产成本大幅度降低。

该项目在马来西亚建成后，不仅可依托其优越的地理位置覆盖南亚、中东、东非等新兴市场，同时还可规避欧美国家针对中国钢铁产品反倾销措施，成为国际产能合作的良好典范。

整体来说，武安乃至邯郸地区的钢铁产能严重过剩，把一部分优势产能转移到国外，对促进中马经济发展都有好处。

（来源：中国新闻网）

（二）中国中冶签署哈萨克钢铁项目备忘录

2015 年中国中冶、马钢（集团）控股有限公司与 FerrumCorp 公司在中冶总部共同签署了哈萨克斯坦 100 万吨／年综合钢厂项目合资公司备忘录。此次签约，标志着中哈两国在钢铁建设、钢铁投资等领域合作取得了重大突破。

签约当天，中国中冶董事长、党委书记国文清，马钢董事长高海建与 FerrumCorp 公司（福莱姆离心科技公司）总经理奥马罗夫·拉斯兰分别在备忘录上签字。福莱姆离心科技公司是瑞士著名离心机制造商，其设备主要用于化工、制药、电力、冶金等行业。

冶金工业规划研究院院长李新创认为，"一带一路"基础设施投资大，能源、高铁、核电等装备制造带来大量的钢铁需求，但"一带一路"沿线主要国家钢铁成本、规模等较中国落后，"一带一路"沿线国家中，钢材净进口国占 70% 以上，因此沿线基础建设投资大部分由中国投资，国内钢铁无疑会是

Chapter 05

首选。而哈萨克斯坦 100 万吨 / 年综合钢厂项目契合目前中哈产能合作的大好机会，也符合国家过剩优质产能转移的政策方向，这个项目将带动中国冶金及配套设备的出口。

李新创认为，"一带一路"倡议的稳步推进，将带动与新疆接壤的周边 6 个国家约 1800 万吨的建材需求。此外，他还认为，"一带一路"沿线一些国家铁矿资源丰富，这将为开发这些国家的铁矿资源带来机会。

在业绩说明会上，中国中冶方面向媒体介绍，在 2014 年，该公司新签合同额创历史新高，为 3297.9 亿元，同比增加 745.1 亿元，增幅 29.2%。新签工程承包合同 2950.4 亿元，同比增加 707.3 亿元，增幅 31.5%，其中新签非冶金工程合同 2400.5 亿元，同比增加 1024.1 亿元，增幅 74.4%。

中国中冶将聚焦"一带一路"、京津冀协调发展、长江经济带、过剩产能转移、中国装备"走出去"等国家政策部署，继续优化国内外市场布局。

（来源：中金在线）

二、有色金属

结合境外矿产资源开发，延伸下游产业链，开展铜、铝、铅、锌等有色金属冶炼和深加工，带动成套设备出口。

（一）印度维丹塔电解铝变压器项目

印度维丹塔铝业有限公司为印度知名的铝生产企业，其母公司是在英国上市的维丹塔资源公司。维丹塔铝业从事铝、锌、铜等有色金属的综合业务，在印度、赞比亚、澳大利亚等国家均有业务，年营业额超过 65 亿美元，资金实力较强。

2008 年 4 月 30 日，中国有色金属建设股份有限公司中标印度维丹塔铝业公司 125 万吨 / 年加苏古达电解铝厂工程项目，中标项目为该电解铝厂二期工程变压器系统子项设备的设计、供货、安装与试车，中标金额为 4650 万美元。

维丹塔电解铝厂项目位于印度奥里萨邦的加苏古达地区，项目主要设备整流变压器和调压变压器交由常州西电变压器有限责任公司制造，配套的双重管油水冷却器由银川电气设备制造有限公司生产。

与中标公司设备接口的整流柜由 ABB 公司提供，ABB 是 NFC 的长期合作伙伴，在哈铝一期工程期间曾作为 NFC 的整流柜供货分包商，为 NFC 创造哈铝奇迹做出了贡献，NFC 在哈铝创新的同相逆并联整流变电链接方式，几年来运行良好。此次印度电解铝项目的整流变电设备也采用了这一链接方式。

到 2012 年，项目已成功完成设计、制造、运输、出口收汇已退税，设备运抵现场以后进行了安装、调试，项目的整体试车正在等待业主的安排。本项目与维丹塔氧化铝改造工程、槽上设备项目，以及印度铅冶炼项目的签订、执行标志着公司已成功跻身印度市场，对公司南亚市场的开拓具有重要的实践作用和现实意义，保证了公司承包工程业务的持续、稳定发展。进一步增强了 NFC 在国际工程承包领域的知名度和竞争力。

（来源：中色股份）

（二）越南生权铜联合企业项目

越南生权铜联合企业项目是中越两国政府间合作项目，项目包括生权铜矿采选厂和大龙铜冶炼厂，其中，生权铜矿采选厂设计年处理铜矿石 110 万吨，年产 4 万吨铜精矿（品位 25%）、11 万吨铁精矿（品位 65%）；大龙铜冶炼厂设计年产 1 万吨阴极铜、4 万吨硫酸、320 千克黄金和 150 千克白银。项目总投资 7050 万美元。中国有色金属建设股份有限公司（NFC）作为项目总承包商承担了整个项目的工程设计、设备供货、建安工程技术指导，以及设备调试、投料试车等工作。

生权铜矿采选厂于 2004 年 6 月开工建设，2006 年 4 月 14 日竣工投产，投产当年所有生产指标均达到设计标准。大龙铜冶炼厂于 2006 年 1 月开工建设，2008 年 8 月 25 日竣工投产。2009 年 4 月，业主释放越南生权铜联合企业项目所有质保金，项目全部结束。目前，选矿厂及冶炼厂运行良好，所有生产指标完全达到设计要求，产生良好的经济效益和社会效益。

大龙铜冶炼厂采用 SKS（富氧底吹）冶炼技术，此技术和传统的鼓风炉、反射炉、电炉炼铜相比，具有下述优点：①各种物料都加入熔池中，在熔池中完成炉料的加热、干燥脱水、熔化、氧化、造渣、造锍过程，设备利用率很高；②气体从炉子底部进入熔体，使熔体在炉内的运动符合物理学原理，熔池的热效率高，提高了设备的生产效率和生产能力；③炉子密封性好，烟气含二氧化硫浓度高，硫酸生产条件好；④精矿含水 10% 以下可以直接入炉，不需要干燥，炉料制备简单；⑤炉子熔

Chapter 05

池容量比较大，对炉料的物理规格和化学成分要求不苛刻，对原料有比较强的适应性。

该项目的工艺设备及绝大部分辅助设备均为中国制造（国外设备金额仅占设备总金额的1%），出口设备由国内70多家设备生产单位提供，价值1.6亿元。越南生权铜联合企业项目作为越南国家"A"类项目，越南党中央和越南政府高度重视。

越南生权铜联合企业项目更重大的意义在于：第一，中国专利技术水口山富氧底吹工艺首次出口到国外；第二，结束越南电解铜完全依赖进口的历史，从而为越南有色金属工业发展谱写新的篇章。因越南生权铜联合企业项目取得了良好的经济效益和社会效益，越南矿产总公司正积极筹划越南生权铜联合企业项目的二期扩建，并委托公司于2010年8月完成了二期扩建项目项下选矿厂的可行性研究报告。

（来源：中色股份）

（三）中国有色集团的跨国之旅

作为"世界500强"企业，中国有色集团深知科学技术是企业发展的核心竞争力，始终在不遗余力地推动科技进步和技术创新。近年来，中国有色集团不仅成功跨入国家创新型企业行列，在同批次公布的154家企业中名列第1位，实现了"由传统型企业向创新型企业跨越"的阶段性目标，而且先后荣获国务院国资委颁发的"科技创新企业奖"、中国企业评价协会颁发的"2013中国企业自主创新·研发创造奖"，成功入围"2013中国高端制造业TOP100企业"，多项科技成果荣获国家和中国有色金属工业科技奖励，2014年获中国有色金属工业科技奖励一等奖6项，首次荣登有色行业全行业榜首。

开展国际产能合作是将先进产能与国外进行对接，而先进的科学技术必须走在前端，发挥压舱石的作用。事实上，中国有色集团在"走出去"的过程中，在科技进步和技术创新方面进行了有益的尝试，这对打造世界一流矿业集团意义重大、影响深远。

对于有色企业来讲，高效利用资源，真正吃干榨尽，是提升经济效益要解决的重大课题。中国在境外要始终高度重视发挥科学技术的力量，科技创新和技术升级，是打通制约发展瓶颈的重要一招。2015年度中国有色金属工业科学技术奖对此给予了支撑。在中国有色集团作为第一完成单位获得的16项行业科技成果奖中,在赞比亚的出资企业连续第6年获得行业科学技术一等奖,出资企业中色镍业公司首次摘得行业科学技术一等奖,充分展示了该公司境外企业科技创新的竞争力和影响力。

在资源高效开采方面,中国有色集团在赞比亚的企业走在了前列。围绕赞比亚谦比希铜矿和巴鲁巴铜矿面临的矿体破碎、井下涌水大、支护难、充填成本高、技术指标差等难题,成功开发了破碎围岩分区分级支护和树脂锚杆支护技术、低成本膏体充填技术、高效爆破技术、富水破碎矿体新型采矿方法等关键技术。以谦比希铜矿为例,该矿主矿体的矿体赋存条件差、采场地压大,主采区矿体高度难采。技术人员系统研发了适应矿床条件的高效采矿方法与破碎矿岩巷道掘支技术,一举攻克了难采矿体的采矿"瓶颈",成功开采了原西方技术不能开采的高度难采矿体,大幅提高了矿石回采率,降低了矿石贫化率和损失率。此项技术荣获2011年"中国有色金属工业科技进步一等奖"。谦比希铜矿在推广应用新技术的同时,还考虑到矿山的长远发展,制定了一系列技术规范,将中国标准引入到赞比亚矿山的经营管理之中。负责该矿经营的中色非洲矿业公司通过制编《主矿体高应力区回采技术规范》《西矿体进路充填法回采技术规范》等10余项技术规程、技术规范,优化了采矿的生产工艺与过程,加强了对技术实施的控制与监管,达到了降成本、增效益的目的。

中色卢安夏铜业公司所属的巴鲁巴铜矿是另一个技术撬动发展的经典案例。该矿的主井和副井提升系统分别制造于20世纪30年代和20世纪70年代,其控制采用的是简单的继电器线路控制及安全保护,相应的电控系统、制动闸系统、润滑油装置等非常落后,安全性差,而且备品备件严重缺乏,特别是在提升系统的安全性方面,已经不能满足生产需要。中色卢安夏铜业公司2009年接管该矿后,对主井和副井的电控系统、制动闸系统、润滑油装置等动了一次"大手术"。技改后不但超越了原生产能力,而且满足了不断增加的生产需要,提升系统不但完全满足而且高于中国、赞比亚矿山安全对提升机的要求,更重要的是将中国的先进技术、设备引入了非洲,也提高了当地员工的技术水平。提升系统的技术改造只是巴鲁巴铜矿诸多改造中的一项。2009年12月21日,第一台完成大修的球磨机投入运行,选矿厂正式恢复生产。

赞比亚谦比希铜冶炼项目是我国自主设计建设的第一个艾萨冶炼厂(仅向Mont ISA公司购买了使用许可)。建设及试生产期间,铜冶炼公司在消化吸收此工艺的基础上,围绕优化配料方式、延长炉寿、提高喷枪使用时间、提高直收率、解决预热锅炉结渣等问题进行了一系列的创新，开发了配料控制装置和高效喷枪系统 2 项新装置，研发了渣锍分层排放、燃烧控制等 6 项关键技术，简化了 3 项工序。项目投产 3 个月便达产达标，粗铜能耗远低于世界先进水平，为国际同行瞩目。通过引进、消化吸收再创新，开发了具有自主知识产权的成套艾萨法炼铜集成技术，使中国艾萨法炼铜技术跃居世界先进行列。2011 年 8 月，组织了"高冰铜品位生产"的攻关课题，在工艺实践中大胆提出"先稳定艾萨渣型控制，提高操作温度，确保排放正常，再来考虑冰铜品位对后道工序影响"的操作思路，在生产工艺上取得了重大突破，实现了艾萨炉生产高品位冰铜 72% 的梦想，并取得了当月粗铜产量 16580 吨的最好水平。这也成为世界炼铜史上第一家采用艾萨炉生产高品位冰铜的成功实践。

科学技术是一座桥梁，也是一条纽带，它让中国和赞比亚出资企业之间的联系更加紧密。如果没有科学技术的支撑，在当地打造铜产业循环经济产业链的想法就没办法变为现实。目前，中国有色集团在赞比亚的出资企业中色非洲矿业公司和中色卢安夏铜业公司开采的铜精矿送至谦比希铜冶炼公司进行冶炼；矿山尾矿则作为谦比希湿法冶炼公司的原料；谦比希铜冶炼公司产生的低浓度废酸回收后，作为谦比希湿法冶炼公司的生产原料，实现废酸循环利用，解决了环保和原料供应问题。

在联合出海已成为共识的今天，与国内知名高校和科研机构的合作，是中国有色集团"走出去"进行科技攻关的利器。

赞比亚尾矿资源非常丰富，但大多品位较低。开发利用低品位尾矿资源，是中国有色集团出资企业谦比希湿法冶炼公司多年来探索研究的课题。从 2009 年开始，中国有色集团与中南大学针对该企业共同开展了生物冶金技术研究，并于 2010 年 11 月 27 日由时任赞比亚总统班达和时任中国驻赞比亚大使李强民共同为"中国有色集团—中南大学赞比亚生物冶金技术产业化示范基地"揭牌。以中国工程院院士邱冠周教授为首的科研团队，针对湿法冶炼公司的尾矿和表外矿等低品位铜矿资源，利用高效浸矿微生物复配技术与复配种群扩培"三段法"技术，在不改变原来酸浸工艺的基础上，使铜浸出率提高 20%，酸耗降低 35%，经济效益显著。湿法冶炼公司总经理谢开寿表示，中国把世界上最先进的技术用到了赞比亚,而生物冶金技术产业化示范基地的建立，对赞比亚铜工业的发展意义重大。

2015 年 5 月 26 日，中国有色集团与北京科技大学、中色非洲矿业公司联合完成的"赞比亚谦比希铜矿破碎缓倾斜矿体开采及膏体充填关键技术研究"科技成果通过中国有色金属工业协会的鉴定，被评价为"富水破碎缓倾斜中厚矿体回采方面的国际领先水平"。该项技术所针对的谦比希铜矿西矿体，赋存条件复杂、倾角较缓、厚度中等、地下水丰富、矿岩破碎、遇水易泥化崩解，存在开采安全性差、生产能力低、采矿成本高等问题，属世界性采矿难题。经过 4 年多的不懈努力，中色非洲矿业公司开发了复杂破碎矿岩的分区分级支护技术，建立了赞比亚首套基于深锥浓密技术的膏体充填系统，突破了富水破碎矿体的安全高效开采关键技术难题。在膏体充填系统投入使用后，采场生产能力显著提高，回采率达 80% 以上，贫化率控制在 5% 左右，2011—2014 年多回收金属量 5000 多吨，节省废石运输和选矿处理成本 200 余万美元。该项成果也荣膺了中国有色金属工业 2015 年度科学技术一等奖。公司不但为膏体充填等新技术在赞比亚的推广应用提供了保障，也为企业长远发展提供了智力储备。

中国有色集团与项目所在国高校和科研机构的合作之门也始终敞开着。针对赞比亚和刚果（金）铜矿硫化和氧化混合矿资源量巨大，且难选、难浸的情况，中国有色集团利用赞比亚铜带省大学的硬件平台，开发了具有自主知识产权的成套复杂氧化铜矿湿法冶金工艺，并攻克了谦比希湿法冶炼公司表外矿和中色卢安夏铜业公司穆利亚希铜矿生物堆浸技术中高效菌种筛选、菌种扩培、高浓度菌液入堆等难题，铜浸出率显著提高，为今后开发此类混合铜矿提供了强有力的技术支撑。

在借用外部思路的同时，中国有色集团在海外也在积极建设符合自身特色的研发机构，不断增强自身的技术造血功能。目前，中国有色集团出资企业沈阳有色金属研究院已经在赞比亚成立了中色（非洲）有色金属研究院有限责任公司，成功取得了赞比亚政府颁发的"矿物分析实验室许可证"，标志着中国有色集团科技创新工作一个新模式的开始。该机构的设立，不仅满足了中国有色集团相关企业的检测和研发任务，还为当地其他公司提供了优质的服务。此外，中国有色集团出资企业桂林矿产地质研究院有限公司也在赞比亚设立了中色赞比亚地质勘查有限公司，依托该平台相继开展了赞比亚和刚果（金）矿床成矿规律和靶区预测研究，并圈定了多个有前景的找矿靶区。

在中国有色集团海外重大投资中，缅甸达贡山镍矿是国际先进技术开发和应用最为密集的项目。通过该项目，能够看出中国有色集团由技术"追赶者"到"领跑者"的角色转换。

2011 年，达贡山镍矿从缅甸北部一片乔木遮天、藤蔓丛生的处女地拔地而起。该项目创造了诸多领先和第一：设计选用国际领先、世界一流的红土型镍矿冶炼工艺—回转窑电炉工艺；拥有自主设计、制造的亚洲体积最大的两条长 115 米、直径 5.5 米的焙烧回转窑；拥有自主设计、制造的亚洲领先的两台 72 兆伏安镍铁电炉；建设了从瑞丽江水电站至达贡山镍矿项目的 140 千米 220 千伏高压专用输电线路；在世界上首次采用了高差大、坡段长的 4.6 千米管状带式红土矿输送系统。

达贡山镍矿属于优质高品位红土型镍矿项目，采用世界上先进的红土型镍矿冶炼工艺——回转窑电炉（RKEF）工艺流程火法生产镍铁，经过不到两年的商业生产期，生产过程趋于稳定，在形成最终产品上又是国内首家采用水淬粒化方式生产镍铁粒产品的企业，各项工艺指标均已达到或优于设计值，提前实现了达产达标的目标。2015 年 9 月，中国有色金属工业协会组织专家对该项目"红土镍矿生产高品位镍铁关键技术与装备大型化"进行成果鉴定。专家认为该项目实现了节能、安全和环保的综合生产效果，在管状带式运输红土矿技术、大型红土矿预还原回转窑开发利用等 5 个方面具备创新点，具备良好的经济效益和社会效益，认定该项目整体技术达到国际领先水平。该项技术成果荣膺了中国有色金属工业 2015 年度科学技术一等奖。达贡山镍矿项目填补了我国镍铁冶炼领域的多项技术空白，为我国镍铁冶炼技术赶超国际先进水平做出了积极的贡献，也充分彰显了科技进步的力量。

该项目采用的电炉法冶炼技术一直被西方少数国家垄断，有能力生产大型回转窑和电炉的美国及德国相继提出不能为该项目供货。中国有色集团组织国内专家对项目工艺进行研究、论证和修改，干燥窑、焙烧窑、电炉等大型生产设备全部进行了国产化改造。中国有色集团出资企业中国十五冶金建设集团有限公司不仅承担了除码头外的项目所有土建、安装任务，还负责制造、安装项目最核心的设备—两台亚洲最大的电炉。这两台镍铁电炉，为矩形长方炉型，长 35.9 米、宽 12.8 米、高 9.11 米，炉膛高 5.3 米，单台设备重约 1858 吨，其中炉体总重 1289 吨。通过在干中学、在学中干，中国十五冶冶金建设集团有限公司在高温多雨、环境恶劣的条件下，历时 14 个月出色完成了电炉安装。

中国有色集团出资企业中国有色金属建设股份有限公司在带动中国技术

"走出去"方面的探索成果丰硕。在越南承建的生权铜联合企业项目将中国专利技术富氧底吹工艺第一次送到了国外；在印度承建的德里巴 10 万吨／年铅冶炼厂项目，引领具有中国自主知识产权的氧气底吹熔炼一鼓风炉还原炼铅（SKS）技术第一次迈出国门。伊朗佳加姆氧化铝厂本来由捷克企业负责建造，伊朗方面前期投入了 3 亿多美元，但建成后却不能投产。为此，伊朗方面邀请西方国家专家改造，都未获成功。在此情况下，伊朗业主把佳加姆铝厂改造项目交给中色股份。中色股份经过技术改造后正式投产并生产出合格产品，仅用 360 万美元就使该厂起死回生，每年可为伊朗节约 8000 万美元的外汇并解决了 4500 人的就业。该厂的成功改造，展示了中国有色金属工业的雄厚技术实力。

（来源：《中国有色金属报》）

（四）中哈产能合作带来新契机

哈萨克斯坦东部的阿克斗卡地处新亚欧大陆桥的枢纽，距城 30 千米的草原深处，埋藏着储量达 18.5 亿吨的世界级铜矿。

2014 年年底，哈萨克斯坦业主经过慎重选择，与中国有色金属建设股份有限公司（中色股份）签订价值 5.3 亿美元的铜矿选厂建设合同。在中方克服了工期紧张、环境艰苦、设备通关复杂等一系列难题后，设备安装已基本完成，工厂于 2017 年 3 月正式投产。

项目已初具规模，已有 3000 米的矿石传送带、高耸的厂房和矿石堆。该项目组已浇筑 11.3 万立方米混凝土，吊装 1.7 万吨钢结构，敷设地上电缆 51.2 万米，如此庞大的工程量在中企海外同类项目中首屈一指。哈萨克斯坦在工程监理中全部实行西方标准，这对中国企业也是全新的考验。经过短期的适应，中方严格执行各项规定，实现了"欧洲标准，中国速度"的目标。

工厂建成后，矿石年处理量可达 3000 万吨，能产出 50 万吨铜精矿，带来 2000 个工作岗位。更重要的是，随着铜矿的落成，这里将"生长"出一座新城，新产业、新技术将带来新机会。

铜矿的落成对中国而言同样意义重大。阿克斗卡铜矿项目部项目经理陈正海表示，阿克斗卡铜矿品位高，距离中国边境仅数百千米，在品质、运输和经济成本等方面都具有无可比拟的优势，未来中国铜冶炼行业将拥有物美价廉、清洁的进口源。可以说，这座铜矿是中哈两国互利合作的绝佳证明。

巴甫洛达尔是哈萨克斯坦北部的传统工业重镇，拥有一座规模位列全国前三的石化厂。为提高油品质量，同时保护环境，巴甫洛达尔石化厂正在进行现代化改造。在这一过程中，"中国设备"与"中国技术"成为升级换代的代名词。

一台臂长达 92 米的中国产 650 吨履带起重机，显示出中色股份承建的硫化装置项目在巴甫洛达尔石化厂的地位。该项目是石化厂改造的重要组成部分，中哈企业 2016 年 7 月签订了价值 1.7 亿美元的工程总承包合同，计划于 2017 年年底完工。

在项目使用的全部 250 多台设备中，超过 95% 是"中国制造"，项目的大部分工艺流程都采用中方方案，具有技术成熟、操作简单、故障率低等优点，其中造粒机等设备的生产效率已达世界先进水平。

该项目中要更新的硫化装置分为四部分，可将石油炼化过程中经催化、加氢、焦化等过程产生的废水废气进行分离处理，处理后工厂的各项排放物指标将达到发达国家排放标准。此外，该装置还能将分离出的硫化氢和二氧化硫等有害气体转化成硫黄，年产量达 6 万吨，创造额外经济效益。

中哈两国全面深化合作，产能与投资合作早期收获项目清单中已包含 51 个项目，总投资额 268 亿美元。在两国领导人的全面推动下，"一带一路"和产能合作为中哈关系发展带来了新的契机。

（来源：《人民日报》）

（五）中国宏桥集团与印度尼西亚进行产能合作

由中国宏桥集团作为主要投资方的中国首个海外氧化铝冶炼厂竣工试投产，这让印度尼西亚成为国内外媒体关注的焦点。

2012 年，中国宏桥集团、新加坡韦立国际集团、印度尼西亚哈利达集团签署联营协议，成立印度尼西亚宏发韦立氧化铝公司，其中宏桥集团持股 56%，三方确定共同出资在西加省建设氧化铝冶炼厂及配套电厂和码头。

中国宏桥集团作为全球最大的铝冶炼企业，近年来全球化步伐不断加快，不仅在几内亚收购铝土矿，还积极尝试向海外投资设厂，西加氧化铝项目正是其对海外经营模式的一次探索。项目占地 1500 公顷，总规划产能为 400 万吨氧化铝，其中一期 200 万吨生产线投资 15 亿美元，目前第一条 100 万吨生产线已投料生产，产品将在满足印度尼西亚本土需求之后，出口至其他国家。

这是中国铝工业首家海外投资建设的氧化铝项目，不仅进一步深化了"三国多方"的合作模式，为中国企业境外资源开发走出了一条新路，而且树立了中国与印度尼西亚资源、产业、经贸合作的成功典范，更是落实"一带一路"倡议的具体体现。这一项目的建成竣工必将进一步开启中国企业境外资源开发利用、开展国际产能与装备制造合作的新征程。

2014年印度尼西亚开始实施原矿出口禁令只是宏桥来印度尼西亚发展的部分原因，更重要的是印度尼西亚铝土矿和煤矿资源丰富、人力成本相对低廉，在印度尼西亚投资设厂拥有生产成本上的优势。印度尼西亚目前氧化铝冶炼厂不多，西加当地仅有一个年产30万吨氧化铝的小型冶炼厂。对印度尼西亚而言，氧化铝冶炼还是优势产能，宏桥的到来势必会为印度尼西亚带来氧化铝工业技术的提升。

该项目不仅为当地带来急需的技术和资金，更解决了附近村镇数千人的就业问题。截至2015年年底，该项目已在印度尼西亚境内累计缴纳税金5000万美元。目前雇用印度尼西亚员工达2000多人，2017年下半年一期200万吨生产线全部投产后将安置约3000名印度尼西亚员工就业。

该项目的建成投产，促进了当地经济的发展，带来了就业机会，厂区内同时建设了小区、学校、医院，给这里的人民带来福祉。

（来源：新华社）

（六）中国有色集团助推"一带一路"沿线的产能合作

自2007年开始，中国有色集团便致力于印度有色金属工程承包市场的开发，承建了印度斯坦锌有限公司的铅冶炼项目。印度铅项目的成功投产，标志着中国有色集团引领具有中国自主知识产权的氧气底吹熔炼—鼓风炉还原炼铅（SKS）技术第一次走出国门，代表着国际铅冶炼领域最先进的技术工艺，将引领国际铅冶炼技术的发展方向。

在印度承建的德里巴10万吨/年铅冶炼厂项目，引领具有中国自主知识产权的氧气底吹熔炼—鼓风炉还原炼铅（SKS）技术第一次迈出国门。

1990年，中国有色集团在泰国投资了铅锑合金厂，迈出了国际产能合作的第一步。此后，陆续在赞比亚、刚果（金）、塔吉克斯坦、蒙古、缅甸等国家开发了一批有色金属资源项目，国际产能合作不断升级。目前，中国有色集团在境外拥有8座矿山和8个冶炼厂，境外产能达到60万吨/年。

中国有色集团 20 世纪 90 年代初就在距泰国首都曼谷约 240 千米的北榄坡府投资了泰国铅锑合金厂。该厂属于有色金属再生资源生产实体，主要经营产品精铅、铅钙合金、铅锑合金，是中国有色集团第一个境外资源项目，也是中国最早尝试资源再生利用和循环经济的境外企业之一，被称为中国资金、技术、管理在当地成功应用的案例。

（来源：《中国有色金属报》）

三、建材

结合当地市场需求，开展建材行业优势产能国际合作。根据国内产业结构调整的需要，发挥国内行业骨干企业、工程建设企业的作用，在有市场需求、生产能力不足的发展中国家，以投资方式为主，结合设计、工程建设、设备供应等多种方式，建设水泥、平板玻璃、建筑卫生陶瓷、新型建材、新型房屋等生产线，提高所在国工业生产能力，增加当地市场供应。

（一）中国葛洲坝集团股份有限公司与达纳克投建哈萨克斯坦水泥项目

中国葛洲坝集团股份有限公司全资子公司葛洲坝集团水泥有限公司、葛洲坝海外投资有限公司与哈萨克斯坦达纳克有限公司联合投资建设哈萨克斯坦水泥项目。这意味着葛洲坝水泥板块国际产能合作将正式进入实施阶段。

葛洲坝集团水泥有限公司、葛洲坝集团海外投资有限公司和哈萨克斯坦达纳克有限公司合资设立葛洲坝西里水泥有限责任公司，分别持股 50%、20%、30%。哈萨克斯坦水泥项目总投资金额 1.78 亿美元，将建设一条日产 2500 吨熟料水泥生产线及配套设施，年水泥设计产能 100 万吨，主要产品为通用水泥及油井水泥。该项目将依托葛洲坝集团水泥有限公司的油井水泥生产技术优势，改善哈萨克斯坦油井水泥依赖进口的局面。

该项目的实施将与海外工程协同形成产业链，产生良好的投资回报。成立水泥合资公司有利于增进葛洲坝公司对哈萨克斯坦商业、法律环境的了解，助力工程施工业务的拓展。对于在当地中标的工程项目，公司可采购该合资公司生产的水泥，实施纵向一体化，从而降低建设成本。更具重要意义的是，国内水泥产能严重过剩，公司新增水泥产能受限，哈萨克斯坦水泥项目将为公司水泥板块开展国际产能合作打开大门。葛洲坝股份公司在湖北和湖南共拥有 16 条水泥生产线，产能约 2500 万吨，2015 年水泥毛利润占比 13%，盈利水平居同区域内水泥企业前列。

葛洲坝首次投资海外水泥生产线选址敏锐，哈萨克斯坦是"一带一路"沿线重要的中亚国家，城镇化和基建投资都处在快速发展中，水泥需求处在上升阶段，市场供需环境优于国内，吨毛利一般在 20 美元以上，具有良好的投资回报。葛洲坝股份公司的有关规划显示，未来其水泥业务将重点瞄准正在大力发展基础设施建设的"一带一路"沿线国家，预计未来在中亚、东南亚会有更多的水泥项目落地。

（来源：《中国建材报》）

（二）旗滨集团的海外发展项目

为满足东南亚、中亚、中东等国家、地区的市场需求，加快推进企业产业升级，旗滨集团在马来西亚森美兰州芙蓉市投资 11.705 亿元建设一条 600 吨 / 天的 Low-E 在线镀膜玻璃生产线和一条 600 吨 / 天的高档多元化玻璃生产线，完成旗滨集团第一个海外玻璃生产基地战略布局。旗滨集团在马来西亚进行投资，符合习近平总书记提出的建设"21 世纪海上丝绸之路"的构想。旗滨集团通过在马来西亚投资建厂，依托马来西亚，突破到东盟所有国家；依托东盟，突破到南亚、中东地区，扎实推进海外发展战略实施。

本项目在 2016 年年底完成，产品定位为优质建筑玻璃、汽车玻璃、在线镀膜玻璃、超白玻璃等高档浮法玻璃，年产高档浮法玻璃最高可达 804.16 万重箱，平均年产高档浮法玻璃 782.14 万重箱。两条生产线采用中国先进的浮法玻璃生产技术和装备，机械化、自动化程度高，产品质量优；采用的生产技术都有应用先例，技术上是可行的。并且公司拥有多年先进成熟的浮法玻璃生产技术和丰富的管理经验，产品质量达到国家相关标准和国外同类企业的生产标准，产品在技术和质量上有较强的保证。

旗滨集团在马来西亚进行投资，符合马来西亚发展规划，本项目的建成可以解决当地浮法玻璃依靠进口的局面，部分玻璃还可出口到周边国家；可以带动当地玻璃业的发展。通过采取当前国际先进的控制措施及手段，完全达到马来西亚国家及地方环保部门的要求，项目的实施将产生良好的经济效益和社会效益，能够实现互利共赢。

（来源：上交所）

Chapter 05

（三）福耀集团美国汽车玻璃项目

福耀集团玻璃国际化进程明显提速。总投资逾 4 亿美元的福耀集团美国汽车玻璃项目全面启动，这是福耀集团国际化战略的重要一步，也是目前中国汽车零配件企业进军美国市场的最大手笔。

福耀集团赴美并购项目进展顺利。兼并资产交接后，将升级改造为两条年产 30 万吨的汽车级优质浮法玻璃生产线，产品将全面满足福耀美国公司在俄亥俄州汽车玻璃生产项目的原材料需求，进一步完善产业链，发挥协同效应，降低成本，加速拓展美国市场。

此外，2015 年 9 月投产的福耀在俄罗斯首期 100 万套汽车安全玻璃生产线项目也取得预期进展，将重点打造公司在美国、俄罗斯的海外生产基地，培育海外市场新的利润增长点。

福耀玻璃 2015 年 7 月 19 日公告，其美国全资子公司 7 月 17 日与美国 PPG 公司签订协议，以 5600 万美元的价格购买美国 PPG 公司位于美国伊利诺伊州的 Mt. Zion 工厂资产，其中包括土地、厂房、建筑物、两条浮法玻璃生产线设备等。

本次收购资产所在地伊利诺伊州，在玻璃产业具有天然优势。伊利诺伊州为美第一大硅砂生产州，硅砂供应价廉质优；伊利诺伊电价便宜，其工业用电价格为全美平均水平的 90% 左右；伊利诺伊浮法工厂至福耀俄亥俄汽车玻璃工厂距离 450 千米，其间铁路系统发达，运费低廉。

在纽约证交所上市的 PPG 工业集团始建于 1883 年，总部设在美国匹兹堡市，是世界领先的交通工具用漆、工业、航天和包装用涂料制造商，2013 年末资产总额达 158.63 亿美元，净资产为 51.98 亿美元，当年实现销售收入 151.08 亿美元。此次福耀集团收购的工厂曾是 PPG 公司旗下最重要的浮法玻璃生产线之一，目前主要生产民用和商业建筑市场的玻璃产品，经营现状并不理想。

对 PPG 而言，出让玻璃工厂算是卸下一个"包袱"，更提升了与福耀集团十多年的合作伙伴关系。

福耀的国际化早期更多着眼于建立原材料采购渠道和产品出口营销网络，接着尝试引进资金和技术，而后确立了市场全球化、研发国际化到制造全球化国际化战略。

2011 年 6 月，福耀对俄罗斯投资设厂项目正式启动。2015 年 9 月，在俄罗斯三大汽车生产基地之一的卢卡加州，福耀投资两亿美元、规划产能 300 万套（首期年产 100 万套）汽车安全玻璃的生产基地建成投产。这是福耀首次投资建立国外生产基地。

鉴于当前西方国家制裁对俄罗斯经济引发带来的影响，这一项目得到俄罗斯政府的有力支持，运行基础良好。在所在地汽车基本需求和保有量不变、国内原有产能依序置换等有利因素支撑下，在俄罗斯生产基地建设规划所受影响极小，市场前景乐观。

在美国，福耀无疑在下一盘更大的"棋"。福耀全资子公司福耀玻璃美国有限公司于 2015 年 3 月 18 日在美国俄亥俄州注册成立，投资总额两亿美元。初期产能规划 300 万套，后期产能可扩充至 450 万～ 500 万套。为完成 PPG 工厂收购及其升级改造，福耀集团对美国子公司增资 2 亿美元，并由"福耀美国"在美国伊利诺伊州独资设立子公司"福耀玻璃伊利诺伊有限公司"。至此，福耀集团成为在美投资最大的中国汽车零配件企业。

业内分析人士认为，福耀集团本次赴美并购，目的在于解决汽车玻璃制造所需的原片玻璃需求，完善产业链，可力保并加快俄亥俄州汽车玻璃项目的顺利推进。福耀美国汽车玻璃项目计划于 2015 年年底投产，届时将率先为通用、克莱斯勒、丰田、本田及现代等整车客户提供配套服务。

随着福耀玻璃国际化进程提速，其海外市场份额的提升、新的利润增长点的有效培育，让人有更多的期待。

（来源：中国证券报·中证网）

（四）中国建材集团蚌埠玻璃院并购 Avancis 公司

2014 年 8 月 29 日，世界 500 强企业、全球建材行业排名前两位的巨头在北京签署资产交割协议，标志着中国建材集团所属蚌埠玻璃工业设计研究院正式并购法国圣戈班所属 Avancis 公司，成为国际新能源领域最有影响力的大宗并购。至此，中国薄膜太阳能光伏产业链实现全线打通，中国建材集团蚌埠玻璃院将率先在国内推进新一代铜铟镓硒薄膜太阳能电池的国产化，以"中国创造"的技术和品牌优势在全球市场与国际新能源巨头抗衡。

目前，中国建材集团在水泥、商品混凝土、石膏板、风电叶片、玻璃纤维等产业排名世界第一，此次并购是集团大力发展新型建材、新型房屋、新能源材料产业的重要举措，目标是在 3 ～ 5 年将集团打造成世界第一的以铜铟镓硒为主导的薄膜太阳能电池研发制造企业。

此次海外并购得到了国务院国资委、国家发改委、商务部的高度重视和大力支持，其意义不仅仅在于中建材集团蚌埠玻璃院收购了 Avancis 公司的全部资产，蚌埠院还将保留和引进该公司的全部技术团队，继续运营 Avancis 的技术中心、研发实验室，以引进、消化、吸收的集成创新模式，进一步掌握世界领先的薄膜太阳能电池生产技术、特种玻璃制造技术，从玻璃进入新一代薄膜太阳能电池领域，利用现有核心技术优势将新能源相关产业链全线打通，彻底打破国外巨头在该领域对中国的长期封锁和垄断，以关键材料的快速研发孵化推进中国新能源产业快速、健康、可持续发展。

法国圣戈班是世界工业集团百强之一、世界 500 强之一，是从事玻璃、陶瓷、塑料、纤维及新材料开发等业务的综合企业集团与跨国公司。Avancis 公司是其太阳能薄膜和铜铟镓硒（CIGS）薄膜电池生产企业，在铜铟镓硒薄膜太阳能电池技术方面居世界前列，经美国国家可再生能源实验室证实，该公司创造了光伏薄膜组件转化率的世界纪录。

近年来，蚌埠玻璃院大力发展新玻璃、新材料、新能源、新装备"四新"产业，获得国家科技进步二等奖两项。在新能源领域，大力发展薄膜太阳能电池、光伏建筑一体化关键材料、新能源房屋，已经掌握了行业绝大多数关键技术，在超白太阳能光伏玻璃、薄膜太阳能电池用 TCO 导电膜玻璃、镀膜玻璃等新技术的研发和产业化方面取得了令人瞩目的成绩，建成数十条超白太阳能光伏玻璃生产线，使中国太阳能光伏玻璃成本极大降低，技术处于世界领先水平，从此不用进口并出口欧美、日本，催生了一个平板玻璃服务于新能源的新产业。经批准，该院先后组建了中国建筑学会太阳能建筑材料与构件一体化专业委员会、中国电子工业标准化协会薄膜太阳能电池标准技术委员会和国家太阳能光伏玻璃专业委员会，制定产品和技术标准，引领新能源相关产业发展。

（来源：商务部）

（五）韩国 LG-Hausys 客户参观考察旗滨玻璃有限公司

2016 年 6 月 8 日，韩国 LG-Hausys 玻璃门窗事业部总经理裴南云和采购总监柳根相应旗滨集团邀请，莅临漳州旗滨玻璃有限公司考察。裴总和柳总在旗滨集团新加坡公司副总经理李良会和销售经理赵子豪的陪同下，前往漳州旗滨玻璃有限公司浮法七线和码头等地参观，详细了解了漳州旗滨玻璃有限公司七线的生产、包装、成品检验等各个环节。

LG-Hausys 是韩国规模最大的建筑装饰材料有限公司，其前身为 LG 化学产业材料事业部门，目前在全球 13 个国家和地区建立了生产和销售网络。LG-Hausys 韩国工厂引进德国先进的离线 Low-e 生产线，年产能达 1000 万平方米，是韩国最大的离线 Low-e 玻璃生产商。LG-Hausys 的离线 Low-e 所用玻璃基板和建筑玻璃主要是从中国采购。本次主要对旗滨集团中国生产基地和马来西亚生产基地加入 LG-Hausys 全球供应链体系和长期战略合作事宜进行了商讨。LG-Hausys 也对旗滨集团马来西亚生产基地表现出了浓厚的兴趣。因为马来西亚浮法玻璃出口韩国没有反倾销税和进口税，这对 LG-Hausys 的市场战略和采购成本有着非常重大的意义。

（来源：旗滨集团）

四、铁路

加快铁路"走出去"步伐，拓展轨道交通装备国际市场。以推动和实施周边铁路互联互通、非洲铁路重点区域网络建设及高速铁路项目为重点，发挥我国在铁路设计、施工、装备供应、运营维护及融资等方面的综合优势，积极开展一揽子合作。积极开发和实施城市轨道交通项目，扩大城市轨道交通车辆国际合作。在有条件的重点国家建立装配、维修基地和研发中心。加快轨道交通装备企业整合，提升骨干企业国际经营能力和综合实力。

（一）中国中车"走出去"：从产品贸易转化为产能合作

中国中车股份有限公司（以下简称中国中车）生产的列车目前已经在全球近 83% 拥有铁路的国家的大地上奔跑。

中国中车正加快在全球市场布局。2015 年 1 月，尚未合并的中国北车发布公告称，其控股子公司北车（美国）公司与美国马萨诸塞州海湾交通管理局（MBTA）签订了出口美国波士顿红橙线地铁项目合同，总金额约为 41.18 亿元，这是中国轨道交通装备企业在美国面向全球的招标中首次胜出并登陆美国市场；3 月，中国中车唐车公司收到土耳其伊兹密尔市 85 辆轻轨车辆的中标通知书；7 月，中国中车唐车公司首批 3 列出口阿根廷内燃动车组抵达布宜诺斯艾利斯港；中国铁路装备行业第一个海外制造基地，位于马来西亚的"东盟（东南亚国家协会）制造中心"正式投产；9 月，中国中车美国马萨诸塞州制造基地奠基仪式，这是中国中车首次在美国建立轨道交通研发制造基地，并招募和培训美国工人，为美国市场"本土化"生产轨道车辆；11 月，中国中车出口欧洲的首列动车组列车从马其顿首都斯科普里出发，顺利抵达东部城市韦拉斯，完成在欧洲的首次试跑。

2016 年 3 月，中国中车在美国又下一城。根据美国芝加哥交通管理局的公告，中国中车下属控股子公司中车青岛四方机车车辆股份有限公司与其下属全资子公司中国南车美国有限责任公司组成的联合体，中标芝加哥 7000 系地铁车辆采购项目，该项目标的数量 846 列车，标的金额为 13.09 亿美元。这一订单是芝加哥运输管理局历史上最大规模地铁客车采购订单，相当于该市客车总量的一半。同时，这也是迄今为止中国轨道交通装备企业向发达国家出口的最大地铁车辆项目。目前中国中车正在大力推进国际化进程，未来要把中国中车打造成源自中国的世界品牌，一家总部在中国的跨国公司。

中国中车目前的成绩无疑是令人骄傲的，已经卖向全球的中车产品无一不受到好评。白罗斯交通部部长在一次会面中主动提及要为中车做义务推销员，原因是在 2014 年的一场特大暴风雪中，白罗斯铁路几近瘫痪，只有产自中国中车的列车还能照常运行。

2014 年，中国中车的列车第一次停靠在了美国。作为一个早在 1987 年就拥有地铁的城市，波士顿对于地铁列车的品质要求可谓吹毛求疵。对于中车来说，这次竞标最大的挑战来自波士顿地铁的"顽固"。尽管是将地铁更新换代，但是波士顿坚持不更改原有的信号系统和基础设施建设。也就是说，中车设计出来的车厢，必须完美匹配波士顿地铁的原有设施。

此外，美国对于客运车辆的要求标准可谓全球最高。例如，以碰撞强度为例，国际通用标准要求必须超过一定强度；但是美国标准不仅有最低碰撞标准，同时还规定新车强度不能超过现有运营车辆的强度。此外，美国的通用标准在各个州各有不同，这都对中国中车的技术要求提出了相当大的挑战。

不仅如此，由于美国的法律规定，制造列车的过程中，不仅接近 65% 原材料必须在美国当地购买，最终的装配也必须在美国本地完成。对于刚刚进入美国市场的中国中车来说，这不仅增加了采购的难度，同时还增加了成本费用。

当时的价格成本增加了 20%～30%。

面对高难度的挑战，一方面中车和美国当地供应商展开谈判，利用整个中车大的采购平台，对美国的供应商施加一定压力；另一方面则调整战略，成立了北美区域公司，集中协调组织，执行统一规划，同时克服了各种法律难题，一举拿下了波士顿地铁项目。

波士顿地铁的成功无疑为中国中车打开美国市场开了一个好头。两年后，面对芝加哥地铁的竞标项目，中车不仅交出了一份完美匹配美国各项标准的竞标书，同时通过对芝加哥本地文化的研究，提交了一份符合芝加哥城市风格的设计书，从而拿下了这个目前中国轨道交通装备企业出口的最大地铁车辆项目。

早在合并前，中国南车与中国北车就曾经分别在南非拿下 359 台电力机车和 232 台内燃机车大单，创下中国机车出口订单纪录。紧接着，中国北车又和南非签订了迄今为止中国高端轨道设备出口的最大订单。不仅如此，目前中车在南非的基地已经基本实现了本地化制造、本地化采购和本地化用工。

中国中车非常重视南非市场。一方面，南非基础设施建设不足，市场潜力巨大；另一方面，南非曾在英国殖民时间建立了较完善的铁路系统，基础工业基础良好，有利于未来将铁路经南非辐射到非洲其他市场。

中国中车进入南非市场的初期也并非一帆风顺。由于对中国制造缺乏信心，南非一开始并不看好中国中车。中国中车想到了用试验性订单来增加对方的信心。在中国中车的努力下，第一批机车不仅高质量完成，甚至创造了世界轨道交通装备领域的一项世界纪录。需要 18～24 个月才能完成的项目，中国中车仅用了 12 个月，从而一举打开了南非市场。

进入南非市场后，中国中车开始在当地设立制造基地。中国中车从国内派遣了技术、物流、项目管理等多个团队来到南非建厂，教授当地工人所需要的技术和工艺，同时也将国内的质量管理标准带入南非。

面对南非本地工人技术不成熟、生产效率不高的问题，中国中车将自己的技术工人和本地工人整合成为一个团队，共同设立生产计划，一起工作一起学习。通过这样的方式，一方面降低了将产品从国内输出的运输成本，另一方面也通过整合本地员工和本地经销商，加快了中车产品在非洲的推广。

中国中车南非项目标志着中车从产品贸易转化为产能合作。中国中车不仅仅是在非洲国家卖几辆车，还要帮助他们建立这种车辆的生产制造能力，这是中车全球布局很重要的一步，也是中国企业国际化经营的一个战略，更是必须经历的一步。

从 2004 年正式引进国外的技术，到目前成为拥有高铁里程最长的国家，中国高铁扮演着高速铁路行业黑马的角色，从引进技术到吸收创新，高铁核心技术也成为中国企业参与国际竞争的重要资本。据公开数据估算，综合土建和车辆两个方面的成本，中国高铁造价只有国外造价的 1/3～1/2。中国高铁"低成本、高质量"的特征已经成为中国对外的一张"金名片"。

近年来我国高铁项目取得了非常大的成就。目前，中国已经和美国高铁达成了初步合作意向，未来还有望在莫斯科实现本地化动车组生产。刚刚开始全线动工的亚湾铁路，完全采用了中国的技术、标准和装备，将成为中国第一个全产业链输出的高铁项目。

2016 年 5 月 23 日，为争取新马高铁项目，中国铁路总公司总经理盛光祖率领包括中车在内的团队访问马来西亚。新马高铁有望成为继雅万高铁和莫喀高铁后，中国高铁"走出去"的第三个标志性项目。

如果今天将中国高铁运营路线画成一张图，会发现它和北京地铁运营图极其相似。因为有了高铁，中国 960 万平方千米的土地已经变成一个"大城市"，未来随着"一带一路"倡议的实施，整个地球可能会用高铁形成网络。中车的使命就是用高铁将这个世界连接起来。

（来源：《中国经济周刊》）

（二）中交集团参与共建"一带一路"案例——蒙内铁路项目

中国交通建设集团有限公司（简称中交集团）是中国"一带一路"建设的旗舰企业，拥有近 60 年的海外发展历史，在世界 500 强排名第 110 位，连续多年获评国资委考核 A 级企业。中交集团是国务院国资委监管的中央企业，在世界 500 强排名第 110 位，连续 11 年获评国资委考核 A 级企业，海外合同额占全国的 14%，国际工程市场份额连续多年保持我国第一，在 2016 年 8 月新公布的全球最大国际承包商中排名第 3 位，是唯一进入前 10 名的亚洲企业。

目前中交集团已成为我国最大的港口设计及建设企业；世界领先的公路、桥梁设计及建设企业；世界第一疏浚企业；全球最大的集装箱起重机制造商；

亚洲最大的国际工程承包商；我国最大的国际设计公司和最大的高速公路投资商，全国知名的城市综合开发商，国际知名的铁路建设运营商，占全国铁路"走出去"份额超过1/3。

为迎接和抓住"一带一路"建设的重大历史机遇，中交集团着眼于供给侧结构性改革，进行了"五商中交"的战略系统升级，提出把公司打造成世界一流工程承包商、城市及园区投资发展商、特色房地产投资发展商、基础设施特许经营服务商、现代工业制造一体化服务商；着眼于产品服务升级，将"政府及区域经济发展的责任分担者；区域经济发展的深度参与者；政府购买服务的优质提供者"的发展理念积极融入"一带一路"区域各国的经济发展之中，立志做好"一带一路"建设先锋，发挥好市场领头羊作用。中交集团在109个国家和地区设立了210个驻外机构，在全球140个国家和地区开展实质业务，海外主营业务涵盖交通基础设施的投资、设计、建设、运营，以及相关的境外园区、房地产、装备制造、产业投资等多个领域，境外在建工程602个，总合同额约685亿美元，集团所属中国交建（CCCC）、中国港湾（CHEC）、中国路桥（CRBC）、振华重工（ZPMC）等标志性品牌在国际市场享有较高知名度。

中交集团已成为"一带一路"建设的重要参与者。自20世纪六七十年代开始承建穿越喜马拉雅山和喀喇昆仑山两条世界上最大山脉的"中巴友谊路"（喀喇昆仑公路）和马耳他30万吨级船坞码头援建工程以来，从走出去之初到现在，中交集团已在"一带一路"沿线累计修建公路10320公里、桥梁152座、深水泊位95个、机场10座，提供集装箱桥吊754台，已签约及在实施铁路1460公里。依托和融入"一带一路"建设，集团国际竞争力和市场主体价值得到巨大提升。

中交集团主动强化中央企业使命，在贯彻落实"一带一路"倡议工作中，更加注重"创新引领""协调协作""绿色可持续""开放平台"和"共享价值、包容发展"，更加注重把"中国梦"同"一带一路"沿线各国人民的梦想结合。中交集团发挥全产业链优势，参与推进相关项目取得早期收获。2014年9月，在习近平主席见证下，先后与马尔代夫、斯里兰卡签署了多项合作协议，相关项目成为共建"21世纪海上丝绸之路"进入务实合作阶段的标志性项目。2014年5月，在李克强总理见证下签订了肯尼亚蒙内铁路项目，这是国际上第一条完全采用中国标准进行设计和施工的现代化新型铁路。2016年3月，张德江委员长在肯尼亚访问期间，专程视察蒙内铁路项目并给予了高度肯定。得益于"一带一路"倡议，中交集团又承接了巴基斯坦喀喇昆仑公路改扩建项目二期、肯尼亚内马铁路、匈塞铁路（塞尔维亚段）等重点项目。

在"一带一路"倡议指导下，中交集团国际化程度显著提升，现在每年海外合同额超过300亿美元，是10年前的7倍多，海外收入增加了6倍多，海外利润总额增幅超过10倍。近三年，中交集团在"一带一路"相关的58个国别（地区）累计签订对外承包工程合同额370亿美元，完成营业额150亿美元，对外直接投资3.74亿美元，分别占同期集团海外业务的56%、46%和31%，目前在建工程367个，推进境外园区10个，整体形成以贯彻落实"一带一路"倡议为统领的"一本一干多枝"的工作新格局，呈现以"通、达"为特点的助推"一带一路"倡议落地的企业价值提升的新局面，坚持和加强了以党建优势为践行"一带一路"把舵引航。中交集团参与共建蒙内铁路项目的具体情况如下。

1. 项目背景

蒙内标轨铁路项目（简称蒙内铁路）位于肯尼亚境内，由中交集团所属中国路桥工程有限责任公司承建，是东非铁路网的第一段。项目主线全长471.65km，合同金额38.04亿美元。起点为蒙巴萨，是非洲最大的港口之一；终点为内罗毕，是肯尼亚政治、经济、文化中心，也是非洲重要的交通枢纽。蒙内铁路是中国"一带一路"倡议在非洲的桥头堡，是中肯乃至中非合作的标志性、突破性、示范性项目，不仅是新时期中非的"友谊之路"，还是中非"合作共赢之路""繁荣发展之路""生态环保之路"。

蒙内铁路是首条完全采用中国标准、中国技术、中国管理、中国装备建造、中国运营维护（EPC合同规定2年）的国际干线一级铁路，项目的建设全方位带动中国标准走出国门。建成后，铁路将承担肯尼亚、乌干达、卢旺达、布隆迪、刚果（金）和南苏丹共6国的货物运输任务，促进东非现代化铁路网的形成和东非地区经济发展，为东非一体化提供基础设施保障。蒙内铁路建设期间，将推动肯尼亚国家GDP增长1.5%；蒙内铁路通车后，将降低40%的物流成本。

2. 主要管理手段

蒙内铁路建设伊始，项目确立了"责任引领、奉献至上、诚信基础、创新动力"的核心文化理念，以"讲政治、提形象，保质量、保安全，带队伍、出经验，建机制、增效益，抓重点、带全面"为工作思路，按照"扎实周密、坚忍执着、志在必成"的工作方针，围绕铺轨、联调联试、运营三条主线组织实施项目，创新了海外大型项目运作模式，拓展了项目实施的新思路，积累了多个方面的海外项目管理经验。

（1）周密开展安全、质量、环保管理。

在安全生产管理方面，通过建立"总经理部—分指挥部—项目经理部"的三级安全管理网络，细化安全责任，量化考核标准；完善规章制度，以制度促安全管理体系；大力推行以技术工艺保证安全的理念，强化工艺本质安全；遵照肯尼亚《职业健康法》要求，不断加强现场职业健康管理，提供和维护一个安全健康的工作环境。

在质量管理工作方面，明确质量管理三层级，即总经理部和分指挥部监督抽查、项目经理部自查自控、监理联合体签认管控监理联合体签认管控。严控工序质量，明确每一道工序基本程序和作业标准，实现可追溯；强化验收工作，以每一道工序的工作质量来确保工程质量；通过信息化管理平台，实时监控全线混凝土拌和站运行情况与重点隐蔽工程施工情况，实现质量全过程管控。

在环水保管理工作方面，严格遵守肯尼亚环保相关法律要求，与当地环评公司签订了咨询服务协议，与当地环保组织机构保持密切联系，确保全线环水保管理符合当地法律法规要求。同时，在施工过程中严格落实环水保措施，注重野生动物保护，将施工过程中对环境造成的影响降到最低。

（2）高效实现目标管理和成本控制。

通过签订分包合同将项目实施总目标分解落实到各标段；通过监控分解目标的执行情况来保证总目标的实现；同时，确定了主要监控目标，即工期目标、工程量目标和质量安全环保目标。

通过制定预算考核制度规范项目预算管理工作，并建立长效激励机制。在项目资金管理方面执行资金计划审批制度，建立"集中管理、计划控制、授权审批、封闭运行"的资金管理模式。

在成本控制方面，项目以总经理部的标后预算为基础，将成本控制目标分成三级，即责任成本、计划成本和红线成本。

由于财务科目归集方式与标后预算存在差异，很难协调一致，且财务入

Chapter 05

账存在延时，不能准确核算当期成本，因此成本管理采取过程控制、期末考核的方式，成本考核情况计入项目的最终综合考评，通过奖惩机制来提高各项目部对成本控制工作的积极性。

（3）全面推进项目信息化管理。

按照我国铁路"走出去"的发展要求，基于蒙内铁路建设呈现出"工程规模大，技术标准高，建设速度快"的显著特点，项目将信息化建设作为标准化管理经验积累的重要工作，建立起覆盖全线的信息化管理系统。

目前，项目已铺设了覆盖全线长达 500km 的网络系统。结合国内铁路项目信息化硬件设计的主流标准，蒙内铁路信息化设施先后建成信息系统机房、信息化监控中心、视频会议室、监控摄像头、搅拌站监控系统等信息化中枢设施，本着"经济适用、节约投资、永临结合"的硬件建设原则购置了一系列承载信息系统软件的服务器、存储器、交换机等核心设备，保障蒙内项目数据储存和正常运行。项目引入了国内主流的铁路建设领域管理信息系统软件，在办公管理方面，采用了铁路总公司 OA 系统，实现了与国铁管理模式的对接；在工程建设管理方面，充分吸纳国铁建设项目管理经验，自主研发了适用于项目的、以工程 EPS 结构为主线的、可复制的建设项目管理信息系统等多项系统软件。

（4）实现财务共享管理。

项目实施财务共享管理，为提升财务集中管控力度，加速推进财务共享建设，克服多层管理带来的财务管控难度大、管理成本高、经营结果不清晰等管理难题，采取财务转型变革。

蒙内项目总经理部围绕共享中心运营机构搭建、财务管理关系建立、共享信息系统建设三条主线，顺利完成了财务共享中心搭建和财务共享信息系统开发运营，稳步推进了各项财务管理工作。

在资金管理方面，实施了"集中管理、计划控制、授权审批、封闭运行"的资金管理模式；在税务管理方面，以依法纳税、合理避税为总原则，确立外账核算模式，明确外账税务责任，落实税务筹划方案，开展外账核算工作；在风险管理方面，实施了合规经营联系人和合规经营承诺制度，确保蒙内项目守法合规经营；在现场财务管理方面，按照重心转移、业务前移、进驻现场、靠前管控的思路不断加强项目现场的财务管控。

通过实施财务共享管理模式，蒙内铁路项目的集中管控力、内部控制效率得到有效加强，税务风险进一步降低，经营结果更加清晰明了，财务转型的目标真正实现。

（5）集中开展物资设备采购管理。

在资产管理方面，项目根据集采设备采购原则，确定了11大类20种设备采用集中采购，同时制定了集采设备的"四统一分"的采购、发运模式，即统一招标、分别签署、统一付款、统一运输、统一清关。

目前，项目集采设备共计1450台套，设备原值达1.36亿美元，涉及国内13家供应商，其中国产设备台数约占80%，带动了国产设备集体走出国门。多单位合作的超大型项目的设备集采模式在蒙内铁路项目成功运用，为项目节省约了采购成本，实现了以规模优势达到价值优势的目标；同时，带动了山推、三一、陕汽等7家国内大型设备厂商设备"走出去"，设备厂家依托蒙内项目集采设备进场在肯尼亚或者东非区域设点扎根，拓展海外市场，实现互利共赢。

同时，通过售后及配件前移，提供项目技术支持，保障了设备的正常运转。蒙内铁路共有13家设备供应商在项目前场建立了16家寄售配件库，并派出人员进行现场服务，带动厂家配件出口，截至目前累计进场配件约1000万美元。各集采设备厂家通过项目现场驻派服务人员，掌握设备在非洲工地使用中特点，提高了人员技术水平，锻炼出了一批全面优秀的售后服务人员，为设备制造商从供应商向服务商转变培养了服务团队。

（6）积极开展属地化建设。

项目从初期就把当地雇员管理作为重点，目前项目在职当地雇员20162人，直接雇佣人员达到28419人，间接雇佣人员如当地分包商、运输商等已达到13217人，截至目前，已为肯尼亚当地创造了4万多个工作岗位。

项目深入开展当地雇员培训工作，整体的培训规划，积极开展三个层面的培训工作。一是在项目实施过程中对当地雇员进行技术培训，发挥中方管理人员的技术优势，组织中方人员培训当地雇员、与当地专业培训机构合作，以联合办学的方式建立人才培训基地，已于2016上半年选拔优秀当地雇员20名到中国进行培训学习。二是对铁路运营期间所需的技术人员进行培训，为肯尼亚培养铁路运营技术人员。项目与西南交大及肯尼亚铁路培训学院（RTI）

联合开展了第一期培训工作已经顺利启动。一期培训班设置运输专业、机车专业、通信专业，10 名中国教师对 105 名当地学员进行教学。此次培训是公司首次在海外联合中国高校与当地学校共同开展的培训，也是项目为运营培训当地技术人员所做的积极尝试。三是帮助肯尼亚高校创建铁路工程专业，为当地培养铁路高层次工程专业人才。通过前期推动，西南交通大学已表示会积极参与肯雅塔大学的合作培养高层次铁道人才项目。

加强中外方人员管理。项目积极维护与工会的合作关系，重视与当地政府、议员、地主等利益相关方的关系维护，加大对当地雇员管理的检查力度，加强当地雇员工伤保险管理，为当地雇员提供更加安全的通勤车辆，按照规定为当地雇员缴纳各项费用。通过采取以上措施，当地雇员罢工问题得到明显好转，当地雇员管理工作平稳有序进行。同时，项目严抓中方人员各项管理制度及《九不准》的落实，稳步推进中方人员工作证办理，提供人力资源保障，加强人员回国管理。

（7）积极开展公共关系维护。

积极探索更为全面和专业的公共策略，与肯尼亚政府高层对接，保持与各级政府的沟通联系，积极推动征地和外联事务。加强开展外宣工作，组织和协助开展了来自我国新华社、央视、中国日报、中国国际广播电台、凤凰卫视和肯尼亚当地媒体 KTN、Citizen TV 等十几次媒体采访活动，多维度、多视角、全方位地对蒙内铁路项目的建设进展进行了深入报道。针对 2016 年发生的涉及动物保护几起不实报道，第一时间应对媒体问询、利用媒体规则及时发布澄清信息。积极高效应对处理法律纠纷，依法维护蒙内铁路项目的合法权益。

（8）多方联合创新公共安全管理。

项目面临众多的内部和外部风险，为保障整体公共安全，项目以"多方联合、共保安全"为理念，通过一种新颖的"三级四层"管理模式，在聘用肯尼亚政府武装力量及当地保安的基础上，商业引进国内专业安保公司德威集团，签订合作协议，多方共同打造专属蒙内铁路的公共安全管理体系。

截至目前，项目全线共有德威安保人员 48 名，警察总数 1064 人，当地保安 1556 人；全线专业安保力量总数为 2668 人。全线 45 处营地、料场及炸药库，昼夜均有专业安保人员及当地安保力量巡查，实现了安保全覆盖。

根据安保服务的协议内容，德威安保人员负责对当地安保力量进行直接管理；发现并及时处理偷盗、阻工、罢工等事件；组织中方人员、当地保安和警察队伍开展各类公共安全培训和演练；制定、修订、完善各类制度、规定、方案和预案；收集项目周边与公共安全相关的情报信息；通过各类检查发现安全管理漏洞，并提出合理化建议；组织武装警察对财务人员取款、工作组检查、领导视察等进行安保护卫等。

由于德威安保人员的专职性和专业性，项目公共安全管理体系基本完善，财物偷盗现象逐渐下降，阻工、罢工事件能够得到及时处理，中方人员整体公共安全意识明显提高，且截至目前未发生危及中方人员生命的公共安全事件，为项目减少了大量可能因财产丢失或人员伤亡造成的直接经济损失和其他间接损失。

在此之外，项目还积极建立公共安全情报搜集和发布机制，基于与使馆、肯尼亚警察总部、肯尼亚中央情报局、华人华侨联合会等机构建立的信息沟通机制和情报共享机制，定期发布肯尼亚及周边国家公共安全快讯。

（9）推动构建海外大党建格局，开展项目文化建设。

蒙内铁路项目指挥部党工委是中交集团党委第一个在海外成立的特大型项目党组织，是对中央企业境外党组织建设的重要探索和尝试。项目党工委自成立以来，在中交集团党委的坚强领导下，在集团党委工作部和海外事业部党委的指导下，按照"专业、务实、特色、融合、创新"的总体要求，结合蒙内铁路项目实际情况，在思想建设、组织建设、文化建设、工团建设等方面取得了阶段性成果，为项目顺利实施提供了坚强的思想、政治和组织保障，在项目建设中充分发挥了党员的先锋模范作用和党组织的战斗堡垒作用。

项目积极开展社会责任工作，从安全、质量、环保、员工关怀、当地元素、社区服务这六大方面，秉承"合作共赢、绿色环保、百年工程"的社会责任管理理念，进行全方位社会责任管理。2016年初，项目编撰完成首份社会责任报告，并在内罗毕成功举行报告发布会，受到了项目各利益相关方及肯尼亚社会各界的高度赞赏。

3. 取得成绩和体会

蒙内铁路项目从2014年6月进场以来，各项工作进展顺利。在蒙内项目实施管理的过程中，在以下四个方面体会深刻：一是特大型海外项目的前期科学策划十分必要，有效科学的前期策划和推演，如管理组织架构、体系建设、资源配置的超前谋划，能让后续的具体实施事倍功倍；二是项目风险管控十分重要，海外项目比国内项目面临更多的政治、市场、公共安全、竞争、汇率风险，项目应建立完备的和行之有效的风险管控体系以应对各类风险；三是海外党建尤为重要，项目以党建为抓手，开展项目文化建设，充分发挥党组织战斗堡垒和党员先锋模范作用，充分发挥出了国有企业党建优势；四是积极开展社会责任管理，通过对利益相关方关注方面的分析和有效管理，塑造项目与各方的和谐关系，有效助力项目顺利实施。

蒙内铁路将继续开拓进取，砥砺前行，将项目打造成百年不朽工程，发挥大国重器的责任和担当，承担好"走出去"和"一带一路"倡议的实践先锋，为中非携手并进、合作共赢做出更大的贡献。

（来源：中国砂石协会）

（三）2015 年中国海外工程盘点

中巴经济走廊的一端是巴基斯坦西南部的瓜达尔港，途经巴基斯坦多个城市和地区，连通中国新疆喀什，无疑将加强中巴之间的联系，推动巴基斯坦的经济发展。这条长达 3000 千米的走廊是"一带一路"的旗舰项目，辐射巴基斯坦国内所有地区，还将惠及周边区域内近 30 亿民众，也意味着中国将在巴基斯坦有多达 460 亿美元的投资。2015 年 4 月，习近平访问巴基斯坦期间签署的大部分协定都与"中巴经济走廊"有关，涉及煤矿、风能、经济特区等多个方面。除瓜达尔自贸区外，中巴两国还将计划沿途设立 6 个新的经济特区。

中巴经济走廊铁路线怎么走？中方将帮助巴基斯坦升级该国"1 号铁路干线"，并将其向北延伸，经中巴边境口岸红其拉甫连至喀什。巴基斯坦 1 号铁路干线从卡拉奇向北经拉合尔、伊斯兰堡至白沙瓦，全长 1726 千米，是巴基斯坦最重要的南北铁路干线。哈维连站是巴基斯坦铁路网北端尽头，规划建设由此向北延伸经中巴边境口岸红其拉甫至喀什铁路，哈维连拟建陆港，主要办理集装箱业务。1 号铁路干线升级和哈维连陆港建设，是中巴经济走廊远景规划联合合作委员会确定的中巴经济走廊交通基础设施领域优先推进项目。

泛亚铁路筹划近 50 年最终落实。2006 年 11 月，随着《亚洲铁路网政府间协定》的签署，一张包括北部、南部、南北部和东盟 4 条线路的铁路网基本成型。这 4 条铁路分别是：连接朝鲜半岛、俄罗斯、中国、蒙古国、哈萨克斯坦等国直达欧洲的北部通道；连接中国南部、缅甸、印度、伊朗、土耳其等国的南部通道；连接俄罗斯、中亚、波斯湾的南北通道；连接中国、东盟及中南半岛的中国—东盟通道。4 条线路将连接起 28 个国家和地区，总里程达 8 万多千米。

目前泛亚铁路东盟通道已经启动，中老铁路、中泰铁路正式开工。泛亚铁路东盟部分全长 5000 千米，连接新加坡与中国南部，途经泰国、柬埔寨和越南等国，总投资额约 150 亿美元，仅辅线就将耗资约 18 亿美元。

2015 年 12 月 2 日，老挝国庆日，中老铁路（磨丁至万象铁路项目）奠基典礼在老挝首都万象塞塔尼县赛村举办。按规划，中老铁路将于 2020 年建成通车。老挝还计划在同一年，摘掉最不发达国家的帽子。这条铁路承载着老挝从内陆"陆锁国"到"陆联国"的转变之梦。

中泰铁路合作项目包括修建"廊开—呵叻—耿奎—玛它普"和"曼谷—耿奎"铁路。线路全长 845 千米，设计时速 180 千米，预留时速 250 千米提速条件，将全部使用中国技术、标准和装备。

铁路轨距不同、需要贷款、多国政治协商……都是泛亚铁路规划和协商的阻力。不过，就技术而言，泛亚铁路要修，要用中国的标准、中国的技术、中国的设备。亚投行的资金保障，将泛亚铁路从"纸上谈兵"带入了"真枪实战"。

然而，中国仍迎难而上是为什么？因为泛亚铁路有益于东盟和中国——昆明将成为交通枢纽，可以预想，随着泛亚铁路东线国内段全线贯通，一条新的昆明直达河口的旅游线路也将形成。对于与中南半岛接壤边界线最长的云南省来说，战略意义十分重要。2014 年以来，3 条泛亚铁路的中国段获得国家发改委批复，分别是大理—瑞丽铁路、玉溪—磨勘铁路、祥云—临沧铁路，有利于打通"中越、中老、中缅、中缅印"四大出境通道。

2015 年 10 月 16 日，中国铁路总公司牵头组成的中国企业联合体，与印度尼西亚维卡公司牵头的印度尼西亚国企联合体正式签署了组建中印尼合资公司协议，该合资公司将负责印度尼西亚雅加达至万隆高速铁路项目的建设和运营。雅万铁路，全长 150 千米，最高设计时速 300 千米，拟于 2015 年 11 月开工建设，3 年建成通车。届时，雅加达到万隆的旅行时间，将由现在的 3 个多小时缩短至 40 分钟以内。雅万高速铁路项目采用中印尼企业合资建设和管理的合作模式，是中国高速铁路从技术标准、勘察设计、工程施工、装备制造、到物资供应、运营管理、人才培训等全方位整体"走出去"的第一单项目，也是首个由政府主导搭台、两国企业对企业进行合作建设的第一个铁路"走出去"项目，是中国铁路"走出去"模式的一次成功实践和重大创新。

为什么选择中国方案？技术不是唯一的标准，印度尼西亚政府秉持雅万高铁建设不占用印度尼西亚国家预算和无须政府提供担保的立场，而中国所提出的融资结构和无须政府担保的方案成为胜出的关键因素。

莫斯科—喀山高铁全长 770 千米，计划设立 15 个车站，包括莫斯科、弗拉基米尔、下诺夫哥罗德、切博克萨雷和喀山。高铁一旦建成，从莫斯科到喀山将只需 3.5 小时，而目前是 11 个小时。预计 2018 年投入运营，刚好赶在俄罗斯欧洲部分几个城市举办世界杯足球赛开赛前，开通初期全年将发送旅客1050 万人次。莫喀高铁最高设计时速达到 400 千米，采用客货共轨，除轨距不一致，莫喀高铁基本采用中国标准。未来建成后，还可望衔接至乌鲁木齐，形成两国间的高速客运通道。

2015 年 5 月 12 日，中国中铁旗下的中铁二院集团工程有限责任公司与俄罗斯企业组成的联合体已中标莫斯科—喀山高铁项目的勘察设计部分，合同金额为 200 亿卢布（1 人民币约合 8.22 卢布）。2015 年 6 月 18 日，中铁二院集团工程有限公司同俄罗斯铁路股份公司签署莫喀高铁项目勘察设计合同。

2015 年 11 月 24 日，第四次中国—中东欧国家领导人会晤后，李克强总理和匈牙利、塞尔维亚两国总理共同见证 16+1 合作"旗舰项目"匈塞铁路两个合作文件签署，分别涉及匈塞铁路匈牙利段和塞尔维亚段。匈塞铁路自匈牙利首都布达佩斯至塞尔维亚首都贝尔格莱德，全长 350 千米，其中匈牙利境内 166 千米，塞尔维亚境内 184 千米。这条高铁将使布达佩斯到贝尔格莱德的行程时间缩短一半，现在两地间火车运行时间为 6 小时。这一项目的塞尔维亚段于 2015 年 12 月 23 日举行启动仪式，两年内竣工。

中东欧被誉为中国通往欧洲的"桥头堡"。早在 2013 年、2014 年，李克强在罗马尼亚和塞尔维亚出席中国—中东欧领导人会议时，均推销过中国高铁。如今，中国正式参建匈塞铁路并将其延伸为途经匈牙利、塞尔维亚、马其顿和希腊的中欧陆海快线，将有助于中国基建进军欧洲市场。

中欧陆海快线南起希腊比雷埃夫斯港，北至匈牙利布达佩斯，中途经过马其顿斯科普里和塞尔维亚贝尔格莱德，直接辐射人口 3200 多万人，建成后将为中国对欧洲出口和欧洲商品输入中国开辟一条新的便捷线路。

李克强还分别向爱沙尼亚总理罗伊瓦斯、波兰总统杜达和斯洛文尼亚总理采拉表示中方愿参与波罗的海高铁项目建设。该项目北起爱沙尼亚首都塔林，经拉脱维亚首都里加、立陶宛的考纳斯至波兰首都华沙，向西至德国首都柏林，预计耗资 36.8 亿欧元。

2015 年 9 月 20 日，由中国中铁公司承建、深圳地铁集团提供运营管理服务的埃塞俄比亚首都亚的斯亚贝巴轻轨正式开通运营仪式在亚的斯亚贝巴举行。埃塞俄比亚成为东非地区首个开通现代化轻轨交通的国家。

亚的斯亚贝巴轻轨项目采用的全部是中国标准：轻轨铁轨的钢材是从中国的钢铁厂进口过来的；轻轨的机车是由中车集团生产的；通信系统使用的是华为的产品。

这也是中国轻轨在非洲的第一个全产业链项目，从融资、规划、设计、施工到设备采购、安装、调试、试营运、营运管理、设备维护等所有环节均执行中国的相关行业标准。据悉，深圳地铁集团最终要帮助埃塞俄比亚铁路公司建立完整的管理体系，埃塞俄比亚铁路公司则向深圳地铁集团支付服务费。

该项工程耗资超过 4.75 亿美元，资金 85% 由中国进出口银行提供。轻轨工程由东西线和南北线组成，工程规划正线长约 75 千米。本次实施轻轨一期工程，正线总长 31.048 千米（其中共轨段长 2.662 千米），双线设计，最高行车时速 70 千米。建设期间为当地增加了 5000 多个就业岗位，通车后预计日均运行 16 小时，运送旅客 7500 人，将极大地缓解亚的斯亚贝巴的交通压力。

2015 年 9 月 19 日，肯尼亚总统乌胡鲁·肯雅塔出席了中国交建所属中国路桥工程有限责任公司承建的蒙巴萨—内罗毕标轨铁路项目内罗毕南站站房工程奠基仪式，并见证了中国交建与肯尼亚铁路公司关于内罗毕至纳瓦沙标轨铁路项目的商务合同签署仪式。

蒙巴萨—内罗毕铁路全长约 472 千米，将耗资 38 亿美元，是肯尼亚独立以来最大的单个基础设施工程，预计将在 2017 年完工。新的铁路通车后，客车将以 120 千米的时速、货车将以 80 千米的时速通行，蒙巴萨和内罗毕之间的旅行时间将缩短至 4 个小时左右，目前需 19 个甚至 20 多个小时。

内罗毕南站是蒙内铁路终点站，同时也是内罗毕至马拉巴铁路起点。该站位于城区东南侧近郊，离市中心仅 12 千米，毗邻内罗毕乔莫·肯雅塔国际机场，总建筑面积 21400 平方千米，建筑控高 21.2 米，属中型火车站，建成后将成为肯尼亚首都地标性建筑之一。内罗毕南站的建设充分考虑了与现有米轨铁路、内罗毕轻轨和内罗毕乔莫·肯雅塔机场接驳的条件，倾力打造内罗毕综合交通无缝衔接一体化枢纽。内罗毕南站绿化率将达 10%，在一定程度上缓解周边扬尘和大型厂房污染现象，建设资源节约型、环境友好型两型铁路。铁路项目也为肯尼亚带来大量机遇，聘用当地员工开展培训工作，培养试验员、测量员、机械修理员等技术人员。中国路桥也与当地 360 家供应商开展各种材料采购、设备及零部件供应合作，与 40 家当地分包商开展了工程分包合作。

下一阶段，中国路桥将继续做好蒙内标轨铁路项目线下土建工程和梁枕生产，确保 2015 年完成线下工程量的 50%。准备积极开展蒙巴萨港口站填海工程、蒙巴萨特大桥及蒙巴萨西站的施工准备工作。中肯双方还签署了一项关于在蒙内铁路起点城市蒙巴萨建立 Dongo Kundu 经济特区的协议。

中国路桥与拉美合作最值得期待的就是建立"通向拉美的新丝路"两洋铁路，这一铁路将连接大西洋和太平洋，总造价约 100 亿美元，预计 5 年完工。两洋铁路对秘鲁来说意义重大，不仅能使秘鲁国内沿海与内陆地区经贸得以连通，也将使与亚太地区的经贸往来更为便利。

两洋铁路将巴西境内的大西洋海岸与秘鲁境内的太平洋海岸连为一体。这条铁路线一旦建成，中国将可以不经过巴拿马运河，从巴西和阿根廷直接进口更多大豆和铁矿石等大宗商品。

《德国之声》曾有一篇报道题为《中国总理南美之行钱箱有多大》，指出截至 2014 年年底，中国在南美的投资已经超过 1000 亿美元。2015 年 1 月，拉美及加勒比海国家共同体领导人和高官首次齐聚北京出席中拉论坛，习近平宣布未来 10 年中国将向拉美投资 2500 亿美元。

2015 年 9 月 13 日，由中国铁路总公司牵头，包括中国中铁、中国中车、中国建筑等六家中国企业组成的中方联合体——中国铁路国际（美国）有限公司，与美国西部快线公司就组建合资公司在美国拉斯维加斯签署协议，中美双方将共建美国西部快线高铁，这也是美国首条高铁项目。

美国西部快线高速铁路全长 370 千米，将内华达州的南部与加利福尼亚州的南部连接起来，预计总投资额 127 亿美元。来自美国西部快线公司的消息显示，该项目初始投资 1 亿美元，目前双方已经紧锣密鼓地开展包括确定融资计划在内的相关工作，预计工程于 2016 年 9 月底开工建设。

该项目是中国在美国首个系统性合作的高铁项目，是中美经贸合作的重大基建项目之一。中国高铁企业能够成功进入美国市场，将为中国高铁"走出去"形成示范效应。此次中美以成立合资公司的方式进行合作，或将有助于高铁车辆出口实现零的突破。

尽管中国工程出海之路一波三折，有签下大单，也有经历项目流失，但从长远来看，中国基建出口已是不可逆转的趋势，中国基建对外市场的潜力巨大。

（来源：中国对外承包工程商会）

五、电力

大力开发和实施境外电力项目，提升国际市场竞争力。加大电力"走出去"力度，积极开拓有关国家火电和水电市场，鼓励以多种方式参与重大电力项目合作，扩大国产火电、水电装备和技术出口规模。积极与有关国家开展核电领域交流与磋商，推进重点项目合作，带动核电成套装备和技术出口。积极参与有关国家风电、太阳能光伏项目的投资和建设，带动风电、光伏发电国际产能和装备制造合作。积极开展境外电网项目投资、建设和运营，带动输变电设备出口。

（一）安哥拉输变电工程成功带电

2015 年 11 月 5 日，河北一建承建的安哥拉 SK 输变电工程 S-N 段 400 千伏线路顺利带电，正式投运，将为安哥拉当地人民日常生活及企业提供坚强的电力保障，同时对改善沿途及罗安达地区人民生活具有重要意义。

安哥拉 400 千伏输变电工程是河北一建进入非洲的首个项目，也是该公司近年承接的第一个较大型输电线路工程。Soyo-Kapary 段 400 千伏输电线路全长 700 千米，是目前安哥拉最高电压等级，也是最重要的骨干线路。作为第一个非洲项目，该工程自 2014 年 7 月 1 日开工以来，河北一建克服了安哥拉当地极端天气和诸多困难，积极发扬电建人勇于拼搏、不畏艰难的精神，对

Chapter 05

工程进行精心组织，周密安排，保证整个施工的期间作业安全和施工质量。此外，在施工过程中，面对设备到货延迟、施工图纸缺乏、雨季暴雨天气频繁施工难度大等困难，河北一建科学布置工作、合理优化施工方案，参建全体员工加班加点、持续奋战，施工质量和施工进度得到了客户的高度认同。

Kapary 400 千伏变电站工程位于 Dande 市 Kapary 行政区，全站占地191.25 亩，总建筑面积 12.75 万平方米。变电站 400 千伏出线本期 2 回、220千伏出线本期 2 回、60 千伏出线本期 4 回，变电站具有设备智能化、系统自动化、协调统一化的特点，能够自动完成信息采集、控制、保护、监测等功能；115 千米线路工程起于安哥拉 100 国道 52 千米处，止于安哥拉 100 国道 109千米处，线路全长 56.33 千米，新建铁塔 270 基。

（来源：河北电建一公司）

（二）东方电气拿下 20 亿美元海外大单

2016 年 1 月 21 日，借助"一带一路"契机，东方电气与埃及电力控股公司签署了埃及汉拉维恩超临界燃煤电站项目 EPC 总承包合同协议书，项目总装机容量 3960 兆瓦，分两期开发，每期为 3660 兆瓦，本次所签合同为第一期，中标总金额为 20 亿美元。

东方电气汉拉维恩项目是中国与埃及产能合作机制重点项目。该项目是东方电气母公司东方电气集团国产 660 兆瓦超超临界清洁燃煤机组首次出口，是中国大型电力装备首次进入埃及和非洲市场，具有重要的里程碑意义。

东方电气在海外电站设备供货、EPC 工程总包和服务业务领域已有多年的经验积累，并已成功实施了数十个国内外电站 EPC 工程总包项目。

2016 年，国内重型装备制造行业市场疲软、供大于求、竞争激烈的局面仍将持续。一些公司的生产经营也面临着诸多矛盾和困难，生存和发展将经受重大考验。

目前，已经有个别企业要求"公司全体党员干部、职工正视困难……突出为生存而战这个中心，全力做好'保订货、保生产、保回款'等重点工作，努力实现经营订货和销售收入目标，确保公司生产经营持续运行。"

现在，包括东方电气在内的国内重型装备企业，正在把触角伸向"一带一路"沿线国家，试图在这里寻找到更多的订单，以确保公司的"生存和发展"。

例如，2015 年 4 月 28 日，中国电建与华能集团、东方电气集团（东方电气母公司）三方联合战略合作协议签约仪式在北京举行。三方共同宣称，将在海外及多项业务领域展开深度合作。

国家"一带一路"倡议将为三家央企携手发展提供新的机遇和推力。三方将共同研究"走出去"合作模式及具体实施措施，协商制定境外项目开发策略，积极探讨共同投资的可行性，并联合相关金融机构合作开发。

海外的市场很大，竞争也很激烈，而三家集团联合在一起，将使得在海外竞争时变得更强大。

（来源：第一财经网站）

（三）老挝巴俄 230 千伏输变电项目

随着第一罐混凝土拌和完成，老挝巴俄 230 千伏输变电项目混凝土工程施工拉开了帷幕，此次浇筑的部位为站内 230 千伏构架基础垫层，总包方华中电力国际经贸公司及设计方中电装备设计院代表在现场共同见证了此次热火朝天的施工景象。

2016 年上半年，受土建图纸出图进度慢、图纸设计缺陷多、当地雨季来临、分包队伍招标等多方因素的影响，老挝巴俄项目土建施工一直处于停滞状态。同时，由于项目地处老挝北部深山之中，出行及通信极为不便，对于现场出现的实际问题，项目部只能依靠电子邮件的形式与总包方进行沟通，协调难度大，效果甚微。面对如此困难的局面，项目部统筹大局、上下一心，利用有限的资源积极加强与总包方及设计方的沟通和交流，确保及时将现场情况反映至国内的相关方，从而做到优化方案，合理决策。

2016 年 10 月初，老挝当地雨季结束。项目部从现场实际出发，提前统筹施工进度，合理安排施工工序，于 10 月 7 日开始了变电站基础开挖工作。整个施工过程在项目部人员的管控下有条不紊地进行着，标志着老挝巴俄项目土建施工正式进入全新的阶段，也为随后土建各工序施工的全面展开奠定了良好的基础。

老挝巴俄 230 千伏输变电项目线路工程合同工期为 24 个月，工程量为 89 千米 230 千伏双回线路和 21 千米 115 千伏单回线路的线路施工。该项目的业主方为老挝国家电力公司（EDL）。二公司中标老挝巴俄 230 千伏输变电项目线路工程，是该公司自 2007 年与华中国贸在老挝电力工程市场首次合作以来的的第三次携手合作，长期的合作关系不仅是合作方对公司综合实力的认可，更是老挝市场对企业品牌的市场认可，为进一步开拓和发展老挝市场打下了坚实的基础。

（来源：湖北工程公司）

（四）马来西亚基都绒电厂扩建项目 EPC 合同正式签订

2016 年 10 月 27 日，马来西亚民都鲁市基都绒电厂扩建工程正式签订 EPC 合同，标志着该项目进入实施阶段。电建国际副总经理刘伟、亚太区域总部副总经理贺锋分别在协议上签字。

基都绒电厂扩建项目位于马来西亚砂捞越州民都鲁市，距民都鲁海港约 6 千米，项目由砂捞越州政府投资建设，砂捞越能源有限公司（SEB）担任业主；项目计划在原电厂基础上扩建一个新的联合循环电厂，主要设备配置为 1 台套 GT26 燃气轮发电机组、1 台余热锅炉、1 台套汽轮发电机组，设计净产出效率为 413 兆瓦。该项目建成后将最大限度利用当地的燃气资源，提高民都鲁地区的发电能力。

基都绒电厂扩建项目 2015 年启动投标，经过一年多的不懈努力，由电建国际、中水电马来西亚公司、GE 瑞士公司及 GE 马来西亚公司组成的联营体中标该 EPC 合同项目，水电八局将承担项目的具体实施，合同范围为 GE 燃气轮发电机组、余热锅炉和汽轮发电机组等动力设备，以及 DCS 和全厂的联合调试之外的所有工作，建设周期共 32 个月。

（来源：水电八局）

（五）尼日利亚宗格鲁水电站第二座贝雷桥建成

2016 年 11 月 2 日，水电八局承建的尼日利亚宗格鲁水电站第二座贝雷桥顺利通过了荷载试验，它将在正式通车后与第一座贝雷桥形成闭环交通圈，确保工程建设的交通顺畅。

第二座贝雷桥位于宗格鲁水电站坝址下游约 700 米的尾水渠上，是连通左右岸的重要交通设施，也是宗格鲁项目管理提升、节能降耗的重要项目。该桥施工以来，联营体克服资金困难，多次和业主、咨询及供货厂家工程师进行沟通，超前部署，精心组织，优化施工方案，克服河床跨度大、施工难度大等难题，确保了贝雷桥顺利建成。

第二座贝雷桥桥体结构为两跨，由高强钢材制成桁架单元构件及横梁、纵梁、桥面板、桥座及连接件等组成，左跨长 42.672 米，右跨长 39.624 米，总长 82.296 米，净宽为 4.2 米，设计汽车荷载 60 吨，拖挂车 120 吨。第二座贝雷桥的顺利建成，将缩短左右岸的运输距离，与下游贝雷桥形成闭环交通圈，大大提升了交通流量，为满足右岸 RCC 砂石系统的毛料运输及拌和系统高峰期 RCC 混凝土运输奠定了坚实的基础，也为节省项目建造成本发挥巨大作用。

（来源：水电八局）

六、化工

加强境外资源开发，推动化工重点领域境外投资。充分发挥国内技术和产能优势，在市场需求大、资源条件好的发展中国家，加强资源开发和产业投资，建设石化、化肥、农药、轮胎、煤化工等生产线。以满足当地市场需求为重点，开展化工下游精深加工，延伸产业链，建设绿色生产基地，带动国内成套设备出口。

（一）大庆油田录井一公司"走出去"发展现状

在印度尼西亚市场，大庆油田录井公司拥有定量脱气器，可把泥浆中的气体脱出来；实现了信息资料远程传输，可用手机、计算机传输，做到实时查看，这对生产数据、生产资料的及时了解和保存都有好处。二维定量荧光岩屑成像技术已在当地推广。这些成熟技术使得大庆录井在印度尼西亚市场技术招标中得了"高分"，提高了市场中标率。

大庆录井在印度尼西亚市场多点开花，技术、人才、设备等优势明显，现为中石油、中海油、印度尼西亚国家石油陆上公司、海上公司、长城钻探及印度尼西亚最大的 EP 石油公司 6 家公司服务，并有 4 支队伍实现海上录井作业。大庆油田成立了印度尼西亚分公司，对工程技术服务队伍实施统一管理。随着大庆油田以提高采收率为核心的一体化服务成功走出国门，未来大庆录井在印度尼西亚市场的发展势头会更好。

在鲁迅拉油田，大庆录井与其他两家国际大公司队伍同台竞技，综合排名

Chapter 05

第一。因此，大庆录井完成了 16 口大包井合同后，甲方又给了 3 口奖励井。如今，大庆录井施工标准已成为当地录井标准，并在各录井队伍中推广，打响了"大庆录井"品牌。

2005 年，大庆录井进入蒙古市场，到 2009 年，大庆录井已有 10 支队伍 80 余人在当地服务。而到 2016 年，随着海塔快速上产，开发步伐的加快，大庆录井队伍在蒙古市场增长到 20 支，并有 20 名蒙方雇员到此就业。

（来源：《中国石油和化工》）

（二）安徽华星化工与印度派瑞杰公司初步达成战略合作意向

印度派瑞杰公司总裁、财务总监等高管近期访问了安徽华星化工有限公司。会谈中，派瑞杰公司总裁详细介绍了公司的发展历程、产品开发及整体战略布局，以及在印度、欧洲、非洲拥有很大的市场份额等优势，表示非常期待与华星化工开展深层次的合作。华星化工主要负责人向来访客人介绍了公司在中国华信董事局的带领下，推动国际产能合作战略和取得的成果，以及华信国际的战略布局和产业规划。双方就拓展欧洲、非洲市场，加大渠道合作和研发成果共享等方面进行了深入探讨，并初步达成战略合作意向。

（来源：《农药市场信息》）

（三）福建省深化与西亚地区投资与产能合作研究

截至 2015 年年底，福建省经核准在西亚地区设立的境外企业和分支机构共 40 家（30 家企业、10 家机构），核准对外投资额 3252.6 万美元，分布于阿联酋、也门、沙特、以色列、阿曼、伊朗、土耳其 7 个国家。其中，对阿联酋投资项目 29 个，占全省对西亚投资项目数的 72.5%，备案投资金额 2591.9 万美元，占全省对西亚投资总额的 79.7%；对也门投资额 436 万美元，占 13.4%；对沙特阿拉伯投资额 135 万美元，占 4.2%。对这 3 个国家的投资额占福建省对西亚投资总额的 97.2%。

西亚国家在闽投资的 98 个项目，平均合同外资仅 716 万美元。合同外资超千万美元的项目仅 3 个，分别是：沙特阿拉伯阿美亚洲有限公司参与投资的福建联合石油化工有限公司项目，沙方合同外资 5.46 亿美元；巴勒斯坦 MAMDOUH M. K ABUTALEB 参与投资的锦督国际能源供应（漳州）有限公司，巴方合同外资 5798.84 万美元；沙特阿拉伯阿美亚洲有限公司参与投资的中石化森美（福建）石油有限公司项目，沙方合同外资 5148.5 万美元。除以上 3 个项目，其余 95 个项目的平均合同外资仅 48.47 万美元。

鉴于西亚地区天然的资源优势，西亚国家对福建投资主要集中在石化产业。福建石化有限公司与沙特阿拉伯的阿美公司、埃克森美孚公司共同合资成立了联合石油化工有限公司，是中国第一个炼油、化工及成品油营销全面一体化中外合资项目。

西亚地区能源矿产资源丰富，沙特阿拉伯石油剩余探明储量占世界剩余探明储量的 21%，伊朗占 10.9%，伊拉克占 9.1%，科威特占 8.1%，阿联酋占 7.8%。石化工业是福建省的三大主导产业之一，已形成门类比较齐全、品种初步配套、具有一定规模和基础的工业体系。福建省加强与西亚的能源合作，应重点发展石油化工全产业链，深入挖掘油气勘探、开采、炼制及销售等各环节的合作潜力，以缓解经济转型中的资源压力。

（来源：《对外经贸》）

（四）中农矿产资源勘探有限公司建设老挝钾肥生产基地

中农矿产资源勘探有限公司与老挝计划投资部和能源矿产部于 2009 年 1 月 21 日签署了开采权为 30 年的《老挝甘蒙省农波县和他曲县进行钾盐开采和加工的合同》，达成了折纯氯化钾资源量 1.044 亿吨的开采加工合同。中农矿产资源勘探有限公司由中国农资集团公司与北江之源投资有限公司共同投资设立，主业为境外钾盐矿产投资与开发。目前，该合同的先导性实验项目一期工程年产 100 千吨钾肥生产装置已开工建设，投资 2.5 亿元，计划 2010 年投产，并将以此为基础；二期工程规模将上升至年产 1000 千吨钾肥；三期工程的目标则是在 2017 年前后形成年产 3000 千吨钾肥的生产规模，成为亚洲地区最大的钾肥生产基地，从而建立起我国的境外钾肥生产基地，支持和保障我国钾盐工业的发展。

（来源：《化肥工业》）

（五）润丰化工在巴拿马投资建厂

润丰化工近期在巴拿马投资兴建工厂，打造区域制造和物流中心。该工厂的建成将提高润丰的产品供给能力，改善产品供应的效率，更快速地满足拉丁美洲的市场需求。该项目于 2014 年 9 月开工，2015 年 4 月建成。该工厂配置了先进的加工设备，具备一些特殊产品和创新制剂产品的加工能力，为润丰在整个拉丁美洲市场农化平台的打造和产品的区域分销提供了协助。

整个美洲区域的用户对于润丰产品的需求都在增加，尤其是中美和南美地区。察觉到这一快速增长的需求后，润丰化工就立即决定投资建设该区域制造和物流中心，优化相应的商业服务链条，从而对美洲区域内的客户需求做到快速响应，提高针对美洲区域的快速保障和市场变化的响应能力。该项目是润丰全球化战略部署项目之一，而且该系列项目也必将为润丰的合作伙伴创造更大的价值。

（来源：《农药市场信息》）

七、轻工纺织

发挥竞争优势，提高轻工纺织行业国际合作水平。发挥轻纺行业较强的国际竞争优势，在有条件的国家，依托当地农产品、畜牧业资源建立加工厂，在劳动力资源丰富、生产成本低、靠近目标市场的国家投资建设棉纺、化纤、家电、食品加工等轻纺行业项目，带动相关行业装备出口。在境外条件较好的工业园区，形成上下游配套、集群式发展的轻纺产品加工基地。把握好合作节奏和尺度，推动国际合作与国内产业转型升级良性互动。

（一）中越纺织业的产能合作

第九届泛北部湾经济合作论坛于 2016 年 5 月在广西举行，论坛为中国和东盟进一步加深合作提供了机遇。近年来，越南作为东盟内重要的纺织品和服装出口国，与中国在纺织业产能合作方面取得了积极成果，成为中越合作的亮点。中国即将向越南出口高质量的液氨丝光整理机。液氨丝光整理是改善纤维功能、特性和手感的一种方法，经液氨处理后的织物更有弹性和光泽。与过去使用的碱液相比，液氨不仅效果更好，而且更加环保。

液氨丝光整理机及其配套技术由盛泰集团引入越南。这正是中越产能合作的意义所在：一方面，中国制造业企业把先进经验和技术推广到越南，帮助越南加速工业化、城镇化进程；另一方面，这也将推动中国制造业企业转型升级，并帮助它们参与全球市场竞争和价值链重构。

近年来，随着中国生产成本上升及欧美贸易保护主义抬头，中国纺织业的生产规模、出口数量和投资总额增速下滑。越来越多的中国纺织企业谋求在境外投资建厂，借助采购、生产和销售的全球化改善经营效益。

盛泰集团是中国纺织企业加快海外生产力布局的一员。集团下属成衣板块早在 2009 年就进入越南，随后又将产业链往上游延伸，2012 年在越南设立了棉纺厂。目前，越南吸引了来自中国、韩国、日本和法国等国的纺织企业。外资企业出口额占越南每年纺织服装出口额的 60% 左右。中国纺织业龙头企业天虹、百隆东方和申洲国际等都已在越南投资建厂，甚至兴建纺织业工业园区，以谋求国内外产能联动。

盛泰集团在越南的迅速发展，除了得益于集团高层对市场形势的准确判断，也得益于越南当地产业协会的全力支持。在前期调研时，盛泰集团得到了越南纺织服装协会的很多帮助，协会提供了许多地理选址让集团比较，还介绍了整个越南纺织市场的趋势和 5 年发展计划。

中越纺织业产能合作的铺开与泛北部湾经济合作密不可分，而泛北部湾经济合作又是建设"一带一路"的重要内容。"一带一路"倡议与越南"两廊一圈"规划对接的重要内容之一是互联互通，中越的公路和铁路如果接轨，纺织品配件供应将更加便捷，对企业来说是重大利好。

（来源：《中国质量报》）

（二）轻工业国际产能合作遍及全球

轻工业是我国较早市场化、具有一定国际竞争力的行业。轻工业以对外开放作为发展动力，积极参与国际经济合作，努力优化国内外资源配置，大力拓展国际消费市场，是我国参与国际竞争的重要生力军。改革开放特别是中国加入 WTO 以来，轻工业进入快速发展期。2015 年，轻工业全部工业企业72.6 万个，累计实现主营业务收入 28.2 万亿元；进出口贸易总额为 7271.5 亿美元，占全国进出口总额的 26.3%，其中，出口总额 5982.4 亿美元，进口总额 1289.1 亿美元，贸易顺差 4693.3 亿美元，占全国贸易顺差的 79%。

当前，轻工业与"一带一路"沿线国家进行产能合作方兴未艾。乳制品行业在新西兰等靠近原料资源的国家建厂，解决原料不足和人工成本上升的问题。食品行业开发清真食品，产品辐射伊斯兰国家和地区。2014 年，我国轻工商品对"一带一路"沿线国家贸易总额为 2020.47 亿美元，占轻工商品贸易总额的 26.3%，同比增长 21.47%。其中，出口额共计 1633.55 亿美元，占轻工商品出口总额的 26.54%，同比增长 15.86%；进口额共计 386.92 亿美元，占进口总额的 25.31%，同比增长 52.65%。无论是进口增速还是出口增速，均高于美欧日等发达市场。

在商务部的支持下，2006 年，中国首批建设了 8 个境外经济贸易合作区，其中海尔集团、康奈集团承建两个合作区，成为轻工企业实施国际产能合作战略的典型代表。由浙江前江投资管理有限责任公司投资开发的越南龙江工业园项目是经商务部核准的 16 个中国境外经贸合作区之一，为综合性工业园，目前实际投资 4169 万美元。截至 2014 年 5 月底，包括食品企业在内的 17 家企业进入园区。

中轻集团所属中轻对外公司境外实业投资有两项，即马里上卡拉糖联股份有限公司（现糖联）和马里新上卡拉糖联股份有限公司（新糖联）。现糖联成立于 1996 年，是一家集甘蔗种植和白糖生产为一体的大型农工商联合企业，也是马里当前唯一一家在产制糖企业，由中轻对外公司与马里政府合资组建，注册资本约合 8539 万元人民币，中轻对外公司拥有 48% 股份，2010 年白糖产量达到 3.9 万吨。在中马两国政府的大力支持下，在属地化经营的模式下，现糖联取得了优异的经济效益和社会效益，是马里国内纳税第三大户，也是当地提供就业岗位最多的企业，为马里民族工业进步和中马两国友好合作关系的发展做出了积极的贡献。马里糖联受到中马各界的普遍赞誉，被誉为中马友谊与合作的结晶和典范。

光明集团旗下光明乳业收购新西兰牛奶公司新莱（Synlait）后，2013 年 7 月在新西兰证交所上市。上海光明食品（集团）有限公司旗下澳大利亚子公司玛纳森公司已签约收购当地一家有 40 年历史的乳品企业 Mundella Foods。

2014 年 1 月，圣元公司法国工厂建厂奠基仪式在布列塔尼省卡莱工业区圆满举行。该项目将按欧盟国家生产药品的级别建立，主要用于生产圣元婴儿配方奶粉和原料加工，确保圣元产品从原料到成品上市的全产业链管控。圣元法国工厂将采用国际最先进的生产和检测设备，利用科学化的管理经营手段，在原料选择、生产、包装等各方面采用严格的欧盟标准，确保产品的高品质和高营养价值。

此外，伊利集团与意大利乳业巨头斯嘉达公司在上海宣布正式达成战略合作，成为国内第一个同时进军美洲、大洋洲和欧洲的乳品企业。贝因美在爱尔兰设立子公司，以解决优质进口奶源问题，同时也旨在落实与爱尔兰 Kerry 集团达成的战略合作。贝因美的爱尔兰子公司拟定经营范围包括婴幼儿配方奶粉及相关产品的研发、生产及销售。

（来源：《中国食品报》）

（三）南伞工业园打造"一园两国"OPA 跨境产能合作模式

在南伞工业园区内的中缅鞋业轻纺文化产业园，临沧边合区边境特色产业发展中，园区积极探索承接东部沿海鞋业轻纺产业转移，着力打造边境特色产业集群。产业园将打造一个以制鞋业和轻纺业为主导的产业聚集区。

园区发挥口岸经济区优势，努力打造"一园两国"的 OPA 跨境产能合作模式：企业产品主要部分在中国生产，小部分在缅甸生产，产品最终取得缅甸原产地证，利用国际贸易规则规避发达国家针对中国产品的贸易壁垒（配额、关税），为企业节省 10%～30% 的关税，从而提高中国企业在国际上的核心竞争力。同时，利用区位优势引入廉价缅甸劳工，解决企业招工难、用工贵的问题。

目前，园区共引进 18 家签约企业入园，落地生产企业 4 家，完成设备安装正在招工企业 2 家（远东鞋业、无限鞋业）。

目前产业园区已经在缅甸果敢完成了厂房租赁及装修，相关的生产设备已经完成了购买，缅甸公司在注册中，境外工厂设立完成。据园区负责人介绍，未来几年，中缅对应口岸相关通过便利化问题得以解决后，产业园企业将利用 OPA 模式，其产品可以利用缅甸原产地直接出口欧美日等发达国家，将为企业注入强大的发展动力，形成园区核心竞争力。

（来源：中国财经新闻网）

（四）利用口岸经济区打造中越产能互动

越南芒街口岸的清晨，集装箱货车正等待清关。装运货物的货车即将前往与此一河之隔的中国广西东兴，进而进入广东乃至整个中国腹地；空车则前去东兴或更远之地，将所需机械设备、原材料源源不断地运回越南。芒街是越南与中国广西建设跨境经济合作区的四个地区之一。越南方面的数据显示，2010—2015 年，芒街口岸货物进出口总额达 230 亿美元，服务和零售总额近

Chapter 05

16亿美元。

作为中国"一带一路"倡议的重要内容,跨境经济合作区已成为"一带一路"与越南"两廊一圈"战略规划对接的着力点之一,是两国产能合作的示范区域。芒街所在的广宁省,依靠这些政策利好与自身陆地和海上口岸兼备的优势,不断加大招商引资力度,发展基础设施建设,力争成为外企特别是中国企业投资的热土。

已在芒街建厂的纱线厂商、来自中国天虹集团旗下的天虹银龙科技有限公司便是其中一家。公司每天需要约14辆集装箱货车才能将工厂当天生产的质检合格、摆放整齐的棉纱"消化完"。

目前,天虹银龙科技有限公司已在芒街建成5个工厂,年产纱线15万～18万吨,用工5000余人。此外,在芒街的海河县还建有两个纱厂,用工2500人,年产纱线8万吨。加上公司2006年在同奈建成的第一批厂区,天虹集团在越南共有125万纱锭,占越南国内纱锭总规模的15%;纱线总产量30万吨,占越南国内纱线总产量的43%。

银龙科技选择芒街,主要有两个原因:一是作为口岸经济区,芒街距离广州仅有800千米左右,距离厦门也只有1200千米,靠近主要纺织服装市场能够快捷地对市场做出反应,有助于占有市场;二是广宁省将天虹集团作为战略投资商所给予的政策优惠和帮助,对于天虹集团非常重要。

在芒街迅速投产后,2015年,天虹集团又从广宁省政府获批占地3300公顷的工业园区用地,并将投资10亿美元,兴建纵向一体化的纺织产业园区。未来,天虹集团计划在越南发展成为纺纱织布、印染成衣的一体化企业,而整个园区将成为纺织产业链上下游一体化的工业园区。目前,已有国内辅料生产企业表达到园区建厂的意向。

在天虹工业园区建好并投产的两个厂区里,先进的设备高速运转,仅有的几个工人只是在调适设备。目前在越南使用的机器多为非常先进的"中国制造"。天虹在中国国内有175万纱锭,在越南有125万纱锭,这不是简单的企业转移,而是各占"半壁江山"的产能互补,这也是"一带一路"倡议所倡导的产能合作。

（来源：新华社）

（五）特驱希望集团投资越南，推动中越产能合作

特驱希望集团在越南投资的第三家大型饲料生产企业——越南义安特驱希望饲料有限公司于 2015 年 10 月在越南中部省份义安省正式投产。义安特驱希望饲料项目总投资 1000 万美元，占地面积 2.1 公顷，设计年产饲料 30 万吨。该公司的正式投产标志着中国企业迈出在越南中部实现"一带一路"倡议同"两廊一圈"有效对接的重要一步，将进一步推动双方包括农产品在内的产能合作，以此带动越南中部养殖结构升级。

义安特驱希望饲料有限公司的成立将使中国优质的饲料技术及产品更好地服务于越南义安等中部省份。同时，特驱希望饲料有限公司通过技术服务站的方式扩大对养殖户的技术对接，将为养殖户带来更多利润。义安省欢迎特驱希望饲料有限公司在此投资设厂，带动当地经济发展。特驱希望饲料有限公司的资金、技术同义安省政策、劳动力的有效对接不仅将为我们企业带来市场，同时也将进一步提高当地农户的养殖水平，升级现有生产机构，促进越南义安省等中部省份的农业发展。与此同时，特驱希望饲料有限公司在越南设厂的同时也将国内一大批的配套厂商带出"国门"，这进一步扩大了中越双方产能合作的广度和深度。

此外，特驱希望集团计划在 2020 年实现在越南三家饲料公司年产高质量饲料 60 万吨。同时特驱希望集团将进一步完善在越南投资布局，实现在未来几年形成完整的畜禽水产养殖、饲料生产和食品加工产业链的投资战略目标。

（来源：中国经济网）

八、汽车

通过境外设厂等方式，加快自主品牌汽车走向国际市场。积极开拓发展中国家汽车市场，推动国产大型客车、载重汽车、小型客车、轻型客车出口。在市场潜力大、产业配套强的国家设立汽车生产厂和组装厂，建立当地分销网络和维修维护中心，带动自主品牌汽车整车及零部件出口，提升品牌影响力。鼓励汽车企业在欧美发达国家设立汽车技术和工程研发中心，同国外技术实力强的企业开展合作，提高自主品牌汽车的研发和制造技术水平（《中国联合商报》，2015）。

Chapter 05

（一）华晨汽车集团与伊朗塞帕集团合作

华晨汽车集团与伊朗塞帕集团合作生产的中华 A 级轿车组装生产线下线仪式于 2015 年 5 月在伊朗德黑兰隆重举行。经过三年多的努力，华晨汽车集团与伊朗最大的汽车公司塞帕集团旗下 SAIPA 工厂合作生产的中华 H230、H220、H330 和 H320 车型在伊朗首都德黑兰成功驶下生产线，并交付首批客户。华晨汽车集团将实现中华轿车 2015 年在伊朗销售 3 万辆，2016 年 6 万辆，2017 年 10 万辆。这是截至目前，中国自主品牌汽车企业在中东地区实现的产能规模最大的一个项目。

在本次下线仪式上，SAIPA 集团副总裁 PARS KHODRO、公司总裁 Aghamohamadi 先生和华晨汽车集团整车事业部销售公司总经理杨波代表两个公司发表了重要讲话，对于双方目前两个项目的顺利进展及未来全面的战略合作进行了阐述。

此次华晨汽车集团和塞帕集团本着"优势互补、互惠互利、共同发展"的合作原则，共同在伊朗合作组装中华系列轿车，标志着两个集团的合作进入到一个新的发展阶段，是两大集团真诚合作、协作共赢取得的重要阶段性合作成果，也是华晨集团坚持国际化经营，在中东市场迈出的重要一步。

此外，在 2015 年 5 月，由沃尔沃汽车成都工厂生产的豪华轿车——S60Intion 正式下线，开始出口美国市场。中国制造的豪华车成功进入美国市场，在中国汽车工业史上尚属首次，而沃尔沃也由此成为第一个从中国向美国出口豪华车的制造商。

此次出口美国的 S60Intion 是 2013 年在中国成都实现投产的 S60L 的后续车型，也是沃尔沃汽车成都工厂面向美国市场推出的品质之作。在内外饰上，美版车型相较国产 S60L 采用了美国消费者喜好的内饰，并在格栅和后保险杠上采用了镀铬元素做装饰，同时在车尾处添加了一枚彰显尊贵地位的"Intion"徽标。

（来源：《燕赵都市报》）

（二）江淮汽车获委内瑞拉 5239 辆重卡大单

2014 年 7 月 23 日，江淮汽车（中国香港）有限公司和委内瑞拉陆路运输交通部、CORPOVEX S. A.（委内瑞拉对外贸易有限公司）三方共同签署了5239 台重卡的采购合同，合同总金额约为 2.74 亿美元，成为近年来国内重卡出口量最大的一笔订单。根据合同，江淮汽车将向委内瑞拉对外贸易有限公司提供并出售 5239 辆重卡、牵引车，以及相关备件和工具，同时将在委内瑞拉玻利瓦尔共和国国内提供培训服务、技术支持服务等。本次合同商品将以 CIF 形式运抵委内瑞拉加拉沃沃州的卡贝略港，履行期限为 360 天。2013 年，江淮重卡销量 3 万台，2014 年销量达到 3.5 万～4 万台。以 2013 年销量为基数，本次所签订单占公司重卡销量近 20%，有利于江淮汽车进一步在国际上打开知名度，提升国内外品牌影响力，促进公司未来的发展。

（来源：人民网）

（三）奇瑞巴西工业园优势产能合作

近日，在中国商务部和巴西工贸部共同举办的中巴工商峰会上，两国领导人共同见证了奇瑞汽车与巴西雅卡雷伊市正式签署奇瑞巴西工业园项目，这个项目在进一步深化中巴乃至中拉产能合作、提升奇瑞在巴西市场竞争力的同时，也将推进巴西汽车工业的发展。

作为国内首家在巴西投资建厂的中国自主汽车企业，奇瑞在巴西的本土化探索获得了中巴双方政府的认可和肯定。

除整车制造基地之外，奇瑞未来还将根据市场和工厂的经营状况，通过在整车组装厂周围建立分厂，集聚一批优质零部件供应企业，以完整的产业链形式在巴西实现本土化生产，逐步与国际跨国公司的运营模式接轨，最终成为一家全球化的汽车企业。

多年来，为了适应巴西的路况特点、油品、消费者的驾驶习惯，奇瑞公司还在巴西市场做了大量的产品适应性开发和改进工作。例如，为了适应巴西特殊的油品需求，奇瑞专门设计开发了 Flex Fuel 发动机等。而在人员本土化方面，巴西籍员工目前占人员总数的 70%，未来这一数字还将达到 90%。这些都进一步巩固了巴西市场作为奇瑞战略核心市场的地位。

奇瑞巴西工业园项目是奇瑞在巴西建立生产工厂之后，推进本地化发展的又一重要战略举措，整个园区将以奇瑞整车为依托，带动相关汽车零部件配套产业入园，这将大幅提升奇瑞汽车的本地化生产比例，提升产品在巴西市场的竞争力。更重要的是，在巴西当地建立和完善汽车产业链将使得奇瑞汽车具备立足巴西，辐射整个中南美市场的能力，对于提升奇瑞汽车在整个中南美的市场份额和影响力将有着重要的意义。

Chapter 05

随着奇瑞在巴西持续推进深度的本地化发展战略，最终实现研发当地化、采购当地化、制造当地化和人员管理当地化，并将自身先进的技术、品牌和企业文化与当地市场实现高度融合，相信到那时，巴西工业园项目将不仅成为奇瑞实现国际化的重要标志，也将成为中国企业"走出去"的成功典范。

（来源：《时代周报》）

（四）潍柴动力与马兹集团将合作生产发动机

2016 年 9 月，在中国国家主席习近平与白罗斯总统卢卡申科的共同见证下，潍柴动力董事长谭旭光与白罗斯工业部部长沃夫克在人民大会堂签署《中国潍柴动力与白罗斯马兹集团在白罗斯共和国合作生产发动机的备忘录》。根据备忘录，双方将在白罗斯共和国中白工业园内成立合资公司生产柴油发动机，该项目总投资 5000 万美元，预计达产后年产能达到 20000 台。中白工业园是中白两国之间最重要的经贸合作项目，是"丝绸之路经济带"上的标志性项目。正式入驻中白工业园，标志着潍柴在国家"一带一路"倡议指引下，在"走进海外本土经营"战略布局上迈出了坚实的一步，对于中白两国之间的合作和友谊具有重要意义。潍柴动力是目前中国综合实力最强的汽车及装备制造集团之一，马兹（MAZ）集团是白罗斯最大的装备制造企业。潍柴动力与马兹集团的合作，是潍柴在全球将"本土化"发展战略付诸实践，打造具有竞争力的商业模式，提升核心竞争能力进而积极参与国际化竞争的重要体现，双方合作必将实现强强联合、优势互补、共赢发展。

（来源：潍柴集团）

（五）印度尼西亚客商寻中企合拓汽车市场

印度尼西亚汽车零部件工业联合会副会长达迪在广西柳州市表示，他此行的目的是寻找合适的零部件企业或销售商作为合作伙伴，邀请他们到印度尼西亚投资兴业。

2016 年 10 月 21—23 日，第六届中国—东盟（柳州）汽车工业博览会零部件展在柳州举行，中国内地和香港地区共 700 余家汽配企业的汽车零部件领域产品和技术亮相展会。印度尼西亚汽车零部件工业联合会的代表纷纷在展会上寻找合作伙伴。印度尼西亚是东盟人口最多的国家，约为 2.5 亿人，汽车市场空间很大。这给中国和印度尼西亚车企合作带来机遇。

据东盟汽车业联合会数据显示，2016 年 1 ～ 8 月，东盟国家汽车总销量为 204 万辆，其中印度尼西亚以 69.1 万辆居于销量首位。根据全球知名咨询公司弗若斯特·沙利文公司预测，到 2019 年东盟将成为世界第五大汽车市场，其中，印度尼西亚将成为东盟最大的汽车市场。

随着中国—东盟自贸区建立，中国与东盟国家间的经贸关系不断深入发展，为双方在汽车工业领域合作提供了很好的机遇。越来越多的中国车企成为东盟国家的"伙伴"，合力拓展东盟汽车市场。坐落于柳州的中国微车霸主——上汽通用五菱股份有限公司，在印度尼西亚的子公司于 2015 年 8 月奠基，总投资 7 亿美元，兴建集产品研发、设计、制造及销售等功能的整车工厂和零部件园区，预计 2017 年下半年投产。

在上汽通用五菱在印度尼西亚建设子公司的带动下，柳州企业，如五菱工业、双飞电器、双英汽配等配套企业，抱团出海，拉动境外产业投资近 1 亿美元。这一合作的达成给当地汽车工业相关企业带来巨大的商机。随着上汽通用五菱子公司的设立，印度尼西亚零部件工业联合会的 120 多家零部件供应商正积极争取成为它的供应商。

上汽通用五菱与印度尼西亚零部件企业合作，只是中国与东盟国家汽车产业合作的一部分。目前中国汽车自主品牌奇瑞、东风柳汽等已进入东盟建厂、设立营销网点；东盟国家自主品牌宝腾等也与中国企业合作，进入中国"淘金"。印度尼西亚汽车市场 80% 以上都被日本品牌占领，但中国汽车有价格优势，能够与其抗衡。中国汽车要在东盟打开市场，还需要在品质和品牌推广上下重功夫。

（来源：中国新闻网）

九、通信

推动创新升级，提高信息通信行业国际竞争力。发挥大型通信和网络设备制造企业的国际竞争优势，巩固传统优势市场，开拓发达国家市场，以用户为核心，以市场为导向，加强与当地运营商、集团用户的合作，强化设计研发、技术支持、运营维护、信息安全的体系建设，提高在全球通信和网络设备市场的竞争力。鼓励电信运营企业、互联网企业采取兼并收购、投资建设、设施运营等方式"走出去"，在海外建设运营信息网络、数据中心等基础设施，与通信和网络制造企业合作。鼓励企业在海外设立研发机构，利用全球智力资源，加强新一代信息技术的研发。

（一）首个国际商业海缆通信工程竣工

2016年8月30日，亨通通信产业集团江苏亨通海洋光网系统有限公司（以下简称亨通海洋）举办盛大仪式，隆重庆祝亨通海洋正式向科摩罗电信交付首个国际商业海缆通信工程项目。科摩罗群岛位于非洲东侧莫桑比克海峡北端入口处，东、西距马达加斯加和莫桑比克各约300千米，自古享有"月亮之国"的美誉。科摩罗项目是亨通海洋与华为合作共同完成的首个国际商业海缆通信工程项目，该项目不仅实现了科摩罗诸岛通信网络的互通互联，而且使科摩罗群岛实现了与东非及世界其他国家和地区的高速互联。

中国"一带一路"倡议、海洋战略的深入实施，以及全球宽带提速、海缆系统的扩容，都给海洋通信的发展带来了巨大的市场空间。亨通通信产业集团专注于海洋电力及通信传输领域的技术研发和系统集成，以可靠、高性价比的设计、生产、工程实施为一体的整体解决方案，引领海洋经济时代发展。事实上，亨通通信产业集团早在十余年前便开始海底光缆技术攻关，并于2015年正式成立亨通海洋。截至目前，亨通海洋在UJ、UQJ国际海光缆产品认证中，五种无中继海底光缆取得13张UQJ认证证书，成为目前国内获得该联盟证书组合最多、认证缆型最多的海底光缆制造厂家。

2015年10月，亨通海洋有中继海底光缆成功完成4400米水深的海试，成功验证该海底光缆在深海的传输性能，是国内首家完成该水深海试的公司。目前，亨通通信产业集团的海底光缆已在中国联通、舟山电信、蓬莱岛、上海电信过江光缆等各类项目中获得应用，同时亨通的海底光缆远销泰国、斯里兰卡、委内瑞拉等多个国家，应用于里海的石油平台海底光缆通信系统、喀麦隆、尼罗河等多个项目。

（来源：亨通通信产业集团）

（二）华为海洋屡斩海外大单

2015年10月，华为击败阿朗、NEC、Tyco等国际垄断巨头，斩获6000多千米的国际跨海通信工程——喀麦隆—巴西跨大西洋海底光缆系统。这是继2015年3月，华为海洋网络有限公司（以下简称华为海洋）斩获马来西亚—柬埔寨—泰国海底光缆系统后取得的又一胜利。

这早已不是华为海洋第一次击败国际巨头，实现虎口夺食。自 2009 年伊始，华为海洋先后于地中海、马六甲海峡、塔斯曼海、鄂霍次克海接连收获国际大单。为何成立于 2008 年的华为海洋能在短短 7 年时间就具备挑战阿朗、NEC、Tyco 等国际垄断巨头的实力？这必须从华为海洋的诞生说起。

进入海底光缆市场的资金需求量大、技术门槛高，要在其中立足实属不易。在资金方面，以地中海的一个海底光缆项目来说，一条总长度 230 千米的海底光缆，海底光缆的采购和铺设成本就超过 4000 万美元，平均算下来，每千米成本高达 18 万美元，这还不算其他配套系统设备的费用。另外，海底光缆长度越长，埋设的深度越深，难度就越大，建设成本也随着呈几何倍数提升。在技术方面，海底光缆系统工程对光纤通信和海底光缆铺设、维护的要求非常高。通信是华为的老本行，解决从光缆到传输系统等各类产品的系统整合，攻克 100Gbps 为代表的高速线路技术和大容量多业务 OTN 交叉技术对华为而言自然不在话下。

但在海底光缆的设计、铺设和维护方面，华为就一筹莫展了——海底光缆系统的设计开发及部署是相当庞大的系统工程，需要专业的设计能力和丰富的施工、维护经验——海底光缆线路设计中有哪些要点？哪些地震、海啸高发区域是一定要回避的？需要避开哪些已铺设的光缆？如何修复损坏的海底光缆……对这些问题，华为远不如在海底光缆市场深耕几十年的国际巨头经验丰富。另外，在海底光缆铺设中，到底需要什么样的海洋施工船、海底机器人、设备，华为可以说是两眼一抹黑，而铺设海底光缆不可或缺的施工人员，华为更是缺乏最基本的人才储备。

因此，想要进入海底光缆市场，就必须寻找强有力的合作伙伴，全球海事系统有限公司开始进入华为的视野。

全球海事系统有限公司总部位于英国，是一家具有 150 多年历史的海上工程公司，在全球海底光缆安装和维护行业始终处于领先地位，在海底光缆安装和维护、海上油气田建设等方面具有丰富的从业经验；而且有着与多国电信公司合作的经验——与中国电信在中国合资建立的 SBSS，与 NTT 在日本合资建立的 NTTWEMarine，与新加坡电信合资建立的 ICPL。

（来源：观察者网）

Chapter 05

（三）2014 年中国通信界海外并购清单

2014 年，中国信息产业借助 4G 实现了跨越式的发展，不仅仅是运营商，包括相关的设备制造、终端生产及互联网应用企业都在海外积极布局，对外投资的金额与效果都上了一个新台阶。

这一年的海外并购是从第一天开始的，中兴通信在 2014 年 1 月 1 日完成了对阿尔卡特—朗讯网络服务部门的收购，其德国子公司 ZTE Services Deutschland GmbH 已为运营商 E-Plus 提供全面网络管理与运营业务。收购阿朗网服后，中兴德国员工总数突破了 900 人，在德国全境拥有 15 个分支机构，成为中兴在欧洲地区最大的"势力范围"。

不到一个月之后的除夕夜，联想集团宣布与谷歌达成协议，收购摩托罗拉移动（Motorola Mobility）智能手机业务，此项交易最终在 2014 年 11 月 3 日经过了相关各国政府的认可而最终完成。由此，联想借助摩托罗拉一步进入了欧美主流市场，在吸收了摩托罗拉研究机构和研发人员之后，联想的研发能力得到巨大提高，从此依托在笔记本与智能手机领域的两次跨国并购形成了变形硬件创新的独特资源能力，在未来硬件开发上占据了优势地位。

不仅仅是民营企业，央企也在海外并购上动作很大。中国移动收购了泰国电信运营商 True 公司 18% 的股份。作为泰国国内政变以来出现的首笔重大企业交易，中国移动继巴基斯坦通信运营之后又开辟了一个新的市场。根据协议，中国移动国际控股以每股 6.45 泰铢的价格认购 True 公司非公开发行的股份，总交易价格约为 285.7 亿泰铢，约合 55 亿元人民币。同时，True 公司也将向其控股股东及其他公众股东以同等价格配股融资约 364.3 亿泰铢，约合 70.1 亿元人民币。这笔交易虽不被泰国国内其他电信企业看好，但以中国移动的资本和运营能力，泰国的通信市场格局在不久后肯定将发生巨大变化。

在"走出去"政策的指引下，几次随领导人出访的百度也不失时机地展开了海外业务布局。2014 年 10 月 9 日，百度确认收购巴西在线折扣商 Peixe Urbano，根据交易协议，Peixe Urbano 的管理团队可以在百度的企业架构下自由运营。百度在国内迟迟没有打开局面的电商业务，很可能出现"东方不亮西方亮"的结局，把海外市场重点放在巴西的百度已经全面深入。

不仅如此，2014 年 12 月 17 日，百度宣布与美国硅谷的创业公司 Uber 正式达成投资和战略合作协议，虽然百度方面暂时并未披露投资金额和所占股份，但媒体估计会是在 6 亿美元。这样，中国的阿里巴巴、百度和腾讯三巨头都投资了打车软件，一番龙争虎斗必将更加精彩。更为重要的是，百度此前多是投资控股，而这次主要是财务投资，可见其战略模式的转变。

2014 年 9 月，据 TotalTelecom 消息，华为以 2500 万美元价格收购英国物联网研究机构 Neul。位于剑桥的 Neul 主要从事物联网 IoT 研发，是针对 IoT 市场的 Weightless 无线 WAN 技术标准的主要开发者之一。华为在并购之路上开始转向，不在欧美主流市场寻求投资重型企业，以避免触及欧美政府的敏感神经，重视新技术领域和创业机构，未尝不是一种合适的投资方式。

当然，在 2014 年也曾经有很多传闻，如中企收购黑莓，可后来黑莓明确表态不会卖给中国企业，还有传言说中兴要收购韩国泛泰也没有了下文。

中国通信及互联网企业走向海外是必然的趋势，但前进的道路却不会一帆风顺，因为政策和运营经验方面的限制，以后的路还很漫长。随着中国企业的不断发展壮大，未来的中国民族企业发展成信息产业跨国公司也将会不断涌现，我们期待着这一天的到来。

（来源：搜狐 IT）

十、工程机械

整合优势资源，推动工程机械等制造企业完善全球业务网络。加大工程机械、农业机械、石油装备、机床工具等制造企业的市场开拓力度，积极开展融资租赁等业务，结合境外重大建设项目的实施，扩大出口。鼓励企业在有条件的国家投资建厂，完善运营维护服务网络建设，提高综合竞争能力。支持企业同具有品牌、技术和市场优势的国外企业合作，鼓励在发达国家设立研发中心，提高机械制造企业产品的品牌影响力和技术水平。

数据显示，在"一带一路"涉及的 65 个国家中，工程机械需求占到全球需求的 30%，占中国工程机械出口的 65%。因此，迎合国家"一带一路"倡议，中国工程机械企业近年来纷纷在"一带一路"沿线进行重点布局。

国家"一带一路"倡议对于三一重工而言是一个绝佳的机遇，企业必须依托大项目，借船出海、抱团出海，通过海外直销、海外投资加速企业的国际化步伐。三一重工的海外布局与中国"一带一路"倡议高度契合。德国普茨迈

Chapter 05

斯特在土耳其、比利时、西班牙、俄罗斯都有制造工厂，而三一重工在国内的新疆、太原、北京、沈阳也设有产业园，三一重工的布局形成的从东北到远东、西伯利亚、蒙古这条线，就像古时的传统丝绸之路的路径。不仅如此，海上丝绸之路布局也初具雏形。目前，三一重工在上海临港、珠海、浙江、江苏等都已设有工厂；此外，公司还在印度尼西亚投资，并将亚太总部设在泰国，形成一条完整的"海上丝绸之路"。

"一带一路"沿线国家是徐工的核心市场，徐工对"一带一路"沿线市场的出口占到徐工总出口的76%。目前，徐工已在"一带一路"沿线国家布局了较完善的营销网络，拥有80个经销商、17个备件中心、4个KD工厂、16个办事处，为"一带一路"沿线国家创造了4000多个就业岗位。

面对制造业"三期叠加"的压力，中联重科在积极转型，契合"一带一路"倡议不断拓展产能合作新空间。据了解，中联重科在"一带一路"目前拥有越南子公司、新加坡子公司、印度尼西亚子公司、印度子公司、海湾子公司、哈萨克斯坦子公司、白罗斯子公司，具备进出口权、铺货销售、服务支持、备件供应等功能。詹纯新表示，回顾走过的这一段路，之所以取得实效，是因为国家"一带一路"倡议在引导企业、支持企业，企业"走出去"有底气，转型升级的路越走越宽。

山推2016年上半年"一带一路"项目硕果累累，各类整机销售同比增长30%，超额完成年度事业计划。全液压推土机成功打入北美高端市场，推土机市场占有率61.8%，同比增长5.5%；道路机械销量同比提升28%，摊铺机、铣刨机等路面产品实现批量销售；装载机占有率达历史新高。未来山推将与各中资施工公司加强联络，实现山推产品在"一带一路"项目上的更多突破。

2016年，里约热内卢奥运会成功举办。在前期奥运场馆的建设过程中，"中国制造"更是赚足了眼球，以满满的收获成为大赢家。里约奥运村兴建时所用的工程机械设备大部分是由以徐工、三一、中联重科为代表的中国工程机械巨头们提供的。其中，里约奥运场馆建设所用的工程机械中，徐工提供的产品占比过半，尤其是起重机和混凝土设备的占比达到了80%。出自徐工的1000多台土石方机械参与了场馆建设，其中，300多台压路机用在了场馆附属设施建设，500多台起重机用于建筑吊装施工，200多台高空平台作业车用于室内装饰吊装施工。在整个奥运工地上"忙碌"的徐工品牌工程机械总计达2000多台。三一重工的起重机械、挖掘机械、路面机械等产品作为主力军，广泛参与了里约奥运村、奥林匹克公园、马拉卡纳球场翻新、地铁 4 号线等重点项目的建设。在里约奥运村的建设过程中，三一投入了 6 台挖掘机和 7 台压路机；三一压路机、挖掘机、起重机、混凝土机械等设备参与了巴哈奥林匹克公园施工；马拉卡纳体育场是巴西奥运会主场馆，三一挖掘机、压路机、汽车起重机和泵送设备共同协作，助力该场馆建设。

2016 年 4 月 11 日，被誉为工程机械全球三大盛会之一的德国宝马展（Bauma 2016）在慕尼黑开幕。徐工集团携旗下 9 款新品第 9 次参展，其参展设备全部通过 CE 认证，符合欧Ⅲ、欧Ⅳ标准，许多产品都是针对欧洲市场专门设计、研发的，首次亮相。展会上，徐工与来自比利时、波兰、爱尔兰客户接连签约批量出口订单，装载机"嫁入"欧洲豪门客户；专为欧美高端市场量身打造的 RT55E 越野轮胎起重机、LW800K、LW180K 装载机、XR220DⅡ旋挖钻机、XE210C 挖掘机、SQZ200K 随车起重机，也以全新的造型、卓越的性能和品质受到了各方的关注。

三一共展出设备 15 台，包括 11 台全新挖掘机、2 台路面机械、1 台越野起重机、1 台装载机。其中，挖掘机阵容强大，涵盖了大、中、小全系列机型。这是三一首次展出适合欧洲市场的全系列挖掘机，意味着三一挖掘机将全面进军欧洲高端市场。短短 7 天，三一展区累计参观人数超过 3 万人次，获得意向订单近 7 亿元，其中三一挖掘机和起重机得到了用户的极大认可和关注，现场直接成交 28 台产品，交易额超过 1 亿元。

中联重科携混凝土机械、塔式起重机、工程起重机、施工升降机、干混砂浆产品、叉车六大类 38 款明星产品盛装亮相本届展会。子品牌 CIFA、M-TEC及 RAXTAR 也集体亮相，新的视觉设计和全新涂装之后的全明星产品身披"极光绿、砂砾灰、星耀灰"首次亮相国际建筑机械展。展会开幕当日，中联重科与北美塔机独家代理商 P&JAcromet 公司现场签订总价值超过 3000 万元（470万美元）T8030-25 塔式起重机大单，成功实现"开门红"。

柳工及锐斯塔展出了包括装载机、滑移装载机、平地机、压路机、叉车、推土机、车载式高空作业平台等在内的 19 台设备。其中 915EⅥ、925EⅣ、933EⅣ、939EⅣ、922EⅢB 和 950EⅢA 共 6 款 E 系列挖掘机覆盖从15～50 吨的产品，满足欧洲排放标准。这一系列产品采用更加先进的液压系

Chapter 05

统，大大提升了产品效率。这些新产品展示了柳工在这一领域的持续发展及对欧洲市场的承诺。

山河智能参展设备共 23 台，包括 19 台全新挖掘机、2 台滑移装载机、1 台履带起重机、1 台凿岩螺旋地桩钻车。19 台挖掘机中包括微型挖掘机 10 台、小型挖掘机 5 台、中型挖掘机 3 台、大型挖掘机 1 台，涵盖微小、中、大全系列机型。

全系列绿色环保的挖掘机是山河智能本次展会的最大亮点，特别是山河智能微型挖掘机，产品型号从 SWE08 到 SWE40UB，全系列产品均已通过欧洲 CE 认证，充分体现了公司国际市场的本地化战略。

2016 年上半年我国工程机械产品（86 个税号）进出口贸易额为 98.37 亿美元，同比下降 15.5%。其中出口金额 82.28 亿美元，同比下降 15.9%。

在各主要区域经济体中，对欧盟、韩国、印度出口额增长；对美国、日本、东盟、俄罗斯和非洲拉美出口额下降，出口东盟超过出口非洲、拉美，两大区域市场位次互换，东盟成为我国工程机械第一大市场。

看工程机械上半年海外成绩，总体难言出色，不过在国内市场持续低迷的不利形势下，近年来，工程机械企业纷纷加大对海外市场的开拓力度，其中还是不乏亮点的，尤其是在"一带一路"沿线更是有不少高光表现。2016 年以来工程机械企业在海外市场获得的主要订单如下。

1. 徐工装载机新年出口第一单超 6000 万元

2016 年 2 月，徐工新年收获出口西亚某国 200 台、超 6000 万元大单，实现了出口开门红。

2. 徐工非洲市场新春开门红签订 174 台设备出口订单

2016 年 2 月，徐工非洲市场再传捷报，与某工程项目签订 174 台订单，包括路面机械、混凝土机械、土方机械、牵引车辆等设备，总价超 7000 万元。

3. 徐工 500 余台设备顺利抵达非洲尼日利亚

2016 年 5 月，徐工集团各系列成套化设备成功抵达非洲尼日利亚，广袤大草原上举目皆是徐工设备。此次出口的产品包含起重机械、铲运机械、道路机械、挖掘机械、混凝土机械、随车起重机、重卡等产品共计 500 余台。徐工设备进入非洲已有 30 年的历史，凭借过硬的品质及在非洲完善的网点布局优势，徐工屡次获得大单。近两年先后中标蒙内铁路成套设备项目、埃塞俄比亚成套设备项目、安哥拉百米消防车订单、尼日利亚建厂成套设备等大订单。徐工产品得到了中国建筑、中国铁建、中国铁工、中交集团、中国核建、中国水电等众多中国乃至世界知名建筑企业的信任，参与在非洲多国的基建项目，成为中国建设与中国机械珠联璧合、共闯世界的典范，为非洲大地建立起一座座中非友谊的丰碑。

4. 徐工全系列装载机批量出口东南亚市场

2016 年 6 月，徐工 135 台 F/G/K 系列的 3 吨、5 吨装载机批量出口东南亚市场，显示出徐工装载机的国际化实力。

东南亚地区作为中国"一带一路"倡议的重要市场，也是徐工装载机走向海外市场的前沿阵地。针对东南亚市场及客户的施工工况，徐工铲运机械事业部对装载机进行了改进，提升了装载机在高温、高湿环境下的性能，满足了东南亚市场不同层次客户的需求。在做好产品适应性、提升产品竞争力的同时，徐工也在加强对装载机海外服务的建设，专门派驻专业的服务人员长期驻守该地区，定期为客户进行服务，及时解决客户问题，徐工的产品和服务得到了客户的高度认可。目前，后续的批量订单正在洽谈中。

5. 徐工 70 台挖掘机批量出口非洲

2016 年 6 月，徐工挖掘机凭借可靠的产品性能及良好的客户口碑，再次斩获非洲某国 70 台大订单，首批 30 台设备已发车。截至目前，徐工挖掘机在该国市场占有率行业领先，实现了对中资客户、当地客户等重点客户的大规模覆盖。

6. 三一重工在卡塔尔收获近亿元采购订单

2016 年 1 月，三一联袂卡塔尔当地代理商 Al Maysan 在卡塔尔首都多哈召开三一产品推介会，现场和客户签署了近亿元的采购订单，包括泵送系列产品、起重机系列产品等，特别是大吨位起重机产品在卡塔尔市场实现了突破。卡塔尔 2022 年世界杯日益临近，在卡塔尔的各大工地上都能看到三一设备忙碌的身影。三一的品质不仅得到了客户的广泛认可，更以快速高效的服务和配件确保了客户使用三一设备无后顾之忧。

7. 百余台三一设备远征巴基斯坦，助力"一带一路"

2016 年 12 月，三一发往巴基斯坦的第二批 40 余台设备正式装箱发货，参与中建七局在该国的各大项目施工。2016 年 6 月，三一先后与中建七局签订两批次《机械设备采购合同》，共销售挖掘机械、混凝土机械、起重机械、路面机械等各型设备 100 余台，合同金额近 7000 万元。2016 年 6 月 25 日，第一批 60 余台设备已到达巴基斯坦卡拉奇港口，参与当地 PKM 高速公路等项目建设。第一批到货设备使用情况良好，设备出勤率高、故障率低，在中建系统的内部评估与现场施工评比中，三一多次获得了第一。中建全局上下对三一设备的良好性能及三一工程师的优质服务表示高度认可。

8. 中联重科超 5000 万元汽车起重机二手设备交付沙特阿拉伯

2016 年 10 月，中联重科产品交付沙特阿拉伯发车仪式在湖南长沙中联重科泉塘工业园隆重举行，此次发车的产品是二手汽车起重机产品，订单总价值超过 800 万美元（约合人民币 5400 万元）。沙特阿拉伯客户方面表示，此次与中联重科的合作是一个非常愉快的过程，他们专程来到中联重科工厂参观，中联重科的企业规模令人震撼，现代化的厂区、标准化的生产线给人留下了深刻的印象，特别是产品品质很出色。

沙特阿拉伯是"一带一路"沿线国家，也是中联重科近年来重点布局的国家之一，自 2013 年以来，中联重科全面执行渠道策略，协助合作伙伴快速成长，市场占有率从 2013 年的不足 4% 提升至目前的 40%，品牌影响力稳步提升。最新数据显示，2016 年中联重科在沙特的市场占有率稳居第一。

9. 柳工阿根廷 SKD 工厂举行产销 1000 台庆典仪式

2016 年 5 月，阿根廷科尔多瓦省三河市达尔文工业园，柳工阿根廷叉车 SKD 工厂 LIFTINGMACH 举行了产销 1000 台叉车庆典仪式。Lifting Mach . A.S 是柳工叉车的第一个海外工厂，也是阿根廷国内首家叉车制造企业，从工厂建成开业到生产 1000 台只用了 1 年半的时间，充分诠释了柳工"合作创造价值"的核心价值观。

此次 Lifting Mach .A.S 叉车工厂产销 1000 台庆典的举行，不仅预示着柳工海外制造再增添一个基地，同时也预示着柳工叉车在阿根廷进一步发展壮大，将有力推动柳工叉车向国际化目标迈进。柳工叉车工厂将以优质的产品和服务为阿根廷三河市、科尔多瓦省乃至整个阿根廷的发展带来良好的经济效益和社会效益。

阿根廷是柳工叉车出口的重要市场之一，2015 年柳工销售阿根廷叉车接近 1000 台，市场占有率超过 12%。2016 年柳工在阿根廷的经销网点增加到

50 个，销量将会继续保持较大的增长。

10. 柳工获古巴政府 31 台中大型设备订单

2016 年 8 月，柳工 31 台中大型设备分两批次于 2016 年 8 月和 10 月发往古巴，深入古巴腹地参与古巴的矿山改造。

柳工的设备真正进入古巴始于 2012 年一次偶然的机会。2016 年 5 月，古巴用户最终决定再次选用柳工设备，且一次性选购 31 台，其中包括 19 台 CLG877 Ⅲ、6 台 CLG925D，这批设备将分散使用于古巴全国各地的矿山，将进一步见证柳工"极限工况、强悍设备"的产品特性。

11. 山推喜获拉美市场 35 台推土机订单

2016 年 9 月，经山推海外营销人员持续数月的跟踪及努力，拉美市场 35 台推土机的订单最终花落山推。此次采购的设备包含 130 马力、160 马力、220 马力及 320 马力等机型。这是该区域继 2016 年年初实现集中发运数十余台推土机设备后，本年度将要执行的第二个推土机大单。

12. 山推 SD16TF 森林伐木型推土机批量销售西非

2016 年 9 月，山推进出口公司传来捷报，成功中标西非森林伐木项目，合同订单共计 10 台 SD16TF 设备，目前该批设备已顺利发运。

13. 2016 年伊始山东临工在中东斩获 58 台大客户订单

2016 年 3 月，沙特阿拉伯工程机械市场一直以激烈的市场竞争闻名，包括外资品牌、中国品牌在内的各个设备供应商在沙特阿拉伯市场一直激烈拼杀。山东临工同沙特阿拉伯经销商合力击败了各竞争对手，拿到了 58 台大客户订单，包括 30 台 LG958L 装载机和 28 台 G9220 平地机。该大客户是沙特阿拉伯最大的工程承包商之一，已经成立了 50 多年，现有各种机械设备 500 多台套，分布在沙特阿拉伯境内的 6 大分公司，该大客户现在沙特阿拉伯内承建了 70 多个国家大型项目。

赢得这一订单，当然得益于山东临工产品的可靠性能，最重要的是山东临工能够满足特定客户的具体需求，为客户量身定做适合当地环境和当地工况的设备，同时还和经销商一同提供良好的客户支持和售后服务，为设备高水平的出勤率提供了保证。

14. 喜签重大订单，厦工海外市场再发力

2016 年 4 月 12 日，在厦门工博会暨第 20 届台交会上，来自中东的客商

163

Saleem 先生一次性签约采购厦工装载机、挖掘机、叉车等设备共计 416 台套，总金额超过 1000 万美元，这也是近年来厦工创下的最大规模单笔订单。

Saleem 先生表示，很高兴与厦工有着长达 6 年的良好合作。厦工产品凭借质量稳定和良好的口碑在中东地区赢得了广泛的市场认可。这也是这次他下定决心一次性大批量采购厦工设备的根本原因。

15. 厦工喜签重大订单

经过近 10 年来的精心布局和市场运作，厦工先后成立了阿联酋、埃塞俄比亚、巴西、荷兰、俄罗斯，以及中国香港 6 家子公司，并设立了迪拜、巴西保税仓库，以及迪拜、埃塞俄比亚、俄罗斯、巴西、阿尔及利亚、沙特阿拉伯等多家配件服务中心，产品销往全球 100 多个国家和地区。

厦工一直在稳步推进国际化战略的实施。近年来尽管由于世界政治的动荡和经济的不景气，海外市场的需求量出现明显下滑，但是随着国家"一带一路"倡议向纵深方向发展，中国与沿线各国在交通基础设施、贸易与投资、能源合作等领域的共创共享越来越紧密。厦工一方面加快产品技术创新升级、致力于服务品质提升；另一方面加快与大型央企施工企业合作，"搭船出海"实现共赢。

16. 同力重工百台产品出口巴基斯坦，助建"一带一路"

2016 年 8 月 20 日，伴随着出口巴基斯坦百台交车仪式的圆满举行，同力重工非公路宽体自卸车产品将助力巴基斯坦"塔尔煤田"建设开发，共同建设中巴经济走廊。"塔尔煤田"项目为中巴经济走廊首个煤电一体化项目，是中巴经济走廊优先实施的项目，也是"一带一路"建设旗舰项目，将成为巴基斯坦煤电一体化开发的标杆。

此次能够顺利获得出口巴基斯坦的订单，与同力重工多年来雄厚的技术储备和经营模式优势密不可分。如今，同力重工已经建立了一整套针对非公路宽体自卸车工况特征的设计规范和车型管理办法，为非公路宽体自卸车研发及量身定制提供了技术保障。目前，公司拥有 103 项专利，并建立了行业唯一一家工程运输机械技术中心。同时，同力重工针对非公路宽体自卸车产品市场特点，建立了可以满足高适应性要求的特有经营模式：量定开发、专业打造和特色服务。无论是贯穿设计、销售环节的量身定制，制造环节的精益制造，还是售后环节的近距离驻矿专业服务，都成为同力重工赢得市场与客户青睐的重要砝码。

17. 山河智能：小型挖掘机"挖"进 80 多个国家市场

2016 年 9 月，二十国集团工商峰会（B20 峰会）在杭州落下帷幕，包括山河智能装备股份有限公司（以下简称山河智能）在内的 4 家湘企参与了这场盛会，这也是湘企在 B20 峰会上的首秀，在世界舞台上展现湖南经济的新气象。

从山河智能成立到作为湖南唯一的工程机械企业代表参加 B20 峰会，山河智能花了 18 年时间来完成其国际化布局：产品出口 80 多个国家、跻身全球工程机械企业 50 强及世界挖掘机企业 20 强。

经过十余年的精心耕耘，山河智能设备在欧洲的保有量已经超过 8000 台，并且成功销售到欧洲最高端市场——德国市场，"SUNWARD"品牌在欧洲区域逐渐树立了强势品牌形象。

18. 山河智能亮相德国宝马展

目前，山河智能已与 80 多个国家有业务往来，"SUNWARD"商标已在数十个国家注册。同时，山河智能在比利时、美国、越南、印度尼西亚、新加坡、马来西亚、俄罗斯、南非等国家建立了子公司，还在比利时、美国、印度尼西亚建立了"海外仓库"，在当地就能进行现货交易。

同时，山河智能跟随国家"一带一路"倡议开拓市场，在巴基斯坦、孟加拉国等亚洲国家的销售都已实现突破。

19. 河钢宣工 10 台 SD7 高驱动环卫推土机发往非洲

2016 年 7 月，河钢宣工公司 10 台 SD7 高驱动环卫推土机发往非洲，成为 2016 年直供的最大批量高端产品出口业务。

河钢宣工面对国内市场低迷的现状，紧盯国际市场，加大在东南亚、非洲等地区的市场开发力度，2016 年 3 月同非洲客户签订，10 台 SD7 环卫推土机供货合同。客户对该批推土机的配置有很多特殊要求，如密封润滑履带、支重轮保护板、防缠绕装置等，且在新型升级产品 SD7N 的基础上要求进行改装。

20. 德工装载机连发海外

2016 年 11 月，德工进出口销售捷报连连，批量装载机在公司连续装车，经青岛、天津等港口销往东南亚、非洲等地。海外销售的逆势增长，进一步证明了德工产品的优越性能，提升了德工品牌在海外的影响力，为下一步开拓海

Chapter 05

外市场奠定了良好的基础。

（来源：中国工程机械商贸网）

十一、航空航天

加强对外合作，推动航空航天装备对外输出。大力开拓发展中国家航空市场，在亚洲、非洲条件较好的国家探索设立合资航空运营企业，建设后勤保障基地，逐步形成区域航空运输网，打造若干个辐射周边国家的区域航空中心，加快与有关国家开展航空合作，带动国产飞机出口。积极开拓发达国家航空市场，推动通用飞机出口。支持优势航空企业投资国际先进制造和研发企业，建立海外研发中心，提高国产飞机的质量和水平。加强与发展中国家航天合作，积极推进对外发射服务。加强与发达国家在卫星设计、零部件制造、有效载荷研制等方面的合作，支持有条件的企业投资国外特色优势企业。

（一）航天科技八院 811 所空间电源产品实现国际化

空间电源产品是卫星、飞船、空间站等航天飞行器的"心脏"。自我国第一颗人造地球卫星东方红一号发射起，我国的通信、气象和科学试验等卫星使用的一直是我国自主研制的空间电源产品。推动我国空间电源产品走向国际卫星市场，一直是空间电源专业研制人员的梦想。

1988 年 9 月 7 日，我国第一颗太阳同步极地轨道气象卫星风云一号在太原卫星发射中心发射成功，航天科技集团八院 811 所研制的卫星电源分系统中的镉镍蓄电池组表现尤其突出。

得益于此，航天科技集团八院 811 所（简称 811 所）卫星储能蓄电池市场打开了另一扇门。经长城公司牵线，20 世纪 80 年代末，811 所和瑞典空间公司（SSC）开始接洽。当时 SSC 正好在全世界范围内寻找弗利亚（FREJA）卫星蓄电池组储能电源，该卫星是瑞典研究北极极光现象及其对人类生活影响的一颗科学试验卫星，卫星自重很小，因此，对储能电源的重量和能量要求特别高。在 SSC 的国际招标中，有诸多强手参与，在长城公司的支持下，811 所的蓄电池设计方案质优价廉，慢慢赢得了 SSC 的信任，投标成功。

1989 年 3 月 8 日，为瑞典 SSC 提供 FREJA 卫星镉镍蓄电池组的合同在上海签署，合同要求按欧空局标准于 1991 年 3 月交付两套蓄电池组。合同签订以后，811 所集中全所力量进行设计方案评审前的文件编写工作。1989 年

8月，在瑞典首都斯德哥尔摩的 SSC 总部召开了 FREJA 卫星镉镍蓄电池组初样设计评审会，811 所第一次按国际航天产品研制的通用要求，拿出了全英文版的全套 17 份设计评审文件，得到了欧空局专家的肯定，但同时专家提出：卫星自重本身就小，蓄电池必须减重。

为达到更好的指标，该所改用先进的拉杆式结构设计，产品结构重量所占比例大幅下降。

创新总是有风险的。第一个模拟试验件在进行随机振动时，不到半分钟，产品结构即刻散架，电池组瘫倒在振动台上。随后，811 所召开了多次质量分析会，针对在振动试验过程中出现的故障，有的放矢地进行了较大规模的改进。技术改进措施全部到位后，产品顺利通过了随机振动试验。

1992 年 10 月 6 日，长征二号丙运载火箭搭载着 FREJA 卫星在酒泉卫星发射中心成功发射，星上镉镍蓄电池组一直工作正常。发射后，SSC 总裁在多种场合夸奖该所产品性能好。

FREJA 卫星镉镍蓄电池组项目的圆满成功，为 811 所空间电源产品走向国际卫星市场开了一个好头。紧接着，为 SSC 奥亭（ODIN）卫星提供镉镍蓄电池组的合同于 1994 年 9 月签订。

与 FREJA 蓄电池组相比，ODIN 卫星在放电倍率、放电深度、循环寿命和焊接质量方面有更高的要求。811 所最终共交付 5 套产品。其中，ODIN 卫星镉镍蓄电池组飞行件产品由俄罗斯运载火箭搭载发射升空，正常飞行记录11 年以上。

此后，811 所还为巴西用于气象研究的数据收集卫星提供了硅太阳电池，为印度提供了卫星用硅太阳电池等。十多年时间里，811 所在国际市场崭露头角，这为国内空间电源产品走向国际蹚出一条大道，也为 811 所步入国际一流企业奠定了基础。

（来源：《中国航天报》）

（二）航天外交助力"一带一路"倡议实施

2016 年，国家主席习近平对沙特阿拉伯、埃及和伊朗三国进行了国事访问。在此次访问行程中，中国航天外交取得丰硕成果，为我国"一带一路"倡议实施提供了坚强支撑。

2016年1月19日，在习近平主席和沙特阿拉伯国王萨勒曼的见证下，中沙两国签署了《中沙卫星导航领域合作谅解备忘录》。该谅解备忘录的签署为加快推进北斗系统落地沙特阿拉伯奠定了坚实基础。中沙双方后续将在卫星导航系统融合应用、技术交流、监测评估、增强系统等领域深化合作，让沙特阿拉伯民众享受到更加稳定、可靠、精准的卫星导航服务，促进经济社会发展与民生改善，服务"一带一路"建设，实现双方共同繁荣发展。

2016年1月20日，中国卫星导航系统管理办公室和阿拉伯信息通信技术组织在埃及开罗阿盟总部签署《中阿卫星导航领域合作谅解备忘录》。该谅解备忘录标志着北斗以阿盟秘书处为纽带，与阿拉伯国家联盟建立了卫星导航领域正式合作机制，为加快推进北斗系统落地阿拉伯国家夯实了牢固基础。

2016年1月22日，在习近平主席和埃及总统塞西的共同见证下，中埃两国签署《关于埃及二号遥感卫星及后续卫星合作的谅解备忘录》。随后，中埃两国就加快推进埃及卫星总装集成测试中心项目、推动埃及二号遥感卫星等合作进行了沟通，探讨了卫星通信、导航等领域合作事项。

作为习近平主席访问埃及重要成果之一，埃及卫星总装集成测试中心项目被列入《中华人民共和国和阿拉伯埃及共和国关于加强两国全面战略伙伴关系的五年实施纲要》。该项目是中国首个援埃航天合作项目，由中国航天科技集团公司五院总环部负责项目技术谈判工作。该项目的成功实施，将奠定中埃航天技术领域合作基础，提升中国航天在非洲地区的影响力，引领中国相关高科技产业与埃及合作。

埃及卫星总装集成测试中心是埃及航天发展所需的重要基础设施建设项目，建筑面积约6400平方米，中国投资规模约为1.46亿元。该项目计划于2019年完成建设。项目建成后将用于埃及二号遥感卫星的研制工作，埃方将具备两颗600公斤级卫星并行研制能力。

在埃及访问期间，习近平主席在埃及总理伊斯梅尔陪同下，还参观了埃及中国高科技展上中国航天科技集团公司的展台。当了解到埃及卫星总装集成测试中心项目将显著提升埃及航天能力及后续中埃航天项目合作时，习近平主席关切地询问了目前埃及二号遥感卫星的进展情况。

（来源：《中国航天报》）

十二、船舶和海洋工程

　　提升产品和服务水平，开拓船舶和海洋工程装备高端市场。发挥船舶产能优势，在巩固中低端船舶市场的同时，大力开拓高端船舶和海洋工程装备市场，支持有实力的企业投资建厂、建立海外研发中心及销售服务基地，提高船舶高端产品的研发和制造能力，提升深海半潜式钻井平台、浮式生产储卸装置、海洋工程船舶、液化天然气船等产品国际竞争力。

（一）ABB 集团将为云顶香港 5 艘船提供船舶推进系统

　　2017 年 1 月，云顶香港宣布，同意由 ABB 集团为公司建造的 5 艘船舶提供所需的整套推动系统、发电机、自动化系统及船舶软件系统，船舶建造预期于 2021 年前完成，总代价为 1.31 亿欧元（约 10.74 亿元）。为实现集团十年邮轮船队扩张策略，有需要与顶级供应商购买所需设备以建造新船舶，而该等供应商有较大可能保证在协定交付时间段内供应优质、高科技机器。选择 ABB 集团是基于 ABB 集团作为全球船舶行业电力推动系统的领先供应商所拥有的经验，以及 ABB 集团是行内享有盛誉的供应商，拥有技术知识以设计及建造系统，使之符合动力要求并满足船舶的时间限制。

　　　　　　　　　　　　　　　　　　（来源：中国船舶网）

（二）江南造船首获两艘非洲 LPG 船订单

　　凭借自行研发的全新船型，江南造船集团首次进军非洲市场，击败韩国现代尾浦和多家中国船厂，成功夺得两艘 13000 立方米 LPG 船订单。

　　2016 年 12 月 21 日，在中国船舶工业贸易公司驻阿尔及利亚代表处的大力支持下，江南造船与阿尔及利亚国家石油公司（Sonatrach）旗下 Hyproc Shipping Company 的 1+1 艘 13000 立方米 LPG 船项目合同签字仪式在阿尔及利亚奥兰举行。Hyproc Shipping 总经理、招标委员会委员，中国船舶工业贸易公司副总经理陈萌萌、业务六部副总经理陈建国，江南造船总经理助理、市场营销部部长林青山等参加了签字仪式。

　　13000 立方米 LPG 船是江南造船第一次参加阿尔及利亚国家石油公司液化气船造船项目投标，是江南造船精心把握市场开拓与风险控制之间的平衡。13000 立方米 LPG 船在韩国现代尾浦和中国多家船厂参与的激烈竞争中脱颖而出，一举中标。该船是江南研究院自行研发的全新船型，总长

145米，满足最新、最苛刻的排放要求 Tier III 和 IGC 规则，该船搭载 3 个江南自行设计制造的双耳型液罐。该合同的签订对江南造船开拓非洲新市场具有里程碑意义，并为江南液化气船家族增加新成员"PONY 13P"。

（来源：国际船舶网）

十三、港口

（一）中交集团"一带一路"项目案例——斯里兰卡科伦坡港口城项目

1. 项目背景

（1）斯里兰卡独特的战略地理位置。

斯里兰卡地处南亚次大陆最南端，是印度洋上的岛国，自古就有"东方十字路口"之称，风景优美、气候宜人，被誉为"印度洋上的珍珠"。斯里兰卡是欧亚之间重要的国际贸易和石油运输通道的中心，具有独特的战略地理位置，全球 50% 以上的集装箱货运、1/3 散货海运及 2/3 石油运输都要取道印度洋，通过印度洋的油轮提供了中国进口石油的 80%，印度进口石油的 65%，日本几乎完全依赖通过印度洋的运输来保证能源供给。斯里兰卡在南亚国家中率先实行经济自由化政策，与包括中国在内的 27 个国家签署了《双边投资保护协定》，与 38 个国家签订了《避免双重征税协定》。近年来，斯里兰卡经济稳定发展，多年保持 6.5% 左右的年均增长率。

（2）中斯两国具有悠久的传统友谊。

中斯两国无论是政府交往还是人民友谊都有良好的基础。2000 多年前，汉代使者就已漂洋过海首次踏上斯里兰卡这颗"印度洋上的明珠"。《汉书·地理志》记载，约在公元前 111 年，汉武帝平南越后，急于恢复华南海外贸易，立即派遣使者，到广东招募译员、船工和商人，带着黄金、麻布和丝绸等，乘船"自徐闻（今雷州）、合浦、日南（今越南中部沿海广平省至富安省一带）"出使东南亚，到达马来半岛谌离国（今泰国境内）后，下船步行十几日，抵达夫甘都卢国（今缅甸德林达依），再搭乘"蛮夷贾船"，到达黄支国（今印度泰米尔）和已程不国（今斯里兰卡）。而后汉使再乘船经马六甲海峡回到国内，往返历时两年。

1957 年 2 月 7 日中斯两国建交。建交以来，两国关系友好，高层互访频繁。2005 年 4 月，温家宝总理访问斯里兰卡期间，两国宣布建立真诚互助、世代友好的全面合作伙伴关系。2007 年是中斯建交 50 周年暨"中斯友好年"，两国在各领域成功举办一系列庆祝活动。2013 年 5 月，拉贾帕克萨总统对中国进行了为期 4 天的国事访问，与习近平主席会谈。2014 年 5 月，国家主席习近平在上海会见参加亚信峰会的斯里兰卡总统拉贾帕克萨。

2009 年斯里兰卡内战结束，中国与斯里兰卡展开良好合作，帮助其进行战后重建，中资企业承建了诸多重大基础设施项目，包括科伦坡南集装箱码头、汉班托塔港、马特拉国际机场、A9 公路、普特拉姆燃煤电站、汉班托塔板球场等。这些重大工程项目的建设为斯里兰卡战后重建取得了重大进展并发挥了积极作用，极大地改变了斯里兰卡的国家面貌，现代化的基础设施为斯里兰卡后续的跨越式发展奠定了基础。

（3）斯里兰卡战后经济平稳发展。

2009 年 5 月，斯里兰卡结束了近 30 年的内战，社会趋于稳定，斯里兰卡政府积极推进战后平民安置和经济社会重建，政治、经济形势平稳发展。2010 年斯里兰卡已经摆脱了最不发达国家身份，步入中等收入国家行列，2013 年人均 GDP 达 3280 美元。战后，斯里兰卡旅游业发展迅猛，被全球知名旅游指南《孤独星球》评为 2013 年度最受游客欢迎的旅游目的地。斯里兰卡正悄然成为中国游客新兴出境游目的地，斯里兰卡旅游推广局 2013 年 6 月19 日公布的数据显示，中国赴斯里兰卡游客人数在 2013 年 4 月创下同比增长98.5% 的历史记录，近两年来，中国赴斯旅客增长近六成。

经济发展凸显了斯里兰卡土地及基础设施的不足，斯里兰卡科伦坡港口城项目所在地科伦坡是斯里兰卡首都，人口 200 万，是全国的经济文化中心，近年经济发展迅速，房地产逐渐升温。在科伦坡市区，从 2011 年以来，交易面积超过 1 万平方米的地块屈指可数，土地供不应求导致土地价格稳步增长；同时，众多世界级酒店相继登陆科伦坡，更加剧了市中心优质地块的供应不足。斯里兰卡政府自 20 世纪 70 年代起就计划通过填海造地的方式扩大科伦坡中央商务区的范围，但受内战等各种因素的影响，此计划自科伦坡南港扩建工程开始后才重新提上议事日程。另外，斯里兰卡政府推动斯里兰卡实现 5 个中心目标——海上中心、商业中心、能源中心、旅游中心和教育中心，使得科伦坡中心区土地短缺问题更加凸显。

（4）践行中斯两国共建"21世纪海上丝绸之路"的实际性合作举措。

2013年5月28日，中国国家主席习近平同来访的斯里兰卡总统拉贾帕克萨举行会谈，两国元首决定将中斯关系提升为战略合作伙伴关系，谋求共同发展，造福两国人民。当中国领导人提出建设"21世纪海上丝绸之路"倡议时，斯里兰卡对此迅速回应，充满期待。2014年2月，斯里兰卡外长佩里斯访华时，提出与中国共建"21世纪海上丝绸之路"。

2014年9月16日，在国家主席习近平和斯里兰卡总统拉贾帕克萨的共同见证下，斯里兰卡科伦坡港口城项目特许经营协议成功签约，港口城项目的签约实施是践行中斯两国共建"21世纪海上丝绸之路"的实际性合作举措。项目建成后，将大大扩展科伦坡中央商务区的区域，提升基础设施水平，为斯里兰卡建设成为南亚航运中心、商业中心和"21世纪海上丝绸之路"重要的中继点，提供土地和基础设施保障。

2. 项目简介

科伦坡港口城项目位于斯里兰卡首都科伦坡南港以南近岸海域，与科伦坡现有的中央商务区相连，规划范围北至科伦坡南港防波堤，南至 Galle Face Green，东至现有海岸线。项目由斯里兰卡港务局提供海域使用权及负责项目区域外的配套设施建设；由中交集团所属中国港湾负责项目投融资并进行填海造地形成276公顷陆域，并完成土地一级开发后与斯方按约定方式分享土地销售和开发收入。

港口城项目拟分两期进行，其中一期预计于2015年1月全面开工，按计划2017年12月建成，工期3年。主要建设内容为：填海造地陆域面积276公顷，吹填工程量5963万立方米；一条长约2000米、宽约70米的运河；一条总长3244米的防波堤（两侧含沙堤）和10公顷沙滩；并完成一期规划区域内的道路、绿地、给排水、供电、通信及其他管线等基础设施的建设。二期预计于2021年1月开工，2022年12月建成，工期2年。主要建设内容为：二期规划区域内的道路、绿地、给排水、供电、通信及其他管线等基础设施建设。

中国港湾作为项目投资主体，通过设于新加坡的特殊目的公司持有项目公司全部股权，负责项目的投融资和建设，斯方不提供任何形式的担保。项目总投资约13.96亿美元，拟分两期实施，其中，一期投资11.08亿美元，建设期 3 年；二期投资 2.88 亿美元，建设期 2 年。

2015 年 3 月，斯里兰卡政府以"缺乏相关审批手续""重审环境评估"等为由叫停了该项目。2016 年 3 月，斯里兰卡政府取消了对港口城项目暂停的决定。2016 年 8 月，中斯双方在斯里兰卡首都科伦坡签署科伦坡港口城项目新协议。斯方认为，科伦坡港口城项目更名为"科伦坡国际金融城"将有助于把斯里兰卡打造成印度洋地区国际金融中心。根据新协议，吹填土地面积由原协议的 233 公顷变为 269 公顷，其中公共面积由 63 公顷增加为 91 公顷（包括 45 公顷对外开放的公园），另外还将为科伦坡新建 13 公顷的公共沙滩。

3. 创新思路

科伦坡港口城项目采用了典型的 BOO（Building-Owning-Operation，建设、拥有、运营）商业模式运营。BOO 是近年来工程承包企业逐渐推行的一种市场化运营模式，即由承包企业投资并承担工程的策划、设计、采购、施工、运营、维护等环节，业主只负责提出需求和宏观把控，双方根据项目具休情况，在投资协议和商务合同里明确投资金额、建设内容、运营维护和特许协议等细节事项。随着当前全球经济发展，各国对基础设施建设的需求规模不断增加，项目全寿命周期集成和国际工程投资需求持续扩大，BOO 商业模式既满足了业主对工程承包商的项目运营和投融资环节不断提高的要求，也符合企业自身全产业链竞争优势和高附加值获取的发展需求，业主方通过转移的方式降低了自身运营风险，而工程承包企业也可以从项目投资、运营和维护中得到相应的回报。

商务部在落实《国务院关于推进国际产能和装备制造合作的指导意见》的新闻发布会上指出，商务部将会同有关部门从五个方面采取务实举措来推动落实这一意见，一方面是"引导企业开展售后运营维护管理，探索投资、建设和运营相结合的建营一体化合作方式，推进产融结合，使产能和装备制造合作向高附加值领域拓展"。建营一体化是指资产项目的建设和运营由同一主体承担并实现一体化管理，是全球基础设施建设模式的新趋势。BOO 模式正是建营一体化典型的一种实现方式，充分体现了项目承包商参与到投资、建设和运营相结合的建营一体化发展趋势，因此，这一项目也符合中国政府对工程承包行业"有建必营"的发展要求。

4. 取得成绩和体会

围绕基础设施建设主业，中交集团通过内部资源整合和海外投资，延伸和完善产业链，将海外业务拓展至交通基础设施的投资、设计、建设、运营，以及相关的装备制造、境外园区、房地产、产业投资等领域，不断提升集团的国际地位和海外竞争力。为建成和运营科伦坡港口项目，项目从策划之初，中交集团就注重发挥全产业链优势，集中全集团的优势资源，包括中交集团的投融资实力和品牌影响力、中国港湾对国际工程承包业务中的建设运营优势、中交四航院在港口与航道工程上的勘察设计优势，结合中国港湾在斯里兰卡已承建 28 个基础设施项目积累的对当地政策和市场环境的经验，利用中交与国际一流设计、工程咨询、财务管理等公司合作的经验，为该项目的顺利签约和实施提供了坚实的基础。

科伦坡港口城直接投资额为 14 亿美元，是斯里兰卡目前最大的外商投资项目，项目将带动后期超过 130 亿美元的投资，完工后将创造 83000 个就业岗位，是斯里兰卡投资环境改善和经济发展的风向标。科伦坡港口城被定位为"未来城市"，规划建设国际购物中心、文化中心、五星级酒店、国际游艇码头，以及超高层高档写字楼多座、高档住宅 30000 套。从 2.8 平方公里的海域变成陆地，到完成土地一级开发后分享土地销售和开发收入，项目总建设内容涵盖填海造地陆域面积 276 公顷、一条运河、一条两侧含沙堤的防波堤和沙滩，并完成道路、绿地、给排水、供电、通信及其他管线等基础设施建设，这一庞杂的系统工程要求承包商完成从投融资、填海造地、一级土地开发，到基础设施建设的跨领域、全环节的工程建设，对承包商的设计施工、运营管理和投资实力的要求极高。

近年来，我国工程承包企业经历了从分包向工程总承包的转型升级，随着成本优势逐步弱化、利润空间不断缩小，EPC 模式的发展也逐渐遇到瓶颈，打造企业在"商""融"环节的能力是拓展业务范围和盈利空间的重要方向。工程承包行业商产融的核心是通过搭建具有商务运营能力、工程建设和服务能力、投融资能力的合作平台，形成聚集金融服务、工程建设和运营维护三大领域优质资源的合力，全面提升国际承包企业的海外竞争力、影响力、抗风险能力。从市场需求来看，推动商产融结合也更加适应和符合目前全球经济复杂化背景下各国政府不同的诉求，有助于解决发展中国家加快本国工业化、城镇化建设步伐与政府投融资能力受限之间的矛盾，以及在城镇化布局、工业化路径、产业规划等层面能力欠缺的现状。

围绕"率先建成具有国际竞争力的世界一流企业"核心目标，中交集团提出"确立和实施国际化经营优先发展战略"，依托"五商中交"全产业链优势和世界领先的全球市场网络优势，充分利用和有效嫁接日益成熟的海外并购、跨国资本运作和产融结合新优势，把致力于"打造全球领先的国际产业投资发展商"作为新业务定位，在世界范围内为我国经济不断拓宽新的发展空间。本项目是融交通基础设施、一级土地开发、房地产开发三业一体的大型综合类投资项目，对提升中交集团国际经营管理能力，促进企业由承包商向投资商、发展商、运营商的转型升级，创新"走出去"的发展模式、管理模式及培养国际一流人才都有重要的意义，该项目不仅符合中交集团打造"五商中交"发展战略和境外投资业务发展方向，也将成为国家"21世纪海上丝绸之路"倡议在印度洋上的标志性项目。

（来源：中国砂石协会）

（二）中国参与摩洛哥港口建设的前景与风险

摩洛哥是"一带一路"倡议重要的交汇点与支撑点，中国通过摩洛哥可以将其市场和影响力同时投射非洲和欧洲，甚至扩展到其他阿拉伯国家。但受到西方传统大国势力范围和地区政治安全形势的影响，中国仍需注意参与摩洛哥港口建设的潜在风险。

中国参与地中海沿线国家港口建设是"一带一路"建设的重要内容。目前，中国已经参与港口建设的地中海国家有埃及、以色列和希腊。作为马里布格国家，摩洛哥是"一带一路"倡议重要的交汇点与支撑点，正成为中国在西地中海地区重要的合作伙伴。

1. 摩洛哥港口的地位与作用

由于特殊的地理位置，摩洛哥的港口主要以海港为主，其分布从摩洛哥西北部一直延伸至西南沿海城市。虽然位于主要国际运输航线上，但2004—2007年，其海运运输连接性指数（LSCI）仅为8.50～9.40。不过近年来，摩洛哥港口的LSCI大幅上升，2008年就达到30，2011年更是达到38。据摩洛哥设备与运输部官方网站统计数据显示，摩洛哥现有各类港口共38个，其中商业港13个、渔港19个、游艇停泊港6个，其中最具现代化的港口是2007年启用的丹吉尔地中海港。2016年，根据最新评估，丹吉尔地中海港实际吞吐量在2018年有望达到900万标准箱，届时，摩洛哥在世界航运业的排名将从49位上升至30位以内，与埃及塞得港和南非德班港共同跻身非洲三大海运国。

　　作为临海国家，港口在摩洛哥的地位犹如其经济发展的生命线，港口的重要性及其发展思路在 2015 年也被以法律条文的形式对外公布。摩洛哥法律规定，"要想进一步提升摩洛哥经济，政府必须要为港口部门制定相关法律法规，具体来说，就是通过各类协议和条约，形成一个完整的制度体系，以此来鼓励港口经营者积极参与进来"。根据这条法律，摩洛哥在国家层面设置了港口管理局和港口开发公司，由摩洛哥设备与交通部领导统筹摩洛哥港口的整体规划，如扩建和拓展新港口等，同时负责制定相关规则；在港口管理层面，主要由摩洛哥港口管理局负责对全国港口运营进行监督和管理；而在商业运营方面，则委托给具体航运公司（包括摩洛哥私有企业、外资企业及相关机构）进行操作。由此可见，港口在摩洛哥国家经济发展中地位，以及所起到的作用是非常关键的。

2. 摩洛哥《2030 国家港口战略》

　　为了扩展港口的数量及提高港口运营的效率，摩洛哥设备与交通部 2012年发布了《2030 国家港口战略》（以下简称《2030 战略》）。《2030 战略》的发布是摩洛哥经济向区域化与全球化发展的表现。对摩洛哥来说，港口是其联通内外的最佳工具。《2030 战略》主要有以下三个部分。第一，"三个行动"。其一，大扩建，扩建的港口有穆罕默德迪耶港、卡萨布兰卡港、约夫拉斯法港和阿加迪尔港，扩建成本均在 2 亿美元以上；其二，将若干港口整合至各自城区，计划港口有肯尼特拉河港、丹吉尔城港、卡萨布兰卡港和萨菲城港；其三，建立新港，计划建设的新港包括肯尼特拉新大西洋港、纳多尔新地中海港、约夫拉斯法新液化天然气港和萨菲新港。第二，提升各港口的交通便利性和效率，运行速度从 2012 年的 184 吨提升至 560 吨。第三，建立全国"港口极"。"港口极"是指按区域进行经济发展，以每一极港口群为中心带动周边经济发展。《2030 战略》中共提出了六个"港口极"，分别为东方极、西北极、肯尼特拉－卡萨布兰卡极、阿巴达－杜卡拉极、苏斯－邓斯夫特极、南方港口极。

3. 摩洛哥港口的战略意义

　　摩洛哥通过立法和制定中长期计划的形式将港口作为国家发展的重要战略之一。自 1999 年穆罕默德六世继位以来，摩洛哥先后经历了 2003 年卡萨布兰卡恐怖袭击、经济危机、2011 年阿拉伯剧变，此外西撒哈拉领土归属问题也没有得到解决。因此，反恐、经济发展及领土问题是当下摩洛哥面临的最紧迫的三个问题，而港口战略可以成为解决上述三个问题的重要抓手之一。纵观穆罕默德六世继位以来摩洛哥的外交政策可以发现，其外交对象主要有四层，分别为欧盟（法国和西班牙为主）与美国、海湾阿拉伯国家、非洲（尤以马格里布和西非为主）、远东地区（俄罗斯和中国）。如何将上述三大问题与四层外交国家联系在一起，是摩洛哥当前最重要的任务。港口具有这样的战略价值，既可以单向指向国内，又能联通两国间的关系。

第一，港口是摩洛哥国民经济发展的重要驱动力。摩洛哥的支柱产业主要是矿业、渔业和旅游业，新兴工业近几年也迅速发展起来，2014 年和 2015 年其汽车产业出口均居国内第一位。摩洛哥的矿业、渔业和汽车产业均以出口为主，港口作为重要的物流始发点、中转站和集装箱储存地，为上述产品的出口提供了重要的保障。摩洛哥拥有多个旅游港，每个旅游港均有邮轮和游艇，可供旅客游玩，大大丰富了摩洛哥的旅游业。

第二，港口是摩洛哥与欧盟和美国建立良好关系的润滑剂。摩洛哥地处西地中海，与欧洲国家隔海相望。多年来，欧洲（以法国和西班牙为主）一直是摩洛哥第一大贸易伙伴，而摩洛哥是欧洲近年来反恐的重要依赖对象。近年来，摩洛哥通过建立纳多尔西地中海港（在建）和丹吉尔地中海港，增加与欧盟国家的货运联系，进而夯实双方的相互依赖性。美国虽然与摩洛哥距离较远，但两国早在 2004 年就达成了自由贸易协定，两国港口之间的联系也早已开通。

第三，港口是摩洛哥发展非洲战略的重要棋子。作为非洲国家，摩洛哥长期以来都把发展与非洲国家关系作为其长期的战略，一方面通过在非洲实现经济区域化进而惠及本国经济；另一方面，借助其他非洲国家解决西撒哈拉问题。此外，通过本国港口打通西非和其他地区的联系，从西非国家出发，经过摩洛哥（以丹吉尔地中海港为主）到达欧洲和亚洲，从而增加其在西非国家的影响力。

第四，港口为摩洛哥发展与远东国家（尤其是俄罗斯与中国）关系提供了新的机遇。作为摩洛哥外交的最后一环，俄罗斯与中国是其近期重要的外交对象。摩洛哥近年来一直致力于外交多元化，寻求更多的外来帮手，以经济合作为切入口，通过港口来保障合作关系。

4. 中国参与摩洛哥港口建设

中国与摩洛哥建交 59 年以来，两国在政治、经济、文化、军事等多个领域开展了持续、健康的发展。2016 年 5 月，摩洛哥国王穆罕默德六世访问中国，并签署了《关于建立两国战略伙伴关系的联合声明》。这份极具战略意义的联合声明进一步推动了两国关系的发展。2016 年中摩贸易额达到 17.91 亿美元，同比增长 5.34%，其中，中国在摩洛哥承包工程新签合同额达到 5.34 亿美元，完成营业额 4.57 亿美元。目前在摩洛哥投资发展的中资企业有 30 ～ 40 家，一类是以华为、中兴为代表的信息、通信技术企业；另一类是工程建设企业，主要从事高速公路和路桥港口等基础设施的项目承包。

（1）中国参与摩洛哥港口建设现状。

摩洛哥地处古丝绸之路最西端，连接非洲、欧洲和阿拉伯世界，也是"21 世纪海上丝绸之路"的西端终点。中国通过摩洛哥可以将其市场和影响力同时投射非洲和欧洲，甚至扩展到其他阿拉伯国家。然而，由于距离和历史等多种原因，中国在摩洛哥港口建设的参与度还处于较低水平。在非洲大陆，中国已正式参与投资的港口项目包括：尼日利亚的拉各斯庭堪岛港、多哥集装箱码头、吉布提集装箱码头、埃及塞得港苏伊士运河码头。其中，前三个项目是由招商局港口投资的，最后一个项目由中远太平洋投资。中国参与摩洛哥港口方面的项目主要有三种形式：第一，港口基础设施项目承包及其周边交通建设，主要以大型国企为主，如中国电建、中国中铁等；第二，港口技术和设备贸易，摩洛哥很多港口的核心技术和重要设备来自中国，如丹吉尔地中海港的运营方 AP. 穆勒曾向上海振华重工公司（ZPMC）购买超巴拿马型集装箱装卸桥；第三，中国港口运营商参与摩洛哥具体港口业务，目前招商局港口已将丹吉尔地中海港作为其海外投资项目之一。

（2）中国参与摩洛哥港口建设前景预测。

虽然目前中国在摩洛哥港口建设和运营方面参与水平较低，但摩洛哥港口投资市场及其战略意义对中国来说是非常重要的。摩洛哥为了吸引外资，近几年做了很多工作。2014 年，摩洛哥设备与运输部曾举办国际港口投资大会，旨在吸引全球投资商参与摩洛哥港口建设与运营。2015 年 12 月，摩洛哥港口管理局出台《港口投资计划》，计划到 2019 年共投资 7.2 亿美元，其中 52% 由外部提供，主要用来扩建、翻新和新建港口。另外，摩洛哥设备与运输大臣阿齐兹·拉巴赫在参议院的讲话中透露，摩洛哥港口领域需要超过 60 亿美元的总投资。因此，巨大的港口需求为中资企业参与摩洛哥港口建设提供了广阔的市场机遇。除投资需求之外，摩洛哥临港园区及自贸区也具备巨大潜力，欧美已有多家大企业入驻。中国政府可以鼓励中国企业在摩洛哥港口附近的园区建立工厂、在自贸区开办业务等，进而辐射非洲和欧洲业务。近期，中国企业已经开始行动。2017 年 3 月 20 日，摩洛哥和中国海特集团签署协议，在丹吉尔附近为 200 家中国企业建造工业园区，这将是中国在北非地区的首个工业基地。

（3）中国参与摩洛哥港口建设风险预判。

新时期中国参与摩洛哥港口建设与运营主要面临以下几个方面的风险。第一，可能会招致欧美大国的猜忌。以摩洛哥为中心的马格里布地区，历来都是欧美大国的"势力范围"，对提升和维护其经济发展与国家安全都起到重要的作用。近年来中国在"一带一路"倡议指引下，在全球范围内参与诸多重要港口的建设，引起了西方媒体的关注，认为中国投资民用港口，表面是商业性质，终极目标是军事用途。摩洛哥地处西地中海范围，如若中国加大投资力度，必将引起法国和西班牙的关注。第二，政治风险犹存。虽说摩洛哥是西亚和整个非洲大陆中政局最稳定国家之一，但是摩洛哥的周边国家，要么仍处于动乱（如利比亚），要么具有极高的不稳定性（如突尼斯和阿尔及利亚），加之该地区是恐怖主义分子的重要来源地，给中资企业的投资带来了不确定性。另外，摩洛哥政府腐败现象严重、政府部门办事效率低下，加大了具体项目的运营成本和风险。第三，投资港口的资金回收期比较长，导致投资成本相对较高。摩洛哥自从 2012 年提出《2030 国家港口战略》以来，进行了多个港口的扩建和新建，但是由于摩洛哥资源有限，特别是原材料方面，工期通常会延长，导致建设周期冗长，这也是中国投资摩洛哥港口建设必须注意的事项。

（来源：《当代世界》）

（三）珠海港与中海港控共建瓜达尔港

珠海与巴基斯坦瓜达尔市就"一带一路"旗舰项目——瓜达尔港建设在东莞签署了四项合作协议，涉及港口建设、经贸合作等议题。其中，珠海港控股集团与中海港控签署了 65 亿元的合作建设港口大单，标志着中巴经济走廊建设获得实质性进展。

在签约仪式上，珠海市政府与中国海外港口控股有限公司（简称中海港控）签署战略合作框架协议，双方将在产业合作、国际物流、国际商贸等方面开展全面战略合作。

中海港控成立于中国香港，2013 年接管了瓜达尔港及其 9.23 平方公里自贸区 40 年的开发权和经营权，是该港口运营商及瓜达尔自贸区项目开发主导者。瓜达尔港位于巴基斯坦俾路支省西南部，是该国第三大港口，是南亚和中东地区一个重要深水港，具备极其重要的战略位置，也是"中巴经济走廊"和"21 世纪海上丝绸之路"的重要节点和旗舰项目。

与此同时，珠海市港口管理局与瓜达尔市港务局签署了友好港口协议。协议的签署意味着珠海港与瓜达尔港结为友好港口，将享有项目优先合作等权利。

作为双方合作的一项重要内容，珠海港控股集团与中海港控签署了合作建设港口协议，该协议涉及的项目金额达 65 亿元。根据协议，双方将在珠海港与瓜达尔港友好港口建设、人员培训、航线开拓、货源提供、物流仓建设、信息平台组建等方面开展全面战略合作；并构建贵广—南亚国际物流大通道的途径，与黔南州共同构建贵州国际陆港互联互通平台，整合大西南地区资源，以贵州国际陆港项目实施和产业链延伸为抓手，进一步推动贵广—南亚国际物流大通道的建设及中国珠港澳地区与巴基斯坦瓜达尔相关地区的政府、行业及企业的深层次合作，为大西南地区搭建一体化的出海通道，促进两国三地的经济进一步繁荣。

此外，珠海华发集团与中海港控签署了合作建设中国商品展示交易中心的协议。该协议涉及项目金额 10 亿元，将在瓜达尔港西侧建设占地面积 25 万平方米、建筑规模 6 万～7 万平方米的中国商品展示交易中心，集展销、保税仓储、国际采购、中转、配送、流通性加工、通关等服务功能于一体，形成跨国（中巴两地）合作，进而覆盖中国和南亚、中东、非洲地区商贸的对接和交流。

（来源：中国证券网）

十四、家电

（一）TCL 参与"一带一路"的情况

1. 国际合作现状

TCL 目前的销售当中，有超过一半来自欧美，而且大部分是以产品输出的方式。借"一带一路"这股东风，TCL 将加快国际化进程。作为中国第一批走出国门的企业，TCL 的国际化成绩值得关注。1999 年，TCL 正式进驻越南市场，建立了第一个海外彩电生产基地，开始了国际合作的第一步。2004 年，

TCL 并购汤姆逊全球彩电项目业务和阿尔卡特手机业务，为国际化进程提速。从 2010 年开始，TCL 海外销售收入的增长一直高于整体销售收入的增长。"一带一路"倡议的提出为 TCL 的国际合作创造了广阔的空间。2014 年 TCL 实现营业收入 1010.29 亿元，其中，海外市场实现了 470 亿的收入，占整体营业收入的 47%。2015 年，TCL 集团总收入 1046 亿元，实现 LCD 彩电销量全球第三位、手机销量全球第五位、液晶面板全球销量第六位，其中海外收入占 47%，在欧洲、北美、拉美和东南亚地区进展顺利。2016 年，TCL 提出了"3053规划"，设计了国际化再出发的路线图，继续巩固欧美市场，同时加强重点市场的建设。TCL 在发达市场和新兴市场齐头并进，在美国、印度等主要海外市场的市场占有率均大幅提升，TCL 品牌影响力显著增强。

在十余年的国际化历程中，专注技术创新，强化品牌建设，成为 TCL 成功实践国际化战略的"武器"。18 年的摸索，让 TCL 积累了丰富的国际化经验，更收获了遍布全球的优质合作伙伴。它们是 TCL 国际化之路上最重要的资源，也是 TCL 成功打入当地市场、完成品牌建设的最得力助手。依托全球合作伙伴在当地市场的出色表现，TCL 品牌的国际影响力不断提升，已建立起了良好的中国品牌形象。

TCL 作为中国企业国际化的先行者，与很多国家都建立了合作。TCL 集团在全球范围内现有 7 万名员工、23 个研发机构、21 个制造基地，在 80 多个国家和地区设有销售机构，业务遍及全球 160 多个国家和地区。连续多年与 TCL 合作的 Harvey Norman 是澳洲第一大家电连锁品牌。Harvey Norman 拥有 30 余年历史，具有强大的销售渠道。在中东，拥有超强销售网络的伊朗国有大型家电企业 SHAHAB 集团，有着超过 50 年组装生产电视的经验，协助 TCL 在当地建立了 150 多家经销商和销售网点，让 TCL 跃居行业第三。在美国，抓住电商平台的发展，借力 Amazon，TCL 与北美备受欢迎的 ROKU 合作，联合推出极具性价比的智能电视 TCL ROKU TV，销售业绩在全美排名位居前列。2016 年 7 月 22 日，TCL 宣布与巴西家电龙头企业 SEMP 合作，共同投资 6000 万美元，在巴西建立合资公司 SEMP TCL，并于 8 月 1 日正式运营。SEMP 是巴西最大的家电企业之一，在当地主要生产和销售电视机、小家电、家庭影院和其他消费类电子产品。合资公司 SEMP TCL 的主营业务为生产和销售双方的电视机、各类小家电产品。在产品定位上，TCL 将主打中高端市场。

Chapter 05

在欧洲、亚洲等其他地区和国家，TCL 也拥有强大的合作伙伴队伍，与他们的携手合作，让 TCL 的产品得以迅速进入当地市场，建立品牌影响力。TCL 进入欧洲市场并不容易，因为其非常复杂的经济、政治、贸易体系，包含 30 多个国家、40 多种不同的语言及文化、10 多种增值税率，各个国家的 GDP 差异较大，市场需求迥异。TCL 进军欧洲始于 2004 年，并购了法国汤姆逊彩电业务，接手其在波兰的彩电工厂，这个工厂也成了 TCL 进军欧洲市场的桥头堡。多年来，TCL 通过自动化、智能化改造，对这个工厂进行升级，大大提升了生产效率和智能化水平。TCL 的电子元件首先通过"中欧班列"运往分厂进行组装，进而发往全欧洲进行销售。而波兰作为欧洲的重要交通枢纽，TCL 电视下线后，一天就能达到法兰克福和巴黎，三天就能抵达包括里斯本、马德里在内的欧洲全境。TCL 波兰工厂占地面积 10.5 万平方米，是中国在波兰最大的集成电路制造项目，也是波兰日拉尔多夫市最大的工厂。目前，TCL 波兰工厂拥有五条生产线，每年可以生产 450 万台电视，工厂拥有 284 名员工，大多来自日拉尔多夫市，有些已在工厂工作了 13 年。如今，TCL 多媒体与通信两大支柱产业在欧洲均取得了令人瞩目的业绩。

此外，TCL 还建立了辐射中北美地区的墨西哥工厂，以及辐射中东及非洲地区的埃及合资工厂。

近年来，面对全球经济增速放缓的挑战，以及国家"一带一路"倡议带来的机遇，TCL 抓住机遇，抓紧布局，资金、技术纷纷走出去，定位于"全球化的智能产品制造及互联网应用服务企业集团"，通过开发合作新模式，逐步渗透工业能力，进一步加快在海外新兴市场的布局，打造 TCL 全球化的竞争力。此外，近期，政府工作报告中多次提及《中国制造 2025》行动纲领，中国制造成为国家工作的重点向更高层次的"中国智造""中国创造"转变，TCL 将在国家政策支持下，推动产业的结构升级。TCL 集团董事长兼 CEO 李东生表示,信息社会的互联网时代,新商业模式层出不穷,跨界竞争此起彼伏,给全球企业的发展带来了新机遇，也为中国企业与"一带一路"沿线国家企业的合作带来新的契机。TCL 是中国较早推进"互联网 +"升级转型的制造企业。在 2014 年初启动了"智能 + 互联网""产品 + 服务"的战略转型。一方面把互联网和智能技术嵌入到产品中，让用户有更好的互联网应用体验；另一方面，积极探索"产品 + 服务"新商业模式。

TCL 正通过"双 +"转型战略和国际化形成的双轮驱动，在工业制造能力的基础上打造核心竞争能力，逐步建立起多种基于互联网的业务能力，积极搭建"双+"生态圈。并且，TCL 将开启在全球建立互联网应用与服务能力的战略，而很多中国企业都很慎重进入的欧洲市场，正是此次战略的首要目标。

然而，深耕欧洲并不是 TCL 最终的目标。随着企业在技术创新、工业建设、品牌运营、互联网应用与服务四项能力上的提升，TCL 开始寻求在全球范围内更大范围的影响。

"一带一路"倡议带来了巨大的商机和国际合作机会，但也考验了企业在新兴市场本地化的能力。TCL 集团董事长兼 CEO 李东生表示，TCL 将依托"一带一路"倡议，扎根"一带一路"沿线市场，把中国信息产业的制造能力、研发和服务能力在当地扎根，与当地合作共赢，加快本土化进程，缩短适应当地市场的时间成本，希望 TCL 集团的海外收入在三年内占比进一步提升至 50%。

2. 国际合作主要面临的挑战

第一，核心技术能力不足。虽然 TCL 进行了多次海外并购，但并没有从跨国并购中获得应有的技术。与外国跨国公司相比，核心技术的差距也影响了 TCL 的国际化进程。

第二，海外并购面临的文化冲突。TCL 在一些海外并购中并没有处理好文化冲突。在一些海外并购中，TCL 的收购目标是与自己规模相当甚至更大、历史更长的全球性企业，中外企业在文化背景、政策法律背景、管理模式等方面的巨大差异造成的整合困难远远超过预期，直至导致整合失败。

第三，缺乏管理大型国际化企业的经验。TCL 往往在完成交易以后才发现之前过于乐观，陷入进退两难的境地。TCL 所采取的海外并购全球多品牌策略，对其全球化品牌贡献较少，不利于建立大 TCL 品牌。

（二）创维成功进军东南亚市场

国内各产业将东南亚看作一个潜在的大市场，家电制造巨头已逐渐向东南亚国家市场扩张。2016 年 5 月，创维东南亚制造基地正式揭牌开工。对于东南亚市场未来的规划，创维将采取四大方向：一是以印度尼西亚为据点辐射整个东南亚市场，统一供应链；二是在经营的策略上，产品从中低端向中高端转型；三是尝试"东芝"和"创维"双品牌运；四是尝试线上运营以扩大市场份额。

与中国家电市场产能过剩、内需增速放缓形成鲜明对比，东南亚许多国家（除新加坡）家电普及率偏低。目前，东南亚的彩电市场在快速成长，东盟十国加起来约有 10 亿人口，相当于中国市场容量的 45%，如果把东南亚市场做好，就等于做好了半个中国市场，而且东南亚不仅离中国较近，消费习惯也接近于中国，是创维走向海外的一个出海口。

在东南亚区域，创维早已有全面的战略市场布局，如印度尼西亚分公司、越南分公司、泰国分公司和菲律宾分公司，且这些分公司在短短几年内发展迅猛，取得了傲人的成绩。本次创维东南亚制造基地落户印度尼西亚，成为创维海外市场的重要供应链枢纽之一，创维印度尼西亚制造基地是创维第一个真正自主经营的海外工厂，基地的正式揭牌开工，不但透露出创维对东南亚市场的大力布局，更预示着创维在海外国际化道路上再上新的台阶。

印度尼西亚作为东盟十国之一，是中国—东盟（10+1）重要的合作伙伴，创维在此建立东南亚供应链基地可以更好地利用相关政府政策为创维东南亚市场的后台服务提供更加有力的支撑。同时，印度尼西亚也是世界第四大人口大国（人口将近 2.5 亿），人工成本较低，加工制造成本更具优势。东南亚一旦取得成功，可能会形成一个利基市场，如印度尼西亚工厂的成功营运、东南亚自有品牌的顺利发展将会带动创维在东南亚其他市场的快速发展，在供应链、人才储备和培养、产品适应性等方面经历长时间的历练和储备，以支撑创维未来新兴市场的供应链搭建、工厂管理。

东南亚是海上交通要道，在地缘政治上具有独特性和重要性，是"一带一路"的重心所在。在过去 10 ～ 20 年，中国在区域合作中最成功的范例是东盟，从东盟开始推进"一带一路"是必然的选择。"一带一路"倡议的提出，对家电企业而言，无论是品牌知名度还是销售额，都将有一个较大幅度的增长。创维抓住这一个中国企业弯道超车的机会，凭借"一带一路"政策的支持，不断加强全球化布局拓展。

像孟加拉国、印度、印度尼西亚、约旦及非洲等发展中国家和地区，都是增量市场，潜力很大。创维集团正重新静下心来，明确国际化的目标、路径、资源投入。2015 年创维集团就设立了中近期的彩电目标：2017 年海外市场销售 1000 万台，自主品牌占比 30%，2020 年实现 1500 万台，自主品牌占比 50%，在产品全球化的同时谋求品牌国际化。

2014 年至今，创维在短短两年间就已完成了非洲市场、德国市场的强势进入及收购东芝 TJP 工厂强化东南亚等市场布局的重大战略，国际化进程不断加快。2016 年，世界经济依旧面临着复苏乏力的态势，而中国企业借助国家"一带一路"倡议却迎来了难得的海外发展机遇。

过去很长一段时间，日系家电一直主导着全球的家电市场，对国产品牌有着全面的压制态势。然而，最近几年，日系家电在全球范围内出现战线收缩，国产家电品牌纷纷崛起。创维东南亚制造基地前身为东芝印度尼西亚消费品制造公司，始建于 1996 年，是一家标准的日系企业。近年来由于成本和利润问题，再加上中国家电企业的强势崛起，日系品牌纷纷撤离家电业。

创维进军东南亚市场非常艰辛。创维在进军印度尼西亚初期，当地经销商虽然多为华人，与中国企业在沟通上有优势，但当地消费者很少选择中国品牌。然而，在创维收购 TJP，业绩一路上扬之后，当地经销商很快与创维开始合作。创维收购印度尼西亚东芝 TJP 工厂后，极大地提振了当地经销商的信心，很多优秀客户开始主动与创维合作。在良好的开局之下，创维印度尼西亚分公司连续 3 个月获得经营性盈利，产品月度销量为 2015 年的 3 倍以上。目前从订单来看，收购工厂后的第一年应该会突破百万台。

收购印度尼西亚东芝 TJP 工厂是创维国际化发展战略的一支强心剂，TJP 工厂具备日系品牌的优秀基因，创维能够从中更好地学习和借鉴日系企业先进的管理理念和生产技术，为创维制造注入更强劲的动力。未来创维在东南亚市场的规划方向中，尝试"东芝"和"创维"双品牌运作，高端化转型开拓国际市场已经起步。有了在海外工厂的历练，更会带来创维经营模式和人才的国际化，为日后全球化运营做好供应链端人才储备。

（来源：中国网）

（三）海信电器扩大海外投资

2016 年中国家电企业频现海外收购，继海尔收购美国 GE 家电、美的收购东芝白电、创维收购德国美兹彩电及在印尼建彩电工厂后，为扩大海信墨西哥工厂规模，海信电器与美国海信拟共同投资 2900 万美元，在美国设立海信美国电子制造有限公司，由新公司对海信墨西哥工厂进行技改投资。其中海信电器拟出资 1421 万美元，占 49%；美国海信拟出资 1479 万美元，占 51%。

Chapter 05

　　现今中国家电市场已进入饱和状态，近年来，中国企业普遍加大国际市场开发力度，未来中国家电企业的战场会从中国燃烧到世界各地。

　　2015 年，海信集团收购夏普墨西哥工厂的全部股权及资产，并获得夏普电视美洲地区的品牌使用权。2016 年 12 月 28 日，海信电器宣布拟与美国海信共同投资 2900 万美元，在美国设立海信美国电子制造有限公司，由新公司对海信墨西哥工厂进行技改投资。对此，继续加大力度出资墨西哥工厂，是为了离目标市场更近，有利于缩短产品的周期，建立好当地的服务体系，更好地服务于目标市场。

　　2016 年，国内家电行业领军企业海尔收购美国通用电气 GE 家电，美的收购东芝白电，创维收购德国美兹彩电、在印尼建彩电工厂。海信收购夏普墨西哥工厂，进而拥有了一个北美工厂。此次增资北美工厂，意在提升海信美洲市场拓展能力。近年来，中国企业普遍加大国际市场开发力度，都是强化国际市场的行为，向海外市场寻求新的增长空间。

　　现今中国家电市场已进入饱和状态，未来中国家电的战场会从国内燃烧到世界各地，今日手机市场就是家电的明天。

（来源：中国网）

（四）欧洲成长虹最大海外市场

　　2016 年，已经是长虹来到捷克的第 11 个年头。捷克深厚的工业制造基础与人力成本优势，使其成为长虹西进的"桥头堡"。而在未来，与国家"一带一路"倡议紧密结合，沿着"一带一路"倡议做好海外业务的发展，将是长虹下一步全球化拓展的首要做法。

　　西进东欧转瞬十年，长虹捷克工厂在成为中国家电企业在欧洲自主投资的第一个海外生产基地之后，更是成为目前在捷克在最大的中资制造业投项目。据长虹多媒体产业公司海外营销中心副总经理阳周透露，2015 年近 100 万台制造完毕的彩电从这里发货。目前，长虹欧洲公司业务增长率连续多年超过 20%。欧洲市场则成为长虹业务量最大的海外市场区域，占海外总市场份额的 35%。

　　欧洲这么大，长虹为何唯独对捷克青眼有加？要论欧洲中心，捷克最有资格，斯洛伐克太靠东，匈牙利则太靠南。除地理因素之外，更重要的是捷克所拥有的深厚的工业制造基础与人力成本优势。

不过值得注意的是，当初看中了捷克这块"蛋糕"的并不止长虹。当年和长虹一起在欧洲建厂的还有 TCL 和海信，但这么多年一直坚持下来的只有长虹。欧洲市场对于企业的要求高，长虹能坚持下来得益于长虹集团欧洲战略的坚定支撑。通过沿着欧洲战略的持续布局，长虹对欧洲企业在产品、质量管控方面的理解有了很多参考，无形中带来了非常多的促进，这对长虹的海外业务来说也是一种帮助，这也是长虹能一直坚持的原因。

长虹进军欧洲的第一步是攻克捷克，但在过去十年中，长虹并没有局限于捷克。从简单的出口贸易到 OEM，再到海外投资建厂，长虹用 10 余年时间实现了产品、制造、技术、品牌层面的"走出去"。目前，长虹已经形成了以巴基斯坦、印度尼西亚为基地的南亚、东南亚开拓区，从捷克工厂到意大利营销公司的欧洲生态链，以迪拜为基地的中东生意线。

而在未来，国际化依然是长虹版块中不可或缺的重要组成。与国家"一带一路"倡议紧密结合，沿着"一带一路"倡议做好海外业务的发展，将是长虹下一步全球化拓展的首要做法。

因此，接下来长虹还要沿着"一带一路"的路线，进一步增加海外据点，人口众多的印度、孟加拉国等地已经列入了长虹的目标；同时，更加高端、更加智能化的 CHiQ 品牌也将随之"出海"。未来 5～10 年，中国最有希望出现世界品牌的行业就是家电行业。

（来源：《华西都市报》）

（五）2016 年中企家电海外收购清单

继 2016 年 10 月富士康收购奥地利 IT 集团 S&T 的 29.4% 股权后，富士康有望再次出手收购，准备全盘拿下 S&T。若公司经营业绩较差，股价大幅下滑，预计富士康可能全盘收购 S&T。

这只是 2016 年中国对外收购的一个缩影。可以说，2016 年是中国企业海外并购年，中国首次超过美国成为全球最大的海外资产收购者。来自商务部的数据显示，2016 年 1—9 月，中国企业跨境并购的实际交易金额达 674.4 亿美元，超 2015 年全年的 544.4 亿美元。

而在中国企业跨国并购的浪潮中，家电企业可以说是先锋之一。2016 年以来，海尔、美的、富士康、乐视等一大批企业均走在了海外收购的前列。

　　2016 年年初，青岛海尔发布公告称，与通用电气签署了《股权与资产购买协议》，拟以 54 亿美元现金向通用电气购买其家电业务相关资产。通用电气在美国属于第二家电品牌，在美国的市场占比达到近 20%。交易最终于2016 年 6 月 7 日完成，最终交易金额达到了 55.8 亿美元。从交易金额上看，这是我国家电企业最大手笔的对外收购。

　　除青岛海尔外，2016 年在对外收购中表现活跃的还有美的。2016 年，美的进行了三项对外收购，包括东芝白色家电业务、意大利中央空调企业Clivet 80% 的股权及德国机器人制造企业库卡 81.04% 的股份。

　　其中，2016 年 3 月，美的集团宣布收购东芝白色家电业，以约 537 亿日元（约 4.73 亿美元）获得东芝家电业务主体——东芝生活电器株式会社 80.1%的股份。东芝白色家电业务包括冰箱、洗衣机、吸尘器及其他小家电。收购完成后，美的可在全球范围内使用东芝家电品牌，许可期限为 40 年。同时，美的也需要承接东芝家电约 250 亿日元（约 2.20 亿美元）的债务。此项交易于2016 年 6 月 30 日完成，最终交易价格约为 514 亿日元（约 4.53 亿美元）。

　　至于库卡，2016 年 8 月 8 日，美的对库卡集团的额外收购已经完成，并进一步收购了库卡 81.04% 的股份，收购价格约为 40 亿欧元（约 43.18 亿美元）。加上此前持有的 13.51% 的股份，美的对库卡持股达到 94.55%。虽然 Clivet的收购价格未公布，同时汇率也在波动，但是 2016 年以来，保守估计，美的的对外收购金额也已经超过了 48 亿美元。

　　除海尔、美的两大家电巨头外，2016 年在家电对外收购中表现活跃的还有富士康所属的鸿海及乐视。

　　鸿海终于将夏普收归囊中。2016 年 3 月末，鸿海斥资 2890 亿日元收购夏普普通股，以及预计斥资近 1000 亿日元购买夏普特别股，即以总计 3890亿日元（约 34.26 亿美元）收购夏普 66% 的股权。2016 年 7 月，鸿海正式完成对夏普的收购，并任命鸿海副总裁戴正吴为新任夏普社长。

　　2016 年 7 月，电视行业新进入者乐视宣布全资收购美国最大智能电视巨头 Vizio，收购价格为 20 亿美元。

　　此外，其他家电企业也在对外收购中有所表现，如 TCL 与埃及当地最大的家电企业 Elaraby 合作共建液晶电视生产线，创维东南亚制造基地落成，在当地运作东芝和创维双品牌。

综上，无论是收购标的的影响力还是收购金额，家电企业的表现都相当积极。2016 年以来，中国家电企业对外收购金额超过了 158 亿美元。

我国家电企业的对外收购其实一直存在，如 2015 年创维收购 Strong 和美滋、2014 年博世收购西门子、2012 年海尔收购斐雪派克、2011 年海尔收购日本三洋在日本和东南亚地区的洗衣机和冰箱等电器业务。而 2016 年，家电企业在海外收购上可谓力度非常大。那么，为何家电企业会如此大力度地对外收购？

2016 年家电企业的对外收购集中在日本和美国的家电品牌上，对于国内市场市场增长放缓、正在进行全球化拓展的中国家电企业来说，收购是打开海外市场的捷径和最有效方式。例如，对海尔来说，收购通用电气家电业务，可以快速打开欧美中高端市场。在海尔集团董事局主席兼首席执行官张瑞敏对于未来通用电气家电业务的构想中，就包括市场扩张。目前，通用电气家电业务主要集中在美国市场、中美市场，未来将至少扩展到整个美国市场，再走向全球市场。

对于乐视来说，收购 Vizio 同样也是其进军美国市场的捷径。乐视方面表示，Vizio 是一家美国公司，是除三星以外在北美认知度最高的电视品牌，其在北美电视市场分发渠道的渗透率达到了 83%。通过收购 Vizio，乐视走上了其全球化的第一步，也希望通过收购打响乐视在国外的品牌知名度。同时，通过收购，乐视可以与美国的渠道伙伴建立良好的关系，为 LeEco 登陆美国，以及乐视手机、乐视汽车进入美国做准备。

东芝白电在日本、东南亚等国家和地区都有较高的市场占有率，因此，在收购东芝白电业务时，双方的供应链网络及渠道优势，将有助于产品在全球市场铺开。

收购 Clivet 是美的"入欧"的机会。对于正在推动由"中国出口"向"本地运营"转变的美的来说，Clivet 是美的扩大在欧洲市场影响的方式之一。

另外，通用、东芝品牌的收购，给家电企业带来了生产能力和技术。在对东芝的收购中，根据协议，美的还会受让东芝超过 5000 项专利技术。5000 项白色家电相关专利对美的来说是一次显著的专利扩容，同时这些专利主要分布在日韩等海外市场，将有效延展美的在海外的专利布局。美的此次收购十分划算，尤其是专利，东芝的 5000 项专利技术自身的价值就十分高。

鸿海之所以收购夏普，就是看中了后者先进的面板技术。鸿海旗下的富士康一直被贴着"代工厂"的标签，而收购夏普，有助于鸿海向利润更高的产业延伸。鸿海的转型成果要到 2015—2017 年出现，到那时鸿海会进行结构性、技术性、公司商业模式的重新调整与转型，使其成长不再来自单一产品或单一客户，而是全面、结构性的增长。

企业海外收购增加还与国内实体经济增速持续放缓、海外投资相对低成本等因素有关，以寻求业务增长和版块多元化。

同时，需要注意的是，家电企业的海外收购并不是一帆风顺的，还存在一些收购"后遗症"。类似这样的情况，在海外收购中时有发生，企业也会事前考虑，如美的此前曾与库卡签署投资协议，独立保存库卡的客户企业数据，不改变库卡全球员工人数、关闭基地或搬迁基地。

（来源：《中国商报》）

十五、互联网

（一）联想参与"一带一路"的情况

1. 国际合作现状

目前，联想在全球 66 个国家拥有分支机构，在 166 个国家开展业务。作为全球电脑市场的领导企业，联想从事开发、制造并销售可靠的、安全易用的技术产品及优质专业的服务，帮助全球客户和合作伙伴取得成功。联想在过去十几年里，用全球并购和业务创新把一个根正苗红的中国企业打造成了一家业务范围遍布全球的跨国公司。

2005 年，联想集团收购 IBM PC（Personal Computer）事业部，迈出了国际化的第一步，这两家有着相同梦想的公司在联想名下携起手来，这标志着新联想的诞生。2011 年，联想集团收购了德国的 Medion AG，双方在德国 PC 市场的总份额将超过 14%，排名第三，在西欧 PC 电脑市场份额将达到约7.5%。2013 年，联想电脑销售量升居世界第一，成为全球最大的 PC 生产厂商。2014 年，联想以 23 亿美元收购 IBM 的 X86 服务器业务，正式进军轻服务器行业，实现了 PC 业务的跨越式发展，提升了自身的品牌形象，也提升了自身企业技术形象，X86 服务器市场份额上从第六攀升至前三。2014 年 10 月，联想集团宣布已经完成对摩托罗拉移动的收购，并将全面接管摩托罗拉移动的产品规划。

联想在亚太、美洲、欧洲—中东—非洲的收入均保持增长趋势，特别是在美洲，联想的表现最引人注目，在相继收购 IBM PC、IBM X86 服务器、摩托罗拉手机后，联想三大业务直接打入美国市场，绕过了很多中国公司无法绕过的专利保护墙。在亚太地区，得益于日本新利润引擎的推动，联想盈利能力显著提升。

在互联网进入中国之后的 20 余年里，人口红利逐渐消失，大小公司都开始走向国际市场寻找新的增长点。国际化是信息行业主流公司的重要战略，很多公司都在欧美、日韩等地设置办公室以推进业务在全球落地，但大部分公司的国际化还停留在喊口号上，对实际业务的贡献并不大。

联想的国际化始于并购 IBM PC 业务，到今天能够取得海外市场收入占比近 7 成的成绩当然也与并购分不开。但联想能够完成国际化，除并购之外，还得益于其在战略、文化、人才、创新等多方面的努力。

在战略方面，登顶全球 PC 市场榜首之前，联想就提出 PC+、优势三叠加等战略，致力于成为全球互联网终端领域的领导厂商。在稳住 PC 领导地位的同时，联想很早就开始了移动互联业务的布局，并推动移动互联业务在国际市场上的探索，在联想全球誓师大会上，联想提出了打造"硬件 + 软件 + 云服务"三位一体设备的战略主张，为联想长期发展定调。这些都显示了联想是一家有国际化视野的跨国公司，能够通过洞察未来发展趋势制定符合自身发展的战略目标。

在人才引进方面，联想也为中国公司国际化提供了参考经验。2011 年以来，联想引进了 Acer 前 CEO 蒋凡可·兰奇等世界级的资深管理者，并通过并购吸纳了 IBM PC 技术负责人彼得·霍腾休斯等技术型管理人才，这些来自五湖四海的人才拓宽了联想的视野。

在文化融合方面，联想在内部强调包容和多元，针对海外业务提出了"坦诚""尊重""妥协"的方针，联想的"文化鸡尾酒"让其国际化之路走得更加平稳。

作为一家高科技公司，创新是联想的 DNA。在并购 IBM PC 之后，联想把在美国罗利的研发中心、位于日本的大和实验室与联想在北京和上海的研发中心进行了整合，打造"全球创新三角"。在美国《商业周刊》近年评出的全球最具创新精神前 50 家企业中，联想在所有入围中国公司中位列首位。联想集团董事长兼 CEO 杨元庆还获得 2014 年爱迪生奖，成为亚洲首位荣获该奖的企业家。

联想成功转型为一家国际化跨国公司的经验告诉我们，国际化需要在战略、文化、人才、创新等多方面付诸努力，只有这样，中国企业才能把业务真正落地到全球各地。而联想这个中国企业国际化的标杆，正朝着全球产业领导者地位发起冲锋。

2. 国际合作面临的挑战

在国际合作方面，联想还没有完全进入成熟期，面对国外众多知名品牌，联想的国际合作之路还是面临了许多的困难与挑战。

第一，国际力量相对单薄。尤其是在成熟市场，联想集团的竞争能力明显不足，而且国际上也有很多更强大的一流对手（如苹果等），这更加重了联想国际合作的困难程度。

第二，国内外文化的冲突。国外的消费者和员工的观念与国内员工有很大的不同，如何抓住消费者的心理和消费习惯，怎样了解国外员工的需求并满足他们的需求，这些都是国际合作中必须要考虑的问题；

第三，联想的分销模式带来的挑战。国外的情况比国内复杂，以分销为主的模式不一定适合当地情况，而应根据各地区的不同情况实施不同的销售模式，就算是在国内实施，对于一家体系庞大的公司来说也是一项不小的挑战，而在国外，这一销售模式的实施与开展就显得更加艰难了。

第四，研发能力不足。在国内市场上，联想的研发能力高于其他的同行业竞争者，这也是联想公司立足于电子产品市场的一大优势，但由于我国自主研发能力和科学技术力量本身就远低于众多发达国家，所以这一优势在和国际上的一流对手相比时，就显得十分弱小了。

第五，消费人群太过集中。联想产品的消费者集中于 PC 端消费者，在手机等电子产品的市场领域品牌知名度、消费者的忠诚度都不高，大多数消费者都持有怀疑或观望的态度，所以联想在这些领域占领的国际市场份额很低，且国际竞争力较弱，并没有什么绝对优势可以逐渐增加国际市场份额、占领国际市场的一席之地，所以如何改变消费者的结构拓展其他消费群体也是联想在国际合作中需要慎重考虑的问题。

（来源：电子科技委 2016 年课题）

（二）小米：互联网手机品牌的典型案例

小米从 2014 年开始推动国际化发展，现已是印度第二大智能手机制造商。小米在"一带一路"沿线的布局，无疑是中国互联网手机品牌的一个典型案例。2017 年 5 月 9 日，小米公司在墨西哥城召开发布会，宣布将联合合作伙伴在墨西哥开售红米 4X 和红米 Note4。在此之前，小米公司已经在莫斯科、胡志明市等地召开发布会，宣布在当地销售小米产品，每次都吸引了无数国外"米粉"参加活动。

"米粉"是对小米公司产品忠实拥趸的网络热称。近几年来，越来越多的海外消费者开始使用小米产品，成为"米粉"。小米公司在海外的推广与销售离不开"米粉"的支持和热爱。在小米墨西哥发布会上，小米公司推出了为"米粉"准备的线上平台——小米拉美社区。小米墨西哥 Facebook（脸书）页面也是由当地"米粉"自发创立的，目前有 15000 余名成员。

小米公司从 2014 年起就开始了国际化布局，从第一次海外产品销售到第一场海外产品发布会，从第一次海外合作建厂到第一家海外零售店，小米公司在逐步探索和积极创新，寻求更好地为海外"米粉"及消费者提供优质产品的方式。

2017 年 2 月，小米在雅加达宣布和当地 3 家合作伙伴共同开启印度尼西亚本地生产。中国驻印度尼西亚大使谢锋参加了发布会并表示，小米在印度尼西亚开拓进取的两年多正是中国"一带一路"建设快速、蓬勃发展时期。小米作为中国制造的代表之一，走出中国，走向世界，已成为印度尼西亚智能手机市场占有率排名前 4 的大品牌。这是印度尼西亚市场、印度尼西亚老百姓对小米手机质量和服务的认可，是对中国制造和中国品牌的认可。

小米董事长雷军认为，经济全球化势不可挡，并在"一带一路"倡议提出后取得了大量的成果。过去 3 年，小米的产品销售到 20 多个国家和地区。

Chapter 05

在小米手机销售的过程中，"一带一路"其实离每个企业都非常近。

（来源：国家质量监督检查检疫总局官网）

（三）阿里巴巴与哈萨克斯坦签署战略合作

2016年5月26日，在哈萨克斯坦首都举行的第九届阿斯塔纳经济论坛上，受邀出席论坛的阿里巴巴集团董事局主席马云，与哈萨克斯坦总统纳扎尔巴耶夫开展了一场跨域"丝绸之路"的对话。马云表示："马可波罗用了八年在中国和意大利之间往返，他是个很勇敢的人。但现在，八年的路只需要八秒钟。今天，我们需要一个 Eroad（网上丝绸之路）来帮助中小企业。"当天，哈萨克斯坦国家主权财富基金 Samruk-Kazyna 领衔哈萨克斯坦电信、哈萨克斯坦邮政与阿里巴巴集团签署了合作备忘录，以促成双方在电子商务、支付、物流等领域的合作。

根据协议，阿里巴巴将帮助哈萨克斯坦开展中小企业电商培训，促进当地电了商务的发展；同时推动哈萨克斯坦电信旗下的支付业务与支付宝合作；推动哈萨克斯坦邮政和菜鸟网络合作，加快在俄罗斯、中亚和东欧地区跨境电商的物流发展。

哈萨克斯坦作为中亚最重要的经济体，是中国在"一带一路"上的重要合作伙伴。公开资料显示，阿里巴巴旗下的全球速卖通很早就已进入哈萨克斯坦，为当地带去优质商品和在线购物方式。目前，全球速卖通已成当地排名第一的网上交易平台，其中服装、家居、数码产品等最受哈萨克斯坦消费者欢迎。

此次合作，也是继俄罗斯、新加坡、阿联酋等牵手阿里巴巴后，又一个"一带一路"沿线国家与这一全球最大移动经济实体建立广泛而深入的合作。

"一带一路"沿线国家中，从东北亚的俄罗斯，东南亚的新加坡、泰国、马来西亚，到南亚的印度、西亚的阿联酋、中亚的哈萨克斯坦，均从政府层面积极推进与阿里巴巴开展合作。"一带一路"电商先行已成广泛共识。

（来源：中国经济网）

第二节

聚焦"一轴两翼"重点国家分类

国际产能合作是汇聚全球增长新动能的新倡议。2015 年以来，发改委牵头开展对外合作，加快形成"一轴两翼"合作布局，以我国周边重点国家为"主轴"，以非洲、中东和中东欧重点国家为"西翼"，以拉美重点国家为"东翼"，拓宽我国发展空间，促进各国互利共赢。

（1）周边产能合作率先推开。与哈萨克斯坦开展产能合作对接，形成第七轮早期收获项目清单，涉及 52 个项目 241 亿美元，树立可复制、可推广的双边产能合作样板。与俄罗斯、巴基斯坦、印度尼西亚、马来西亚、泰国、老挝、缅甸等国家快速推进产能合作，并以经济走廊建设为依托，促进国际产能合作理念在周边国家落地生根。

（2）中非产能合作提速加力。将埃塞俄比亚打造成中非产能合作示范承接地，聚焦肯尼亚、坦桑尼亚、埃及、南非等重点国家，共建铁路、公路、航空"三大网络"，结合非洲工业化进程，支持各类产业集聚区建设，推动装备和产能集群式走出去。

（3）中欧产能合作创新发展。着力将我国优势产能、欧洲发达国家关键技术、第三国发展需求相结合，开展第三方市场合作，实现三方共赢，提升产能合作的水平和层次。统筹推进中欧合作和中国—中东欧国家"16+1"合作，推动我国装备和产能进入欧洲市场。

（4）中拉产能合作快步开展。按照中拉产能合作"33"新模式，以物流、电力、信息等领域重大项目为抓手，充分发挥企业、社会、政府等各方积极性，畅通基金、信贷、保险等融资渠道，聚焦巴西、秘鲁等重点国家，推动中拉产能合作迈上新台阶。

Chapter 05

一、"一轴"国家范例

（一）中哈经贸产能合作互动成果

作为国际产能合作的样板，中国与哈萨克斯坦的产能合作进入早期收获阶段。依托中国"一带一路"倡议与哈萨克斯坦"光明之路"新经济政策对接，中哈产能合作将步入深耕阶段，互利共赢前景更为广阔。2013 年 9 月，习近平主席对哈萨克斯坦进行国事访问。访问期间，习近平主席首次提出共建"丝绸之路经济带"倡议，哈萨克斯坦对此积极响应。2014 年 12 月，李克强总理对哈萨克斯坦进行正式访问，两国达成产能合作共识。可以说，哈萨克斯坦与"一带一路"倡议和产能合作很有"缘分"，中哈两国对深化经贸合作的意愿十分强烈，都将对方视为重要的合作伙伴。

哈萨克斯坦资源丰富，但经济门类相对单一，轻工、机电、日用消费品产业相对薄弱。此外，国际金融危机给哈萨克斯坦的经济带来较大的冲击。为实现经济多元化和应对风险，哈萨克斯坦领导层提出"光明之路"新经济政策，以期通过结构改革和基础设施建设等措施确保经济可持续增长。据悉，基础设施项目涉及交通、工业、能源等领域，需求巨大。

作为合作的另一方，中国有充足和高水平的装备产能，可以在哈萨克斯坦以多种方式参与钢铁、水泥、平板玻璃生产及火电等基础设施项目，开展农产品深加工合作，助力哈萨克斯坦工业化进程，推动中国装备"走出去"，实现互利共赢和共同发展。

几年来，中哈两国产能合作可谓"多点开花"，已初步达成 50 余个早期收获项目，合同总金额达 268 亿美元，涉及化工、汽车、冶金、农业等领域。在早期收获项目中，汽车组装、粮油加工厂、聚丙烯项目已经开工，其余多数项目将在今后几年相继开工建设。在合作项目中，即将开工的阿斯塔纳轻轨项目尤其引人注目，成为亮点。

2016 年，中哈两国签署"丝绸之路经济带"建设与"光明之路"新经济政策对接合作规划。根据规划，双方将在新能源等新兴产业领域加强合作，扩大在工程机械、汽车产业等领域的合作规模，推进轻工、食品业及建材领域的产业合作并加强纺织工业现代化合作。

为吸引外国投资，哈萨克斯坦政府推出一系列优惠政策。外国企业在哈萨克斯坦投资化工业、石油工业、汽车制造业、建筑材料生产及食品工业，而且投资超过 1300 万美元将享受免税优惠，包括 10 年免缴地税和企业所得税，以及 8 年免缴财产税。虽然优惠措施并非只针对中国企业，但无疑将吸引更多中国投资，利好双方产能合作。

产能合作将帮助哈萨克斯坦大幅提升工业制造能力，今后哈萨克斯坦将有能力生产许多以前不能生产的产品，从而节约大量外汇。此外，产能合作还将给哈萨克斯坦带来新技术，就业岗位和财政收入也将增加。从哈萨克斯坦的角度来看，中国市场巨大，两国利用产能合作的机会在哈萨克斯坦设立工厂，生产中国消费者需要的有机食品和无公害果蔬。广阔而充满生机的中国市场正为哈萨克斯坦企业打开财富之门。

（来源：环球网）

（二）中国神华首个海外百万千瓦级项目落地印度尼西亚

2015 年 12 月 29 日，印度尼西亚国家电力公司（PLN）计划通过签署一份购售电合同的形式将爪哇 7 号（Jawa-7）燃煤电厂 21000 兆瓦独立发电厂项目的开发运营合同授予中国神华。值得关注的是，这是中国神华在海外的首个 1000 兆瓦时（相当于百万千瓦时）级燃煤发电项目，动态总投资约为 18.84 亿美元，折合人民币约为 122 亿元。同时，这也是两个月内，中国神华在印度尼西亚中标的第二个独立发电厂项目。

两个中标项目将是中国神华在印度尼西亚电力项目投资的又一新开端，凭借中国神华专业的电力项目建设和管理经验，在"一带一路"倡议的大背景下，中国神华将在印度尼西亚开创一个崭新的未来。公开资料显示，爪哇 7 号燃煤电厂 21000 兆瓦时（1 兆瓦时 =1000 千瓦时，1000 兆瓦时 =100 万千瓦时）独立发电厂项目，位于印度尼西亚首都雅加达西北约 100 千米处，项目将采取"建设—拥有—运营—移交"（BOOT）模式。

根据 PLN 要求，中国神华将与 PLN 的子公司 PT. Pembangkitan Jawa-Bali Investasi 公司合资设立项目公司，负责电厂的设计、投资、建设、运营维护、电厂至电网接入点输电线路及码头等相关项目的投资和建设。项目公司将由中国神华持有 70% 的股权，剩余 30% 的股权归属于 PLN 子公司；同时，项目公司就本项目将与 PLN 签订为期 25 年的购售电合同。爪哇 7 号投入商业运营 25 年后移交 PLN，建设总工期约 54 个月，首台发电机组计划投产时间预

Chapter 05

计为 2020 年。

但由于印度尼西亚严重的停电现象，印度尼西亚总统佐科希望中国神华及其他承包商能够继续加快项目的实施，使所有项目都能提前半年投产。对此，中国神华将积极努力争取项目提前半年（2019 年年底前）建成投产。

爪哇 7 号对于印度尼西亚来说具有里程碑式的意义。爪哇 7 号拟建设两台百万千瓦超超临界燃煤蒸汽发电机组，是印度尼西亚目前单机容量最大的机组。同时，该项目也是中国神华首个海外百万千瓦级别机组，动态总投资约 18.84 亿美元，折合人民币约 122 亿元，其中资本金约占 30%，由双方股东按持股比例出资，其余资金通过项目融资解决。中标本项目，将进一步拓展中国神华在印度尼西亚的发电装机规模，也是中国神华积极响应国家"一带一路"倡议的重要行动，符合中国神华的海外发展战略。

这已不是中国神华在印度尼西亚第一次中标发电厂项目了，2015 年 11 月 9 日，中国神华还中标了印度尼西亚南苏 1 号 2×350 兆瓦时独立发电厂项目。这背后折射了印度尼西亚电力紧缺的局面。印度尼西亚的全国总装机容量仅 5358.5 万千瓦时，总人口 2.55 亿，人均装机容量仅 0.21 千瓦时，全国电气化率接近 84.35%。目前处于改革开放阶段的印度尼西亚，正在大力发展经济，迫切需要解决电力短缺问题。基于此，中国神华正在加快在印度尼西亚的煤电项目布局。

中国神华未来在印度尼西亚的发展重心将放在爪哇西—南苏电网、爪哇东—巴厘电网两个主要电网区域，到 2020 年在印度尼西亚将实现装机总容量 1000 万千瓦时（含在建）的发展目标。在两个月的时间里，中国神华的清洁煤电在印度尼西亚已连中两标，正在为"一带一路"上的国家和地区提供清洁能源。实际上，中国神华在发展清洁煤电上的确"技高一筹"，如 2015 年 12 月获得湖南省发改委核准的神华国华华容电厂项目，也是规划建设 2×1000 兆瓦级超超临界燃煤发电机组，建成后，供电煤耗不高于 273 克／千瓦时，换言之，一度电耗煤不到 273 克，有望创造世界纪录。同时，华容电厂的烟尘、二氧化硫和氮氧化物排放浓度将分别低于 5 毫克／标准立方米、35 毫克／标准立方米和 50 毫克／标准立方米，上述指标排放标准"清一色"领先于同行业其他企业。

（来源：一财网）

二、"两翼"国家范例

（一）三峡集团 234 亿元买下巴西两座水电站

中国长江三峡集团公司 2016 年 1 月完成了截至当时最大的海外并购项目。完成这宗 138 亿雷亚尔（约合人民币 234 亿元）的水电站项目后，三峡集团将成为巴西第二大私营发电企业。三峡集团中标的巴西伊利亚、朱比亚两座水电站特许经营权签约仪式在巴西矿能部举行。2015 年 11 月 25 日，三峡集团成功中标上述两座水电站 30 年特许经营权，并计划在 12 月 30 日完成交割。上述交割完成后，三峡集团在巴西可控和权益装机容量达到 600 万千瓦时，一跃成为巴西第二大私营发电企业。

伊利亚、朱比亚水电站是两座相连的梯级电站，位于巴西圣保罗州和南马托格罗索州之间的界河巴拉那河上，相距约 60 千米，总装机容量为 499.5 万千瓦时。伊利亚水电站位于圣保罗州与南马托格罗索州交界的巴拉那河流域；朱比亚水电站位于伊利亚水电站下游，安装 14 台轴流转桨式机组，装机容量 155.1 万千瓦时。

三峡集团将以"长期发展，本地经营"为核心理念，与巴西政府部门及各相关方密切协作、充分协商，依托巴西成熟的水电人才，发挥中巴两国联合团队的协同优势，运营、管理好两座电站。根据协议，两座电站 2016 年全部电量出售给监管市场，预计当年将获得 23.8 亿雷亚尔（约合人民币 39 亿元）发电收入；自 2017 年起，70% 电量出售给监管市场，30% 出售给自由市场，电价将随通胀指数逐年调整。

巴西是拉美最大的经济体，是中国在拉美最重要的全面战略伙伴和最大的贸易伙伴，此次收购符合国家"走出去"政策和"一带一路"倡议。此外，巴西也是三峡集团长期跟踪、重点发展的主要国际市场之一，具有资源禀赋优越、市场需求旺盛、电力体系完备、市场制度成熟等特点，投资巴西水电项目对三峡集团实现"建设国际一流清洁能源集团"战略目标意义十分重大。

三峡集团是首家投资巴西的中国发电企业。2011 年，三峡集团开始调研巴西市场，通过投资并购和绿地开发，进行业务拓展。2011 年 11 月，三峡集团以 26.9 亿欧元（约合人民币 189 亿元）收购葡萄牙电力公司（EDP）21.35% 的股份；2013 年，三峡集团正式在巴西设立三峡巴西公司；2015 年

8月，又收购了巴西 TPI 公司总装机为 30.8 万千瓦的两个运行水电项目，以及一个电力交易平台公司的全部股权。

截至目前，三峡集团在巴西已投资 7 个水电项目和 11 个风电项目，全部海外可控和权益装机容量突破 1100 万千瓦。水电属于清洁能源，也是未来清洁能源的发展方向之一，虽然前期投入较大，但发电的成本较低，回收期的利润非常可观。这也是巴西自 2004 年电力市场改革以来，首次进行已运营水电站特许经营权拍卖。此外，巴西政府还取消了非巴西公司不准参与竞标的限制条款，这也为三峡集团及其他非巴西公司在巴西开展业务铺平了道路。

通常情况下，没有国家会将已经运营的水电站特许权进行拍卖。但瑞士信贷集团股份公司在 2015 年 10 月 4 日的一项技术说明中曾指出，由于政府的预算约束，巴西的国家银行都被供应制度所束缚，这影响了巴西的经济、社会发展，而私人资金进行投资的成本又太高。经济危机导致巴西企业融资困难，取消外资公司的投资限制，既能帮助巴西本地的公司，也能帮助巴西度过困难期。

（来源：搜狐财经）

（二）中企成功并购秘鲁拉斯·邦巴斯铜矿

2016 年 1 月 28 日，中国五矿旗下五矿资源有限公司正式发布公告，中国金属矿业海外并购史上的最大项目——中国五矿秘鲁拉斯·邦巴斯铜矿，正式投产运营。

2016 年 3 月 20 日，由中国五矿、中国国新、中信集团 3 家公司斥资 105 亿美元联合收购的秘鲁拉斯·邦巴斯铜矿建成投产后第一批装运的 1.133 万吨铜精矿顺利抵达南京港。此次到岸的铜精矿品位高达 48.50%，含铜量为 293.00g/MT，品质极好，是我国在海外收购的优质铜矿资产。这标志着中国金属矿业史上迄今实施的最大境外收购项目取得了切实成果，也意味着我国企业响应中央号召"走出去"、建立海外资源基地、保障国内紧缺资源供应、服务中拉合作新框架和产能合作新模式的努力获得了回报。

中国是全球最大的铜消费国，但国内资源禀赋相对较差，铜资源储量严重不足，且品位偏低。铜已成为国内最紧缺的大宗矿产原料之一，近 10 年来我国铜精矿每月进口逾百万吨。邦巴斯铜矿作为目前秘鲁国内金额最大的投资项目，将使秘鲁一跃成为世界第二大铜生产国。未来 10 年，邦巴斯项目还将拉动 300 亿美元的中拉贸易额和 40 亿美元的后续矿山建设投资额。

目前，邦巴斯铜矿已实现超过每天 40 万吨的额定采矿产能，铜选矿厂的两条生产线成功投产，项目进入产量提升阶段。后续，随着项目逐步达产达标，中国五矿将成为中国最大的铜矿山生产企业和全球前十大铜矿山生产商之一。邦巴斯铜矿的正式投产，不仅可以大大增加我国在国际铜市场的话语权，2016 年还将引领 1 亿美元的国产装备"出口"。

拉斯·邦巴斯，西班牙语意为"这片高地"，而邦巴斯项目就是位于秘鲁南部海拔 4000 米的安第斯山脉上的阿普里马克大区，是世界级铜矿之一。邦巴斯项目收购及后续建设投入累计达 105 亿美元，是铜矿业领域典型的"压舱石"式资产。

目前邦巴斯项目已查明和潜在的铜资源储量超过 2000 万吨，相当于国内总储量的 1/4，目前勘探面积仅为全项目的 10%。中国铜矿石进口依赖严重，对外依存度超过 80%。国际矿业则是寡头垄断，供给高度集中于几大跨国公司。中国企业只有拥有了像邦巴斯这样的压舱石，才能抵御国际市场剧烈的波动。

经地质勘测，邦巴斯铜矿矿石品位高，可选出含铜量 40% 的铜精矿，无有害杂质，是市场喜欢的优质精矿。项目现金成本位于全球铜矿现金成本最低的 25% 分位以下。

中国企业能够在激烈的竞争中拿下这一世界级的大铜矿，并不是一件容易的事。2012 年，全球最大的大宗商品贸易商瑞士嘉能可与大型矿业公司斯特拉塔宣布合并，并提请欧洲、南非和中国监管机构进行反垄断审查。2013 年 4 月，商务部发布公告，有条件批准两家巨头合并，但要求在 2015 年 6 月 30 日前完成邦巴斯项目的剥离。嘉能可随即启动公开招标售卖流程。中国五矿立即与国新国际投资有限公司、中信金属有限公司"接头"，迅速组成联合体参与国际竞购，并以其融资方案与专业经验从七家国际竞争企业中脱颖而出。

签署收购协议仅仅是第一步。不少国际企业对邦巴斯项目这块"肥肉"虎视眈眈，一旦项目审批不顺利、融资难到位，花落谁家并不确定。令海外矿业巨头们吃惊的是，仅用 3 个月时间，邦巴斯项目就获得了秘鲁投资促进局和中国发改委、商务部、外汇局的相关批复，通过了中国香港联交所的审批，还拿到了国家开发银行牵头的中资银团高达 70 亿美元的债务融资安排。交割期整整提前了一个月。这也消除了收购的不确定性，降低了过渡期的投资风险，及时替换项目融资，仅财务费用一项，联合体就节约了 2000 万美元。这个并购案例还获得了《美国律师》杂志颁发的"2014 年度全球并购交易奖"。嘉能可—斯特拉塔出售拉斯·邦巴斯铜矿，是其向中国反垄断部门妥协的一个无奈之举。

2012 年 11 月，瑞士大宗商品交易巨头嘉能可和矿业大亨斯特拉塔合并案最终经双方股东表决通过，国际原材料行业一个新的"庞然大物"由此诞生。合并后的嘉能可—斯特拉塔国际公司将成为全球第四大矿业企业、第一大锌制造商、第三大铜制造商和最大的煤炭出口商，总价值约 500 亿英镑，销售额将达 2000 亿瑞郎。

中国商务部 2013 年批准了这一收购，但要求嘉能可剥离其在秘鲁拉斯·邦巴斯铜矿项目的全部收益等条件。商务部认为该收购案在铜精矿、锌精矿、铅精矿市场可能具有排除、限制竞争效果，因此，在批准此项收购时附加了条件。因此，该矿被一家中国集团收购始终是一件较大概率的事件，中铝、五矿、江西铜业等中国国有企业都曾加入竞争。

然而，具体的谈判过程比之前所预计得更加艰难，双方一直难以就收购价格达成一致协议。此前，还曾传出嘉能可放弃出售该铜矿的消息。不过，嘉能可—斯特拉塔的资产负债状况不佳，也迫使其加快剥离拉斯邦巴斯铜矿。评级机构穆迪近日曾警告称，嘉能可—斯特拉塔如果继续持有拉斯·邦巴斯资产的话，将会有利于该公司长期增长，但是这可能会对该公司当前的 Baa2 评级造成损害。

2014 年 4 月 14 日，中国五矿下发五矿资源有限公司与国新国际投资有限公司、中信金属有限公司组成的联合体与嘉能可签署邦巴斯项目的股权收购协议，2014 年 7 月 31 日顺利完成股权交割。该项目收购对价和资本支出合计超过 100 亿美元，是中国金属矿业史上迄今实施的最大境外收购。这一收购的成功实施极大地增强了中国铜资源战略保障能力，同时也为秘鲁经济发展和中拉经贸关系产生重要的推动作用。

从竞购到投产，邦巴斯项目投资规模之大、管理半径之长、建设运营之复杂，在中国企业"走出去"的历史上都是罕见的。到目前为止，邦巴斯铜矿各项投资都保持在预算内，投产后将持续为公司贡献正向现金流。这为中国海外金属矿业投资、建设及运营赢得了宝贵经验，也意味着国际矿业舞台上迎来了一个非常有竞争力的大国。邦巴斯项目完成得十分高效。对于采矿业，无论是技术、管理，还是环境与劳动保护，乃至促成政府、公众与企业间达成共识，都需要平衡统筹各方利益诉求。如果没有高效的工作，在秘鲁开矿很难成功，而高效恰恰是邦巴斯项目的巨大优势。

高效源于一支熟悉国际市场游戏规则的国际化团队。2009 年，中国五矿收购澳洲 OZ 公司，整合原班人马成立五矿资源公司，成为"走出去"的优质平台。矿山建设高峰期，全项目 19500 名员工只有中国籍职员 2 人。目前的运营团队仍是秘鲁、智利、巴西、澳大利亚、阿根廷、哥伦比亚和中国职工组成的"七国部队"，国际项目的运营必须配备具有大型项目从业经验的成熟团队，无论职工，还是设备，都不看国籍，只看素质，让合适的人干正确的事，协同作战。

高效也来自企业文化与当地文化的加速融合。建矿之初，矿山就办起了"锦葵电台"。广播台广播员吉耶尔·莫曾在秘鲁最大的广播电台做过 10 年的记者，现在甘愿回乡搭建这座社区与企业间的桥梁。借助项目搬迁，全镇 441 户家庭从土坯房搬进了三层小别墅。镇上的孩子上了全省最好的学校，许多人在矿上找到了体面的工作，月收入 1800 索尔，比邦巴斯建矿前增长了 6 倍。邦巴斯项目完全改变了当地人的命运。实际上，邦巴斯所在的科塔班巴斯省是秘鲁最贫困的地区之一。随着邦巴斯项目的开展，村民们的生活得到了巨大改善，1700 名当地人接受了电脑、电工、钳工、管道工等技术培训。得益于邦巴斯项目的社区投入，当地极度贫困人群减少了 61%、营养不良率降低了 25%、识字率提高了 17%。运营期，邦巴斯项目还将为当地创造 3000 个就业岗位。

邦巴斯项目能快速建成并投产，其"换位思考"取得经济社会效益双赢的宝贵经验，值得所有投资者借鉴。为了确保邦巴斯项目按计划顺利进行，中国五矿加强股东层面对项目的管控力度，同时依托经验丰富的海外团队负责项目现场工作，建立有效管控体系，中外团队协作配合，全面梳理建设路径，调整项目公司管理团队，推进社区搬迁和安置工作，妥善应对社区群体抗议事件，顺利完成项目建设的目标。邦巴斯项目的成功并购和顺利投产，对我国铜资源的稳定供应奠定了物质基础，同时也对秘鲁经济社会发展带来重大利好。据介绍，邦巴斯项目对秘鲁经济增长的贡献率将达 20% 以上，预计秘鲁 GDP 增速将从 3% 增加到 3.6% 或 4%，还将为矿区及运输沿线 30 万人口提供产业与就业机会，真正做到了互利双赢。

（来源：大中国网）

（三）中铁建拿下非洲百亿项目

中铁建中非建设有限公司 2015 年 4 月 27 日在非洲连续签订建设项目订单，总金额近 55 亿美元：尼日利亚奥贡州城际铁路项目商务合同，合同总金额达到 35.06 亿美元；津巴布韦历史上规模最大房建项目——价值 19.3 亿美元的 2015 英雄住房工程项目。

奥贡州城际铁路项目总里程 334 千米，项目采用中国标准，单线标准轨距，设计时速 120 千米。该项目将进一步巩固中国铁建作为尼日利亚建筑行业领军企业地位，是中国铁路"走进去"的一大步。加上正在实施的尼日利亚阿卡铁路、阿布贾城铁、拉各斯轻轨，以及沿海铁路、拉各斯伊巴丹铁路等项目，中国铁建中非建设已经成为非洲最大的轨道交通承包商。

奥贡州城际铁路项目是尼日利亚"三纵四横"国家铁路干线网络的重要补充与延伸，将与中非建设承揽实施的尼日利亚沿海铁路、拉各斯伊巴丹铁路、拉各斯轻轨蓝线与红线等轨道交通工程联系在一起，构建成一个合理高效的区域轨道交通网络，建成后将对加快区域发展和经济增长发挥引擎作用。

（来源：新华网）

（四）中国铁建总承包贝哈连接线高速公路项目

2013 年 12 月 11 日，中国铁建国际集团正式签署阿尔及利亚贝佳亚至哈尼夫连接线高速公路项目总承包合同。该连接线项目北起阿尔及利亚贝佳亚港，南与横跨地中海沿岸被誉为"世纪工程"的东西高速公路相连，途经 5 座城市，设计为双向六车道、13 座高架桥和 1 条隧道，合同金额 13 亿美元。阿尔及利亚总理塞拉勒对连接线项目寄予厚望并在项目开工仪式上指出，贝佳亚港作为阿尔及利亚的三大油港之一，连接线项目的开工建设，对更好地发挥该港口作用、发展沿线经济、促进社会经济发展、拉动投资、缓解就业具有重要意义，希望在阿尔及利亚东西高速公路建设中取得卓越成绩的中国铁建能够再接再厉，建好连接线项目。

此次签约的阿尔及利亚贝佳亚至哈尼夫连接线高速公路项目，是阿尔及利亚自东西高速公路以来的又一条由中国建筑企业参与施工的高速公路，也是中国铁建国际集团坚持海外项目属地化经营，深耕市场，继完成阿尔及利亚东西高速公路项目、中标高速公路路面整治项目以来的又一重要的市场开拓成果，实现了在阿尔及利亚支柱市场的就地滚动发展。

（来源：中国铁道建筑总公司）

本章小结

Chapter 05

产能合作要坚持市场运作，遵循市场规律和国际通行规则，充分发挥市场在资源配置中的决定性作用和企业的主体作用，国际产能合作的主体是企业，企业投资建厂、转移生产线、承包工程，需要自主决策、自负盈亏。李克强总理强调，国际产能合作要以企业为主导，依照商业原则灵活运用境外工程总承包、第三方合作等多种模式，做好国内产能与国外市场的对接，更好契合不同地区的需求。中国企业要想真正"走出去"，不能仅仅依靠价格竞争和政策扶持，更需要练好"内功"和"外功"。所谓"内功"就是有优势的技术、自主和有价值的产权；"外功"就是充分的市场调研、精密的成本计算。

第六章
"一带一路"产能合作模式分析

企业"走出去",面对东道国陌生的法律法规、经营习惯、劳工素质、人文环境等问题,若企业人员直接出面处理,可谓困难重重,而若善用外部力量去解决,则事半功倍。中国企业要坚持合作共赢理念,重视与当地有实力的企业、经验谙熟的国际公司、相关金融机构等合作,部分规避政治风险、法律风险、经济风险、外汇风险、治安风险等;要增强企业社会责任意识,提高本土采购力度,尽可能地雇用当地员工,带动当地中小企业和配套产业发展,争取当地民众与社会势力的支持;要加强与相关国际组织合作,优先与亚洲基础设施投资银行、金砖国家银行和丝路基金等知名金融机构合作。

第一节

PPP模式分析

一、模式分析

企业、社会和政府的良性互动是推动"一带一路"倡议的重要环节之一,也是全球经济不断发展的重要议题之一。除企业、社会和政府各司其职、明确分工和定位外,将三者有机结合是国际产能合作需要解决的关键问题。近年来,我国在推动上述三者良性互动的过程中积累了一定的经验,也提出了如PPP这样的新的互动模式。一方面这种新模式保障了私人个体的利益;另一方面这种模式将个体利益与国家利益相结合,促进全社会资源的优化整合,进一步推动了三者关系的融合发展。

PPP（Public-Private-Partnership）模式，是指政府与私人组织之间，为了合作建设城市基础设施项目，或为了提供某种公共物品和服务，以特许权协议为基础，彼此之间形成一种伙伴式的合作关系，并通过签署合同来明确双方的权利和义务，以确保合作的顺利完成，最终使合作各方达到比预期单独行动更为有利的结果。PPP模式将部分政府责任以特许经营权方式转移给社会主体（企业），政府与社会主体建立起"利益共享、风险共担、全程合作"的共同体关系，政府的财政负担减轻，社会主体的投资风险减小。

对于PPP融资模式分类有多种方式，大体上可以划分为外包、私有化和特许经营三大类型。

（1）外包。PPP融资模式的项目通常由政府部门投资，私人部门承包整个项目的一项或几项职能，例如，私人部门只负责工程建设；或者受政府部门的委托管理维护基础设施，并经政府付费来实现各种收益。在外包类型的PPP融资项目当中私人部门所承担的风险相对较小。

（2）私有化。PPP融资模式项目需要私人部门负责项目的全方面投资，政府部门主要职能为监管，私人部门通过向用户收取费用来收回投资，实现利润。因为私有化类型的PPP融资项目所有权永远都归私人拥有，并不具备有限追索方面的特性，所以，私人部门在这种类型的PPP融资项目当中承担的风险非常大。

（3）特许经营。PPP融资模式项目需要私人部门参与部分或全部投资，并通过一定的合作机制，与公共部门分担项目所具有的风险、共享项目的收益。按照项目的实际收益，公共部门可能向特许经营的公司收取一定的特许经营费给予一定的补偿，这就需要公共部门协调好私人部门的利润及项目公益性之间的平衡关系。所以，特许经营类型项目能否获取成功取决于政府相关部门的管理水平。

（一）政府

政府（不仅指国家机关，还包括国家授权的企业）一般都是项目总发起人，但是政府在项目中既没有操作权利，也不需要对项目进行规划。政府利用自身授予部分企业投资项目的裁决权和向项目直接投入开发资金或向金融机构进行贷款的形式，为项目开发建设的成本资金、开发环境、开发手续提供便利。

（二）SPC

SPC（Special Project Company）是针对特定项目的建设而成立的公司，也是项目的规则制定者、执行者、管理者、决策者，是通过政府机构与投资者共同达成协议而组建的。SPC 的存在对项目起决定性的作用。它能够获得一部分普通投资机构没有的权利，通过向政府机构提出项目顺利运作的方案，促使政府做出适当的政策调整与支持。SPC 拥有项目决策与执行权利，SPC 的中心管理人员由个人或者集体组建而成，在遇到比较复杂的问题时，政府也可以加入进行管理。然而，政府机构人员所占的比例一般比较小，并且不会对项目实施造成重大影响。

（三）银行和金融机构

在国内外一旦采用 PPP 模式对项目进行开发，就意味着资金的巨大需求。这时便需要大量的融资，目前给项目提供可靠资金支持的有贷款机构、私人资金融入、各大银行机构、企业或集团的入股。上述机构及部门起到的作用也是项目最重要的部分，就是通过资金的融入使项目顺利地开发。

（四）咨询公司

目前由于采用 PPP 模式对项目进行开发使用，也就必然会有许多机构、部门、公司及企业的直接参与，资金融入的阶段性难以管理，项目的建设时间也长，整个投资风险比较大，所以，需要专业的、经验丰富的咨询机构对整个项目制定更为合理的实施方案。咨询机构在项目中履行的责任和义务有如下几点。①针对 SPC 面临的政策选择提供帮助，项目开发者要了解我国的各种政策，包括税务、财政、金融等，这时咨询公司就能够为 SPC 提供意见或建议，在不违反国家相关政策的前提下更快、更顺利地完成项目的建设。②对于整个资金融入的架构了解及资金的使用是项目的重中之重。这时咨询公司能够利用自己在这方面的独特见解，为 SPC 提供比较完善并且较低风险的方案，以保证项目的实施。③在 PPP 模式下，即使制订出较为合理的计划，但项目也可能随着市场及政策的变化随时遇到难题，导致项目不能顺利进行，这时可以聘请咨询公司对项目的规划和建设做出适当的调整。

（五）用户

项目的直接使用者和受益者是广大人民群众和相关的政府机构，使用者也需要为项目支付适当的使用费用。我国目前采用的 PPP 模式中，用户使用项目需要付费，并且费用还会因为项目不同而制定不同标准。一般免费使用由政府付费的项目，需要支付相关的税务费用；如果是由用户按需付费的项目，SPC 自身就可以对其使用的具体时间和设备进行收费。另外，在项目的政策运营期间，广大人民群众可以对其进行严格的监督，如果对项目有合理的意见和建议，也可以提出来，以此来完善项目的建设与发展（陈少阳，2015）。

图 6-1 所示为 PPP 融资模式主要参与方关系。

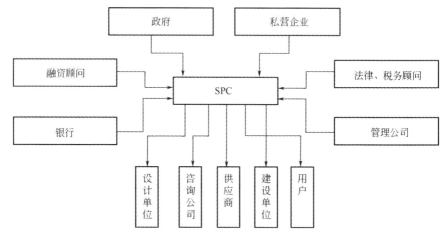

图 6-1　PPP 融资模式主要参与方关系

二、PPP 模式的项目运作流程

以 PPP 模式运作的基础设施项目可以划分为四个阶段：前期分析、确定 SPC、开发运营和转移终止，如图 6-2 所示。

在国际产能合作过程中，大多数项目的资金需求量大，一方面单独的企业和个人很难有庞大的资金链周转和支持，另一方面单独的企业和个人也要承担非常大的风险。从这两个角度看，企业和个人以个体进入国际产能合作领域的困难和阻碍显而易见。通过 PPP 模式，以政府为主要合作项目牵头人，与全社会参与成员共同分担风险。一方面，能够吸引更多的企业和私人进入国际产能合作的领域，扩大"一带一路"倡议的参与主体，增强整个战略的活力；另一方面，以政府财政为共同风险承担方，大大减少了私人企业在国际产能过程中承担的风险，提高了所涉及项目的可持续发展性。

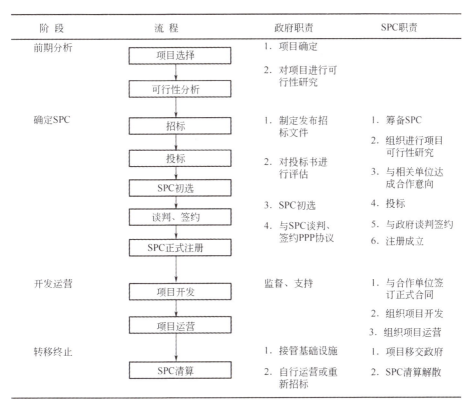

阶 段	流 程	政府职责	SPC职责
前期分析	项目选择 ↓ 可行性分析	1. 项目确定 2. 对项目进行可行性研究	
确定SPC	招标 ↓ 投标 ↓ SPC初选 ↓ 谈判、签约 ↓ SPC正式注册	1. 制定发布招标文件 2. 对投标书进行评估 3. SPC初选 4. 与SPC谈判、签约PPP协议	1. 筹备SPC 2. 组织进行项目可行性研究 3. 与相关单位达成合作意向 4. 投标 5. 与政府谈判签约 6. 注册成立
开发运营	项目开发 ↓ 项目运营	监督、支持	1. 与合作单位签订正式合同 2. 组织项目开发 3. 组织项目运营
转移终止	SPC清算	1. 接管基础设施 2. 自行运营或重新招标	1. 项目移交政府 2. SPC清算解散

图 6-2 PPP 模式的运行流程

Chapter 06

第二节

拓展融资渠道、创新融资模式相关模式分析

  "一带一路"倡议涉及基础设施、能源等经济社会各个方面的合作，因此，拥有可靠的资金来源和融资平台是我国政府部门、相关企业等与沿线国家进行产能合作的重要基础和保障。《推动共建丝绸之路经济带和21世纪海上丝绸之路的愿景与行动》中提出了"一带一路"沿线国家间的"五通"，即政策沟通、设施联通、贸易畅通、资金融通、民心相通，认为资金融通是"一带一路"建设的重要支撑；而且还明确指出要深化金融合作，以银行贷款、银行授信等方式开展多边金融合作。可见，在"一带一路"倡议实施中，金融需要积极发挥支撑保障作用。资金融通是"一带一路"连接各个环节的重要纽带，能够较好地发挥金融的支持作用，有利于为"一带一路"重大项目的落地提供切实可行的支撑，以及降低项目的风险。

一、将政策性金融作为"一带一路"重要保障基础

  政策性金融，是指在一国政府支持下，以国家信用为基础，运用各种特殊的融资手段，严格按照国家法规限定的业务范围、经营对象，以优惠性存贷利率，直接或间接为贯彻、配合国家特定的经济和社会发展政策而进行的一种特殊性资金融通行为。它是一切规范意义上的政策性贷款，一切带有特定政策性意向的存款、投资、担保、贴现、信用保险、存款保险、利息补贴等一系列特殊性资金融通行为的总称。政策性金融在安全性、可持续性方面都具有其他融资手段不可比拟的优势。

  在"一带一路"国际产能合作过程中，将政策性金融作为政府和企业"走出去"的基础和保障，一方面，能够在国际产能合作初期保障顶层设计和整体规划的顺利实施，表达一定的国家意志和期待；另一方面，政策性金融由于以政府信誉为保障，其投融资的规模性也是最优的，能够保障在国际基础设施、能源等需要大量、持续资金投入的项目顺利进行。同时，在与合作基础较为薄弱的国家进行合作时，政策性金融更具备开拓性，能够承担更高的风险，而这正是商业金融无法做到的。

一个完善的政策性金融体系包括开发性金融、支持性金融、补偿性金融与福利性金融。以国家开发银行为核心的开发性金融是当前我国政策性金融的主力，具有总体性、宏观性、制度性和规模性的特征，既能够融合其他政策性金融，也能够较好地体现国家政策意图。

开发性金融在"一带一路"建设中大有可为。一方面，在"一带一路"沿线国家中，更多的是经济并不十分发达、基础设施水平较差、城市化刚刚起步的新兴经济体与发展中国家，从而基础设施建设的需求远远大于供给，而这些基础设施建设投资回报期较长、资金缺口较大、项目利润率较低，使得普通的商业金融并不乐意参与其中；而开发性金融由于在基础设施建设方面具有良好的经验与资本积累，能够更好地以中长期投融资方式融入"一带一路"沿线国家建设，从而形成双赢的前景。另一方面，开发性金融对"一带一路"沿线国家的先行性投资，也为其他领域的合作打下了良好的基础，为中国企业走进"一带一路"沿线国家开辟了更宽广的道路。例如，国家开发银行在东南亚通道、中巴经济走廊等项目的前期研究投入，为中国企业的进入提供了良好的条件。可见，开发性金融以自身的资本基础和资本产生的影响力，能够为其他金融形式及其他经济形式进入"一带一路"建设提供前期的支持与保障，通过开发性金融对市场缺位的弥补也能为商业金融的进入提前建立良好的市场环境与市场规则。

支持性金融同样在"一带一路"倡议实施过程中具有重要作用。2015年上半年，中国人民银行追加对进出口银行450亿美元的注资后，成为进出口银行的第一大股东，这被认为是支持进出口银行投入"一带一路"倡议、鼓励进出口银行进一步发力的重要举措。与开发性金融不同，进出口银行主要在优化贸易金融投资与产业合作方面对"一带一路"倡议提供支持：一方面，由于中国与沿线国家金融合作的空间与潜能很大，进出口银行在贸易融资、货币金融投资等方面具有较大的发展动力和潜力；另一方面，进出口银行还可以利用已有的中国—东盟投资合作基金、中国—中东欧投资合作基金等，拓展新的区域基金项目，拓宽投融资渠道，促进"一带一路"区域建设的市场化与开放化。

二、将互联网金融打造成为"一带一路"重要新模式

互联网金融是金融创新的一种模式，是传统金融行业与互联网精神相结合的新兴领域。简单来看，互联网金融只是在传统金融中采用互联网的新媒介，但从更深层次来讲是互联网中涵盖的"开放、平等、协作、分享"精神融入金

融创新的新意识、新思想与新模块。互联网金融通过互联网的模式创新传统金融的产品与方式，不断丰富金融产品，扩大金融服务范围，又可以打造全新的金融合作领域，必然会以新的投融资模式为"一带一路"建设提供金融支持。一方面，随着互联网金融的不断发展，跨境结算、异地汇兑等方式变得越来越容易，这本身就为"一带一路"沿线国家间的贸易往来提供了更便利的条件，创造了更便捷也更高效的支付方式，以金融创新的方式推动贸易升级。另一方面，随着互联网科技的发展，可以在"一带一路"沿线国家进行相应的债务投资与证券投资，进入"一带一路"沿线国家的资本市场，以新型资本市场产品为"一带一路"建设融资，并鼓励各种金融机构以互联网金融的形式进入"一带一路"沿线国家，促进与资金入注国的多双边贸易往来，进而使得资金融通与贸易畅通能够更好地互利互补。

当前，中国的互联网金融发展已经走在世界前沿。虽然互联网金融模式起源于欧美等信息化程度领先的发达国家，但我国的互联网金融却占据了后发优势，发展趋势良好。利用互联网金融的独特属性和特殊优势，可以为"一带一路"倡议创造很多新的机遇，甚至可以直接打造"网上丝绸之路"。

一方面，互联网金融不但提供金融服务的成本非常低，在固定成本投入后的边际成本几乎为零，而且其服务范围和服务类别非常广，也就是说互联网金融属于"低成本、高收益"模式。尤其是互联网金融"无国界"的特性突破了空间限制，提高了效率，更加适合"一带一路"倡议中我国与不同大洲、不同时区国家间的经济交往，节约了交易成本，也加速了交易频率。另一方面，互联网金融还具有重视长尾市场、形成普惠金融与个性化金融的特色。互联网金融可以利用低成本、广覆盖的优势让更多国家、企业、个人能够获取收益，而且还能够根据个性化需求定制差异化的金融服务；同时，也可以利用互联网的无空间限制特征进行多行业间，以及行业与金融间的跨界融合，从而扩展不同国家间的产业合作与企业合作。因此，在互联网金融的支持下，不仅"一带一路"国家间的贸易往来会逐渐增加，而且跨境电子商务、跨境金融结算、跨境保险、跨境投资都可以实现，从而真正形成"网上一带一路"。

互联网金融在为实体经济发展创造更加良好的软环境的同时，也可以跨境的方式为实体经济创造更多机会。例如，跨境电商和跨境结算的方式创造了更加便利和更加快捷的贸易条件，从而使得国际贸易变得更加轻松，也就使得"一带一路"沿线国家间可以更加便利地形成贸易畅通。特别是当前中国经济发展过程中,"互联网+"模式已经成为新常态,也是各行业新的经济增长点,以大数据、云计算、移动互联网等为核心的"互联网+"模式,不仅体现在金融领域,在工业领域同样是转型升级的核心,互联网金融与互联网工业将在互联网技术支撑下,由传统金融与传统工业融合共同升级到互联网金融与互联网工业融合,这将对"一带一路"的实体经济发展起到更为有力的支持作用。

三、利用资本市场加大金融支持"一带一路"

在"一带一路"倡议实施过程中,其中的重要一环就是资本市场建设。一个良好的资本市场,可以为"一带一路"倡议的实施提供稳定的资本基础和资本红利;而"一带一路"的建设本身也需要资本市场发挥其资源配置的作用和资本管理的功能,需要资本具有参与国际竞争的能力,从而为资本市场的创新改革、为资本市场加快市场化进程提供了良好的机遇与温床。

随着"一带一路"倡议的逐步实施,中国很多具有世界领先水平的高端技术装备及基础建设项目在沿线国家逐渐落实,这不仅是设施联通与贸易畅通,也体现了中国资本输出的意愿和决心。也就是说,"一带一路"倡议同时也是中国资本输出的载体,而相应的资本市场表现出对"一带一路"倡议极大的兴趣。从股票市场表现来看,2015年上半年,带有"一带一路"概念的相关股票基本都受到了市场投资者的追捧,涨幅远远超过同期大盘涨幅。这表明"一带一路"倡议是被市场投资者认可的,市场投资者看好"一带一路"倡议能够带动中国经济未来的发展,能够为企业带来红利。市场投资者的追捧在为企业融得更多资金的同时,也促进了资本市场的火热,为资本市场的发展带来了更多积极因素。但要注意到的是,中国股票市场波动仍然很大,2015年6月底、7月初的巨大波动同样也波及"一带一路"概念股。这种大幅度波动不但对股票市场本身是巨大的打击,对"一带一路"倡议同样会产生恶性影响:一方面,大幅度波动影响了相关企业的市场价值,打击了市场投资者的信心,也会影响企业未来在证券市场的合理融资;另一方面,这种大幅度波动也会影响海外资金对相关企业的投资。因此,股票市场的安全平稳与合理发展是为"一带一路"倡议谋求发展红利,也是金融领域对"一带一路"倡议持续稳定发展最好的支持。

当然,股票市场不能与资本市场画等号,资本市场还包括很多内容,如债券市场、期货市场等,这些市场的良性发展同样会对"一带一路"倡议的实施起到推动作用。例如,在债券市场,2015年8省市出台了新的地方债置换方案，鼓励推广 PPP 模式，鼓励以 BOT、TOT 等项目模式将高成本的地方债置换出来，这些模式的推广活跃了债券市场，也给地方经济发展提供了更多资金支持，为这些省市融入"一带一路"倡议提高了资金利用率。而让债券市场走出中国资本市场同样也势在必行。在"一带一路"沿线国家，尤其是在沿线新兴经济体国家的资本市场发行本地债券，不但可以促进当地资本市场发展，能够为当地国家基础设施建设和资本投入拓宽融资选项，还能够引导当地国家各种经济体的储蓄和投资需求。

同时，期货市场与"一带一路"倡议的对接将产生良好的效果，尤其是期货市场对外开放度的提升必然加速期货市场对"一带一路"倡议的推动作用：一方面，期货市场在探索与沿线国家间开放合作的同时，不断推出新的期货产品，以可参与、可交割、可覆盖、可拓展的合作机制，利用互联网金融优势，设计适合"一带一路"沿线国家的产品；另一方面，在法兰克福即将建立的以"中欧国际交易所股份有限公司"为核心的离岸人民币资本交易平台，将成为金融期货市场"走出去"、期货市场服务人民币"走出去"的节点，成为期货市场服务"一带一路"倡议的重要标志。资本市场的对外开放，在引进来与走出去的并行发展中，也将为"一带一路"沿线国家的基础设施建设提供稳定的融资环境与持续的资金供给。

四、以保险服务保障"一带一路"倡议的顺利实施

"一带一路"倡议虽然可以促进贸易畅通，带来相应的利润，但这一过程并非是一帆风顺的。由于"一带一路"沿线国家多为新兴经济体及发展中国家，中国企业在与其经济交往过程中面临着不同的政治风险、经济风险、法律风险及商业环境风险。从中国信保 2015 年国家风险参考评级结果来看，"一带一路"沿线国家风险水平为 5.5 级左右。这意味着对"沿线国"投资面临着较为严峻的风险挑战，不确定性与风险随时都可能出现，这就需要保险发挥其应有功能，在金融领域为"一带一路"倡议的实施起到保障作用，为中国企业"走出去"投资，以及与沿线国家间的经济往来保驾护航。市场竞争、资源依赖、规则差异与地缘冲突被认为是对外投资和贸易往来中各类风险的源头。由于投资国或贸易国经济与金融波动、地域政治与文化冲突等造成投资或贸易的失败与损失，可能减缓"一带一路"倡议的实施，因此，需要发挥保险的风险保障与资金融通功能。在"一带一路"倡议的"五通"中，除政策沟通外，设施联通、贸易

畅通、资金融通、民心相通均与保险有密切的联系。在设施联通方面，在"一带一路"沿线国家进行的基础设施建设必然都是大规模投资项目，工期也会较长，这必须有相应的风险防范机制，包括对工程项目的保险、对海外财务的保险，甚至对参与项目的国内工人都应该有相应的保险。在贸易畅通方面，最重要的就是保障贸易流程与产品安全的各种险种，如对贸易货物的保险、对物流的保险、是进行 CIF 还是进行 CIP、相应的船舶货运险等，这些相应保险机制的建立是贸易往来顺利进行的基本保障。在资金融通方面，一方面，境外的直接投资本身就有极大的风险，无论是基于我国对外直接投资的失败案例的教训，还是借鉴发达国家已有的境外投资保险制度，都应该有相应的保险制度来保障对外投资利益，通过境外投资保险等机制降低投资失败的损失；另一方面，应该发挥保险本身的融资功能，利用保险资金投入相应的投资项目，促进保险资金成为"一带一路"建设投融资的重要主体，

在民心相通方面，随着我国与"一带一路"沿线国家间交往的加深，双方越来越多的民众在科教文卫方面的交流会越来越多，从而在科技类保险、赛事保险、旅游保险等多方面有巨大的发展空间。可见，在"一带一路"倡议的实施过程中，保险机制能够以护航者的身份起到良好的推动作用，这就需要将保险机制以制度性的安排纳入"一带一路"的顶层设计中，在"一带一路"金融机制的设计中必须考虑保险机制的重要性，形成保险行业与"一带一路"倡议的互动发展。一方面，政策性保险机制应发挥自身优势，起到与宏观政策相连接、促进制度创新的作用，应该在普通商业保险之前以信息平台、数据库等形式为普通商业保险机构及对外企业提供"一带一路"沿线国家的风险信息；另一方面，鼓励保险行业的"引进来"与"走出去"，加强我国家保险企业与"一带一路"沿线国家保险企业间的互通有无，形成良性交流，营造保险业发展良好的外部环境。

五、将亚投行和丝路基金作为重要杠杆

亚洲基础设施投资银行（Asian Infrastructure Investment Bank，AIIB），简称亚投行，是一个政府间性质的亚洲区域多边开发机构，重点支持基础设施建设。亚投行的建立，在亚洲开发银行和世界银行两个金融机构之外，提供了另一个重要的金融平台，加快了亚洲各国的基础设施建设，助力亚洲的互联相通，提高亚洲各国发展水平，加快亚洲经济一体化建设。

Chapter 06

亚投行的成立从加快亚洲经济一体化建设和改善亚洲各国基础设施建设水平的意义上来讲，与"一带一路"倡议的内涵是高度一致的。在"一带一路"国际产能合作中，我国政府、大型国企一直关注和推动的重点就包含了基础设施建设，该领域的国际产能合作的目的也是改善相关国家的基础设施建设水平，从而进一步推动当地经济的发展与区域间经济的协同。因此，亚投行的成立和顺利运行，对于"一带一路"沿线国家加快基础设施领域建设将会起到非常大的正向推动作用。

同时，亚投行在支持"一带一路"沿线国家基础设施建设投资方面还能够有效地调节相关国家的利益、政策和其他摩擦、纠纷。亚投行成员国与"一带一路"沿线国家高度重合，在这个背景下，亚投行的金融支持对沿线国家国际产能合作来说将会更加实惠，反应速度也会更快。

与亚投行不同，丝路基金建立的目标明确指向"一带一路"沿线国家的基础设施建设，而且丝路基金完全是由中资机构主导的，目前并没有海外资金介入。由于基础设施建设涉及的资金量非常大，丝路基金的资金量相对较小，这就需要丝路基金更多起到融资导向与融资服务的作用，以弥补基础设施建设中的缺口，尤其是鼓励和调动民间资本参与，以 PPP 的形式获得更多民间资本支持，从而发挥丝路基金融资的杠杆作用，并获得相对稳定的长期收益。当然，丝路基金的投资范围也不应局限于"一带一路"沿线国家，而应以开放合作的方式在更广泛的区域范围内开展业务，除支持"一带一路"沿线国家基础设施建设外，还应该支持国内高端技术和优质产能"走出去"。因此，丝路基金的投资应具有导向作用，可以为国内企业、国内资金对"一带一路"沿线国家投资开拓路径，引导国内企业、国内资本的投资去向，并以此推动贸易间、资金间、人员间的往来，以形成最终的"五通"（林川等，2015）。

第三节

海外研发模式分析

海外研发模式大致可分为三种类型：独立新建研发机构、跨国技术并购、跨国技术联盟。

一、独立新建研发机构

独立新建研发机构指跨国公司通过独资或合资的形式，利用东道国人才、技术、教育、研究等各种资源，在东道国建立的独立的研发机构。独立新建海外研发机构是跨国公司海外研发投资的最主要形式之一。一般技术上在其领域内具中国企业"走出去"战略中 R&D 定位策略探讨有领先优势的企业，都倾向于设立独立的海外研发机构，以防止技术的扩散和外溢，保持企业的技术优势。比较典型的如诺基亚在中国的研发中心。

二、跨国技术并购

跨国技术并购指跨国公司为获得国外企业先进技术或其目标技术的上游或下游的相关技术，通过资金的投入或股票市场的收购来购买他国企业的整个资产或足以得到对方企业控制权的股份，以达到获取对方企业目标技术的目的。通过有效的兼并收购，跨国公司不仅可以获得企业原有的研发设施和研发人员，更可以从中取得相关技术信息、科研成果和隐性收益。典型的例子如美国思科公司通过技术并购，在短短十几年时间内成长为全球领先的互联网设备和解决方案供应商。

三、跨国技术联盟

跨国技术联盟指不同国家的企业或研发机构为了实现某个技术上的发展目标而形成的长期合作伙伴关系。典型代表是日本的 Toshiba 公司与美国 Motorola 公司之间的技术合作。根据技术联盟参与者的职能和分工不同，跨国技术联盟又可以分为相似型跨国技术联盟和互补型跨国技术联盟两种类型。

相似型跨国技术联盟指联盟中的企业基于相似的技术目的而形成。跨国公司与有相似技术目的的企业或研发机构建立技术联盟，有利于整合各自的技术优势，降低研发成本，避免重复开发并实现研发活动的规模经济。互补型跨国技术联盟指处于联盟中的企业分别拥有技术某一环节或某几个环节上的优势，形成联盟可以互相学习、取长补短，实现共同发展。在技术难度大、技术复杂程度高的行业中往往会形成互补型跨国技术联盟（刘艳，2008）。

本章
小结

当前，中国钢铁、水泥等原材料的产能严重过剩，而通过国内企业以 PPP 的模式参与"一带一路"国家的基础设施投资，可以通过 PPP 合同来约定建筑材料的采购方式，既可以来自国内的出口，也可以在当地生产。这样既有利于扩大我国钢铁、水泥等原材料的出口，也可以根据我国生产力布局的需要，引导钢铁、水泥等相关企业逐步关停国内的生产基地，把生产基地迁移到我国的 PPP 项目投资国，更有利于加快生态中国建设。

第七章 产能合作政策协同机制

长期以来，我国对企业进行海外投资采取比较谨慎的限制体制，行政审批体制过于复杂，缺乏效率和透明度，在投资审批、外汇管理等方面存在诸多制约。当前，发改委、商务部已经对境外直接投资管理体制进行改革，除少数敏感投资国家的投资项目必须经过审批外，其他境外投资一律取消项目核准，实行备案管理体制，清理取消束缚对外投资的各种不合理限制和收费。但是，除简化前置审批之外，事中、事后监管体制机制却没有及时建立起来。因此，促进跨国产能合作的政策分散且不成体系，政策支持力度有待提高，已有的政策执行效果也需要改善。

第一节

建立健全法律法规体系

改革开放以来，我国企业对外直接投资的实践一直走在对外投资立法的前面。随着我国"走出去"政策的实施和中国企业走向海外投资步伐的逐渐加快，海外投资额的飞速增加，相关法律法规缺位所造成的负面影响愈加明显。近年来，我国对外投资的管理主要依据有关主管部门临时出台的一系列政策和条例，尽管这些政策和条例在一定时期内起到了重要作用，但是，由于没有上升到法律高度，导致缺乏系统性、长期性和稳定性，甚至会出现政出多门、互相矛盾的情况，从而制约了对外投资的进一步发展。

第二次世界大战后，美国国会制定了许多旨在保护美国私人对外直接投资的法律，如《美英贸易和金融协定》《经济合作法》等，这些法律有力地促进了美国对外直接投资的发展。因此，为促进我国海外投资的可持续发展，我国政府应当尽快出台一部符合国际惯例和中国国情的《对外投资法》，从而彻底改变我国企业在海外投资时无法可依的尴尬局面。

近年来，中国企业海外发展过程中出现重大失误，并导致境外国有资产重大损失的情况逐渐增多。这就需要国家有关部门尽快立法保护国有资产。国务院国资委 2011 年发布了《中央企业境外国有资产监督管理暂行办法》和《中央企业境外国有产权管理暂行办法》，但是，还没有上升到法律的高度，因而效果并不明显，并没有对境外国有资产流失进行法律审判的案例。

中国应尽快完善法律法规和政策引导。研究制定《境外投资条例》及其实施细则，研究完善税收、金融、海关、检验检疫、知识产权等方面的法律制度，为企业开展国际合作和投资提供有力的法律保障。此外，还应适应形势发展需要，修订《境外投资产业指导政策》，进一步充实完善《对外投资国别产业导向目录》《境外加工贸易国别指导目录》，不断扩大对外投资国别涉及的国家和地区的覆盖范围。

第二节

完善"一带一路"产能合作的支撑服务体系

我国产业对外合作的支撑服务能力相对薄弱，如信息渠道分散、中介服务机构力量薄弱、海外服务保障体系不健全、对"中国制造"整体品牌形象塑造宣传不够等。

一是加强"一带一路"企业"走出去"的信息整合共享。当前，一方面，"走出去"信息分散在相关部门、金融机构、企业、协会，企业难以获得；另一方面，现有信息中有深度的行业信息、政策信息、商业机会信息少，难以满足企业需求。要采取多种形式收集市场信息、建立有效的信息传播渠道，为企业及时提供咨询和培训服务，经常邀请企业参加国家大型商务洽谈活动，并建立中国企业与当地企业的沟通和服务平台。同时，政府还应大力鼓励银行业和保险业等长期涉足海外市场的机构，加强信息收集和整理的能力，为国内企业走向海外提供基本的信息咨询服务，加速对外直接投资企业对海外投资环境的了解，降低对外投资的各种风险。

建议借鉴西方发达国家的经验，设立独立的对外投资信息咨询机构。专门收集和发布中国企业对外直接投资所需要的各种市场信息，提供对外直接投资的咨询服务，包括介绍对外直接投资的投融资制度及审批程序等。充分发挥进出口商会和各种行业协会的积极性，发挥其专业性强、联系面广和沟通灵活的优势。在国际招投标和投资项目中平衡行业的整体利益，避免多家同行业中国企业在海外因同一个项目而进行恶性竞争。同时，大力推动与有关国家新签或者补充签订贸易、投资保护、避免双重征税等政府双边协定，为民营中小企业的海外发展营造良好的制度和法律环境，提供国民待遇，维护人身安全、财产安全及其他各种合法权益。

二是构建政府、协会、中介服务机构三位一体的服务体系。我国制造业主要行业协会与骨干企业联系紧密，与主要国家对口行业组织有着长期的合作。建议参照国际通行做法，推动主要协会在"一带一路"沿线国家设立办事机构，发挥协会身份优势，加强对驻在国的专业信息收集、对企业的咨询服务，通过民间渠道向驻在国政府部门反映共性诉求。美日韩等发达国家的成功经验证明了通过协会等中介力量服务"走出去"的有效性。例如，美国信息产业机构（USITO）、日本电子信息技术产业协会（JEITA）均在北京设立办事处或事务所，负责收集传递我国电子信息产业政策和产业动向，在我国电子信息产业规划、政策、标准等制定中，积极反映会员企业的诉求，代表企业与我国政府部门交涉，保护本国信息技术企业在华利益。

此外，我国驻外使领馆、商务处等机构缺少熟悉产业、技术和企业情况的人员，对企业国际合作和投资的针对性服务和支撑不够。建议在主要目的国使领馆、商务处增设"产业合作官员"岗位，从全国工信系统选派熟悉产业的干部，充实驻外力量，提升驻外机构的业务能力，在这方面，地方政府工业主管部门已经做了一些有益的探索。例如，江苏省经信委以加强中小企业对外合作为契机，先后在日本、意大利、澳大利亚和非洲设立了代表处，为江苏企业"走出去"开展投资、贸易等活动提供政策、法律等信息支持，帮助企业解决境外投资中遇到的实际问题，得到企业的好评。

Chapter 07

三是要加强"中国制造"整体品牌宣传。相较于我国整体形象和区域形象宣传，对"中国制造"和重点行业形象的宣传不够。同时，部分企业在海外恶性竞争、不履行社会责任、假冒伪劣等经营不规范行为时有发生，损害"中国制造"的整体形象，不利于我国制造业"走出去"。中宣部印发了《加强中国品牌对内对外宣传工作方案》，对中国品牌宣传做了一系列部署和安排。除官方媒体外，还可以向国外学习，利用 YouTube、Facebook 等国外新媒体开展宣传。

四是以产业链协同模式支持我国企业开展"一带一路"国际产能合作。防止多头对外及由此产生对国家整体利益的损害。支持以资源开发、原材料工业及深加工布局、基础设施建设一条龙的产业链捆绑模式"走出去"，从国家层面统一引导协调，为"走出去"的企业引入战略合作者，鼓励上、下游企业间合作共建大型投资集团公司，联合投资，抵御风险。鼓励优势企业做强做优，树立全球化思维和国际化视野，不断提升国际竞争力和全球范围的资源配置能力，促进具有比较优势的产能转移，延伸产业链条，探索境外布局，积累管理经验，真正提高国际化水平。

第三节

构建促进"一带一路"产能合作的政策协同机制

一、加强顶层设计和分类指导

建议国家层面研究制定"一带一路"倡议总体规划或指导性文件，加强统筹协调和分类指导。进一步发挥好国家统一协调机制的作用，特别是要发挥行业主管部门熟悉产品、技术、市场等情况的优势，在加强分类指导、推进重点项目方面多做具体工作，形成工作合力。

二、加大对企业国际合作的金融政策支持力度

一是抓紧落实《金融支持企业"走出去"的若干意见》（2014 年 12 月国务院第 74 次常务会审议），推动金融体系的完善；用好现有政策性金融工具，

将装备等重点领域"走出去"纳入丝路基金、亚投行等政策支持范畴；在相关金融政策的运行机制中，增加征求产业部门意见等环节，充分发挥产业主管部门的作用。

二是要加大贷款资金供应。降低进出口银行、开发银行等银行对制造企业的贷款门槛，扩大境外投资优贷规模，制造企业通过并购获取国外研发资源、品牌和营销渠道等项目，适当放宽贷款的资本金比例、利率优惠幅度和年限限制。鼓励金融机构针对制造业"走出去"的特点和需求，加强服务创新，丰富金融服务功能和产品。

三是优化金融机构海外布局。鼓励金融机构在制造业"一带一路"开展的重点国家和地区设立分支机构，扩大网点覆盖范围。鼓励和引导产业资本与金融资本融合，实现产业资本与金融资本联合。

四是加大信贷保险支持力度。加大政策性境外投资保险对制造业的支持力度，扩大承保范围，探索推出针对中小企业和中小项目的保险产品，对符合国家战略的制造业"走出去"项目投保实施优惠费率。

五是研究设立"一带一路"产业发展基金，拓展外汇储备运用渠道，综合运用债权、基金等多种方式，着重对战略意义重大、当前经济效益不明显的项目给予前期费用、资本金等支持，主要用于周边基础设施互联互通、保障能源资源供应安全、获取重点产业核心技术、国内富余产能输出等境外投资重大项目。充分发挥我国装备制造、基础设施建设运营等方面的综合优势，全力支持国内企业承担对外援助基础设施项目建设，促进装备、技术、标准、销售和服务的链条式"走出去"。支持企业海外绿地投资、跨国并购，支持企业开展项目前期工作、修建基础设施和搭建研发平台等，也可通过支持金融、电信、中介组织等服务机构达到扶持企业的目的。

三、加大财政资金支持力度

一是进一步扩大现有专项资金规模，确保外经贸发展专项资金持续保持一定增长幅度，适当扩大国有资本经营预算境外投资资金规模。二是继续扩大并积极落实税收优惠政策。充分发挥投资保护、避免双重征税、税收饶让等政府间多双边协定的作用，扩大覆盖的国别范围，加大相关协定的贯彻落实力度。对尚未签署避免双重征税双边协定国家的海外投资行为，制定相应的抵免政策。

Chapter 07

第四节

做好"一带一路"产能合作配套服务

一是加强政府协调服务力度。通过建立和完善与重点国家和地区政府间合作机制，加强产业合作，协调推进境外产业园区、重点项目建设，落实相关配套条件、优惠政策等保障措施。充分发挥驻外使领馆的作用，建立产业部门与驻外机构的有效沟通机制，积极为"走出去"企业提供投资国法律法规、行业动态等相关信息，协调解决企业"走出去"遇到的困难和问题。

二是健全境外风险防控体系。对高风险国家和地区强化外交援助和救济保障，完善境外投资风险评估与预警机制，加强企业对外投资风险研判和预警。研究建立以投资保护为目的、非营利的政府海外投资保险机构和境外投资应急援助机构，为企业海外投资提供政治风险保护和应急援助。完善境外突发安全事件应急处理机制，及时解决和处置各类安全问题。

三是建设国际化人才队伍。鼓励企业在欧美等发达国家和地区设立研发机构，充分利用国际人才。积极引导企业引进通晓国际规则、熟悉国外情况的管理人才和专业人才。兼顾高等教育、职业教育和社会教育，有计划地组织国际化人才交流和培训。

第五节

制定申报和审批制度，防止海外恶性竞争

在竞争中求生存，在竞争中促发展，是每个企业发展的必由之路。但是，中国企业在对外直接投资过程中频频出现恶性竞争情况。当某国成为国际直接投资热点，而我国企业在该国投资确有收益时，常常出现国内一批企业蜂拥而至的现象，在获取投资项目的过程中甚至出现了相互拆台、自相残杀的情况，使东道国政府或其企业坐收渔利，同时也对中国企业的声誉和形象造成不良影响。有些国家在国际工程承包的招标中故意争取两家甚至多家中国公司同时投

标，从而压低价格。中国公司即使中标以后，也由于合同价格过低而面临种种困难，甚至导致项目的失败。在这一问题上，日本和韩国企业的经验值得借鉴。在日本和韩国国内，企业间的竞争相对温和，通过差异化和互补经营的方式进行良性竞争。在海外市场，即便是竞争对手在海外竞争的失败，也是自身的失败，因为这是一个国家民族产业的失败。这是一种成熟市场竞争环境下企业良好心态的体现，很值得中国企业效法。在中国企业整体实力和品牌影响力还远落后于西方企业的现状下，任何一个企业所代表的是中国企业的整体品牌，需要中国企业共同维护。

建议成立以企业为主导的跨国经营协会组织，从而做到以企业的自律经营和海外协同为主线，尽快使我国在"一带一路"沿线国家"走出去"的企业形成合力。

国家相关政府部门和行业协会应尽快在充分调查的基础上采取适当的措施，避免中国企业在海外的恶性竞争。例如，一个国家的同一个项目只允许一家中国公司参与投标或收购，最先得到信息或者最先采取行动的公司具有优先参与投标或收购的权利等（赵杰，2014）。

本章小结

政策沟通协同是"一带一路"建设的重要保障，"一带一路"沿线各国政府要积极构建多层次、政府间宏观政策的沟通交流机制，就经济发展战略和对策进行充分的交流、对接，共同为务实合作提供政策支持。国际产能合作需要有关国家协同推动，为企业营造良好的投融资环境。"一带一路"和"产能合作"为中国企业带来了前所未有的新机遇。

Chapter 07

参考文献

[1] 姚望，蔡小军. 我国企业"走出去"的现状与问题——基于新制度经济学的分析 [J]. 国际经济合作，2006，（04）：13-15.

[2] 廖泽芳. 中国企业走出去的困境与策略 [J]. 企业活力，2007，（01）：8-10.

[3] 刘艳. 中国企业"走出去"战略中定位策略探讨 [D]. 青岛：中国海洋大学，2008.

[4] 周志忍，蒋敏娟. 整体政府下的政策协同：理论与发达国家的当代实践 [J]. 国家行政学院学报，2010，（06）：28-33.

[5] 庄道秋. "走出去"配套政策亟待完善 [N]. 中华工商时报，2011.

[6] 孙繁荣. 我国经济发展方式转变过程中存在的主要问题 [J]. 中国新技术新产品，2011，（12）：208.

[7] 宋国明. 哈萨克斯坦矿业投资环境分析 [J]. 国土资源情报，2013，（03）：2-8.

[8] 唐婷. 湖南省企业"走出去"的财税支持政策研究 [D]. 长沙：湖南大学，2014.

[9] 赵杰. 中国企业海外投资研究 [D]. 北京：中共中央党校，2014.

[10] 杨超，黄耀东. 中国（南宁）—新加坡经济走廊的产业发展 [J]. 东南亚纵横，2015，（01）：36-43.

[11] 吴勇毅. "一带一路"引领中国信息服务"走出去"[J]. 上海信息化，2015，（02）：10-16.

[12] 高潮. "一带一路"建设加速推进投资哈萨克斯坦正当其时 [J]. 中国对外贸易，2015，（02）：58-59.

[13] 邵宇. "一带一路"开启全球化 4.0 时代 [N]. 上海证券报，2015-04-01（A01）.

[14] 王瑞. "一带一路"引领中国客车业谋新局 [N]. 中国交通报，2015-04-02（005）.

[15] 许谏. 全球 10 大铜矿年度盘点（下）[N]. 中国有色金属报，2015-04-04（002）.

[16] 海燕，张从丽. 抓住"一带一路"倡议下的产能合作机遇 [N]. 中国冶金报，2015-04-11（005）.

[17] 南雪芹. 中国"一带一路"国家发展政策探析 [D]. 广州：暨南大学，2015.

[18] 陈少阳. PPP 融资模式在基础设施建设中的应用研究 [D]. 北京：对外经济贸易大学，2015.

[19] 刘建江，罗双成，凌四立. 化解产能过剩的国际经验及启示 [J]. 经济纵横，2015，（06）：111-114.

[20] 种昂. 种田原来是我们的弱项 以色列农业巨头来到中国 [N]. 经济观察报，2015-07-06（023）.

[21] 姚瑶. 国际资本蜂拥而至 印度互联网产业今年已引资 35 亿美元 [N]. 21 世纪经济报道，2015-07-23（012）.

[22] 李强. "一带一路"倡议下我国钢铁产业须"内外兼修" [N]. 中国冶金报，2015-07-29（002）.

[23] 杜壮. 从"走出去"到"走进去" 轨道交通装备既需产品好又需有毅力 [J]. 中国战略新兴产业，2015，（15）：34-36.

[24] 钟飞腾. "一带一路"产能合作的国际政治经济学分析 [J]. 山东社会科学，2015，（08）：40-49.

[25] 王皓妍. 完善税收政策，促进装备制造业"走出去" [N]. 中国税务报，2015-08-21（B01）.

[26] 胡清. 发挥政策金融杠杆效应 [N]. 中国能源报，2015-09-28（020）.

[27] 虞冬青，田马飞，孟力，张丽恒，曲宁，仲成春. 达沃斯把脉中国经济 [J]. 天津经济，2015，（10）：37-44.

[28] 王本力，张海亮，曾昆. 国际产能合作：化解产能过剩新思路 [J]. 中国工业评论，2015，（11）：64-69.

[29] 林川，杨柏，陈伟. 论与"一带一路"倡议对接的六大金融支持 [J/OL]. 西部论坛，2016，26（01）：19-26.

[30] 杨佳楠. "一带一路"倡议视角下的中国外交新思路 [D]. 兰州：西北师范大学，2016.

[31] 对外投资国别产业指引 [EB/OL]. http://hzs.mofcom.gov.cn/aarticle/zcfb/b/201109/201109077-31140.html，[2011-09-07].

[32] 周边八国概况. https://wenku.baidu.com/view/7d37e846be1e650e52ea9939.html.

[33] 拉脱维亚信息通信技术和电信业情况介绍 [EB/OL]. http://www.mofcom.gov.cn/article/i/dxfw/jlyd/201310/20131000334480.shtml.

[34] 哈萨克斯坦固体矿产资源储量及开采情况 [DB/OL]. http://blog.sina.com.cn/s/blog_53a492c401015ys1.html.

[35] 李庭煊. "一带一路"沿线上中国 IT 企业机会 [OL]. http://chuansong.me/n/1406705.

[36] 薛雪. 中塞合作优势互补"一带一路"互惠双赢 [OL]. http://www.gov.cn/xinwen/2014-12/19/content_2794189.htm.

[37] 林紫玉. 中兴新一代管理层瞄准下一个千亿 [N]. 通信产业报，2016.

[38] 马燕. 中兴通讯年报出炉今日复牌 营收首超千亿元分红史上最高 [N]. 证券日报，2016.

[39] 鲁炜. 坚持尊重网络主权原则 推动构建网络空间命运共同体——学习习近平总书记在第二届世界互联网大会上重要讲话精神的体会与思考 [J]. 中国信息安全，2016.

[40] 潘廷祥. 打造国际矿业的"一带一路" [N]. 中国有色金属报，2017.

[41] 周飞飞. 境外地质调查：为"一带一路"矿业合作奠基 [N]. 中国国土资源报，2017.

[42] 刘超，赵汀，王登红，李建康. 中国锶矿产业发展现状与未来发展战略思考 [J/OL]. 桂林理工大学学报，2016，36（01）：29-35.

[43] 蒋屹. "一带一路"倡议背景下我国海外矿产资源开发外部安全风险研究 [D]. 北京：中国地质大学（北京），2015.

[44] 李平. "一带一路"倡议下的矿业机遇 [N]. 中国矿业报，2015.

[45] 于会录，董锁成，李宇，李泽红，石广义，黄永斌，王喆，李飞. 丝绸之路经济带资源格局与合作开发模式研究 [J]. 资源科学，2014，36（12）：2468-2475.

[46] 李悦，杨殿中. 中国对中亚五国直接投资的现状、存在的问题及对策建议 [J]. 经济研究参考，2014，（21）：62-75.

[47] 佚名. 看准利好，抓住机遇不误时 [J]. 国土资源，2017，（07）：11-12.

[48] 段少帅，黄喜峰，武永江. "新丝绸之路"背景下陕西矿产资源国际合作共同体模式 [J]. 金属矿山，2017，（05）：7-13.

[49] 马春红. 矿业大会聚焦"一带一路"发展机遇 [N]. 中国黄金报，2016.

[50] 王芳，席云霄. 一带一路的黄金之路 [J]. 经济，2016，（08）：74-77.

[51] 王琼杰. 2015 年度影响中国矿业之十大法规政策 [N]. 中国矿业报，2016.

[52] 于会录，董锁成，李宇，李泽红，石广义，黄永斌，王喆，李飞. 丝绸之路经济带资源格局与合作开发模式研究 [J]. 资源科学，2014，36（12）：2468-2475.

[53] 钟红艳，朱云鹃. 矿业企业海外资源开发模式研究——以安徽省为例 [J]. 工业技术经济，2012，31（04）：108-112.

[54] 刘义圣，吴倩倩. 福建资源开发企业"走出去"的模式探讨与对策建议 [J]. 福建论坛（人文社会科学版），2010，（12）：148-151.

[55] 黄强. 打造安全稳定的国外矿产供应地 [N]. 地质勘查导报，2007-11-29（001）.

[56] 宋鑫. "一带一路"为我国矿业发展带来新机遇 [OL]. http://www.mining120.com/news/show-htm-itemid-280991.html.

[57] 张畅，高崇芮．"一带一路"如何撑起中国四分之一的商品进口 [OL].http://www.bbtnews. com.cn/2017/0514/193297.shtml.

[58] 国研网宏观经济研究部．"一带一路"沿线国家的投资现状与贸易合作分析 [OL]. http:// www.ccpit.org/Contents/Channel_4054/2016/1120/721400/content_721400.htm.

[59] 马长艳．钟山：中国国际进口博览会将为各国产品进入中国提供便利 [OL]. http://news. eastday.com/eastday/13news/auto/news/china/20170514/u7ai6771105.html，[2017-05-14].

[60] 商务部部长钟山：未来 5 年将进口超 8 万亿美元商品 [OL]. http://news.cnfol.com/ guoneicaijing/20170514/24724623.shtml，[2017-05-14].

[61] "一带一路"，哪些国家最可能因此驶上发展"快车道"?[OL]. http://hk.stock.hexun. com/2017-05-15/189186155.html，[2017-05-15].

[62] 宁波制造深耕中东欧市场 海上丝绸之路重响新"驼铃" [OL]. http://news.sina.com.cn/ o/2016-06-29/doc-ifxtscen2930170.shtml，[2016-06-29].

[63] 李钢，王拓."一带一路"经贸合作发展的现状与前景 [J]. 开发性金融研究，2017，13（03）： 45-55.

[64] 夏旭田．中国自贸区朋友圈扩容 将与"一带一路"沿线多国商建自贸区 [N]. 21 世纪经 济报道，2017-05-16（004）.

[65] 李可．五项措施共同推进贸易畅通 [N]. 国际商报，2017-05-16（A02）.

[66] 钟山．共同开创"一带一路"经贸合作的美好未来 [N]. 国际商报，2017-05-15（A06）.

[67] 蒋梦惟．"一带一路"将撑起25% 进口市场 [N]. 北京商报，2017-05-15（003）.

[68] 李国辉．钟山：五项举措推进"一带一路"贸易畅通 [N]. 金融时报，2017-05-15（002）.

[69] 余晓辰．当"宁波装"邂逅"一带一路" [N]. 宁波日报，2015-10-26（003）.

[70] 张国栋．搭"一带一路"快车 中国中冶签哈萨克钢铁项目备忘录 [OL].http://finance. eastmoney.com/news/1354，20150331492090130.html.

[71] 估值洼地中字头股票值得拥有 [OL]. http://blog.sina.com.cn/s/blog_622b31ca0102vixg. html，[2015-04-20].

[72] 钢铁产业将逐步摆脱阴霾 [OL]. http://blog.sina.com.cn/s/blog_c05a26aa0102vlnp.html， [2015-04-02].

[73] 张龙．3 亿吨增量空间 钢铁电商宁亏损也抢食 [N]. 中国企业报，2015-11-24（007）.

[74] 李新创．钢铁"走出去"与"一带一路"的思考 [J]. 国土资源情报，2015，（07）：3-13.

[75] 潘晓娟．跨境并购广度前所未有 民营企业表现积极 [J]. 中国战略新兴产业，2015，（12）： 51-52.

[76] 袁益. "一带一路"指引方向 钢企控探海外扩张 [N]. 21 世纪经济报道，2015-05-11（008）.

[77] 宋斌斌. 掘金"一带一路" 钢铁产能借势"出海" [N]. 中国工业报，2015-04-20（A03）.

[78] 阮晓琴. 钢铁业三年格局谋定：减产、智能化、走出去 [N]. 上海证券报，2015-03-31（006）.

[79] 金敏，邓华宁. 中国品牌打造"一带一路"排头兵 [OL]. http://china.nmgnews.com.cn/system/2016/08/17/012102458.shtml，[2016-08-17].

[80] 中国交建海外投资 PPP 项目介绍 [OL]. http://www.caigou2003.com/gj/alfx/2234719.html，[2016-07-05].

[81] 彭大鹏，原瑞斌. 为"一带一路"建设提供可持续基础设施 [J]. 国际工程与劳务，2017，（09）：52-57.

[82] 胡幼奕. 创新 绿色 合作 共享 构建砂石骨料工业新体系 [J]. 混凝土世界，2017，（05）：16-24.

[83] 杨东林，李斌，黎蔚诗，夏京亮，周永祥. 火山渣轻骨料混凝土在国内外的研究应用 [J]. 建材世界，2017，38（02）：26-30.

[84] 何卉. 中国企业参与"一带一路"基础设施建设的思考——以中交集团参与"一带一路"建设为例 [J]. 经贸实践，2017，（08）：20-21.

[85] 吴金海，吴秋东. 肯尼亚蒙内铁路项目设备集采方案论述 [J]. 筑路机械与施工机械化，2016，33（07）：24-29.

[86] 向世欢，魏传光，余芳. 蒙内铁路项目的 HSE 管理 [J]. 国际工程与劳务，2016，（06）：72-74.

[87] 中国航天科技集团. 习近平主席亲临见证 航天外交又有新动作 [OL].http://mp.weixin.qq.com/s?__biz=MjM5Njc4ODY1MQ==&mid=402400753&idx=1&sn=ac138d460738260ca13cd67cd4c22cce#rd，[2016-01-29].

[88] 云成. 加速中国的卫星服务阿拉伯国家 [J]. 卫星应用，2016，（02）：83-85.

[89] 姚天宇. 航天外交助力"一带一路"倡议实施 [N]. 中国航天报，2016-01-27（001）.

[90] 中沙签署卫星导航合作谅解备忘录 [OL]. http://www.sastind.gov.cn/n137/n13098/c6315307/content.html，[2016-01-22].

[91] 中阿签署卫星导航合作谅解备忘录 [OL]. http://www.sastind.gov.cn/n137/n13098/c6315327/content.html，[2016-01-22].

[92] 中埃签署埃及二号遥感卫星合作协议 [OL]. http://jmjh.miit.gov.cn/newsInfoWebMessage.action?newsId=3561&moduleId=1062，[2016-01-22].

[93] 许达哲签署埃及二号遥感卫星合作协议 [OL]. http://www.sastind.gov.cn/n112/n117/c6315514/content.html，[2016-01-22].

[94] 中国与斯里兰卡签署科伦坡港口城新协议 [OL]. http://www.mzyfz.com/cms/guanzhujiaotong/xinwenzhongxin/jiaoguandongtai/html/1116/2016-08-16/content-1214948.html，[2016-08-16].

[95] 郝杰. 商务部五大措施助中国企业抱团"走出去"[J]. 纺织服装周刊，2015，（25）：10.

[96] 张东明. 希望更多广东企业来斯里兰卡投资 [N]. 南方日报，2014-04-12（003）.

[97] 陈晓. "贵广—南亚"国际物流大通道将给珠海带来什么？ [OL]. http://zh.southcn.com/content/2015-11/02/content_136036220.htm，[2015-11-02].

[98] 张玉友. 中国参与摩洛哥港口建设的前景与风险 [J]. 当代世界，2017，（06）：70-73.

[99] 郑怡，刘烁，冯耀祥. 中企在摩洛哥投资情况调研发现：营商环境友好 尚存五大投资障碍 [J]. 中国对外贸易，2016，（04）：8-9.

[100] 崔晓萌. 珠海港与中海港控签下 65 亿元大单 [J]. 珠江水运，2015，（22）：45.

[101] 魏安福. 珠海港与中海港控签署协议共建瓜达尔港 [J]. 港口经济，2015，（11）：63.

[102] 宋薇萍. 中企挥笔泼墨"瓜达尔"[N]. 上海证券报，2015-11-02（003）.

[103] 剑指东南亚市场！创维东南亚制造基地登场 [OL]. http://it.21cn.com/jd/a/2016/0525/16/310-67485.shtml，[2016-05-25].

[104] 金朝力. 中国家电企业加快借船出海 [N]. 北京商报，2017-08-04（C02）.

[105] 李东生. 依托"一带一路"TCL 打造国际化升级版 [J]. 家用电器，2016，（07）：74-75.

[106] 黄兴利. 国际化新节点 李东生重讲欧洲挫折 [N]. 华夏时报，2016-06-27（027）.

[107] 丹璐. 搭乘中欧班列 中国彩电业国际化提速 [N]. 中国电子报，2016-06-24（001）.

[108] 秦志刚. 跟着 TCL 的脚步走进波兰 [N]. 国际商报，2016-06-24（A07）.

[109] 程武. 民营企业渴望"搭便车"[N]. 中华工商时报，2016-06-22（001）.

[110] 陈秋. 海信电器扩大海外投资 国内家电市场饱和谋新增长点 [OL].http://tech.china.com.cn/elec/jdqy/20161230/292105.shtml，[2016-12-30].

[111] 薄冬梅. 家电企业加快"出海" 意图延伸产业链 [N]. 中国商报，2016-12-13（P05）.

[112] 刘静. 长虹出海记（6）：海外新征程 [N]. 中国电子报，2016-03-08（001）.

[113] 世界杰出华商协会看联想走出国际范 海外市场门户大开 [OL].http://blog.sina.com.cn/s/blog_139a7129f0102vi88.html，[2015-05-25].

[114] "一带一路"电商先行！阿里与哈萨克斯坦全面合作 [OL]. http://blog.sina.com.cn/s/blog-_131ca67dc0102wkip.html，[2016-05-27].

[115] 徐建华. 点亮"一带一路"点赞中国"质"造 [N]. 中国质量报，2017-05-1.

内容简介

本书分为 7 章。第一章研究背景与意义，重点阐述"一带一路"的内涵以及当前推进国际产能合作的背景与意义；第二章分析相关理论，研究产能合作与传统经济学之间的不同；第三章对目标国家进行分析，根据"一带一路"的具体情况筛选符合要求的目标国家；第四、五章在企业案例的基础上分析目前产能合作领域的现状和存在问题；第六、七章阐述产能合作的模式和政策协同机制。

本书填补了"一带一路"背景下国际产能合作研究领域的空白，能够为有兴趣了解"一带一路"国际产能合作的科研院所学者、政府官员、企业管理者及一般读者提供有价值的信息。

图书在版编目（CIP）数据

"一带一路"工业文明. 产能合作 / 李芳芳，朱健编著. — 北京：电子工业出版社，2018.9

ISBN 978-7-121-30590-0

Ⅰ. ①一… Ⅱ. ①李… ②朱… Ⅲ. ①区域经济合作 - 国际合作 - 研究 - 中国 Ⅳ. ① F125.5

中国版本图书馆 CIP 数据核字 (2016) 第 297895 号

策划编辑：李　敏

责任编辑：秦绪军　　特约编辑：刘广钦　刘红涛

印　　刷：北京捷迅佳彩印刷有限公司

装　　订：北京捷迅佳彩印刷有限公司

出版发行：电子工业出版社

　　　　　北京市海淀区万寿路 173 信箱　邮编：100036

开　　本：720×1000　1/16　印张：15.25　字数：264 千字

版　　次：2018 年 9 月第 1 版

印　　次：2018 年 9 月第 1 次印刷

定　　价：69.00 元